任翔

高校体育教学模式
创新研究与实践

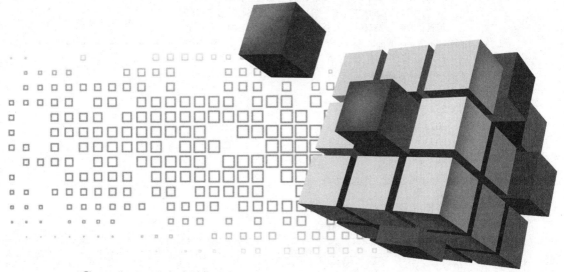

辽宁人民出版社

ⓒ 任翔　张通　刘征　2023

图书在版编目（CIP）数据

高校体育教学模式创新研究与实践／任翔，张通，
刘征著. —沈阳：辽宁人民出版社，2023.4
　ISBN 978-7-205-10600-3

Ⅰ.①高… Ⅱ.①任… ②张… ③刘… Ⅲ.①体
育教学-教学模式-研究-高等学校 Ⅳ.①G807.4

中国版本图书馆 CIP 数据核字（2022）第 195131 号

出版发行：辽宁人民出版社
　　　地址：沈阳市和平区十一纬路 25 号　邮编：110003
　　　电话：024-23284321（邮　购）　024-23284324（发行部）
　　　传真：024-23284191（发行部）　024-23284304（办公室）
　　　http://www.lnpph.com.cn
印　　刷：辽宁新华印务有限公司
幅面尺寸：170mm×240mm
印　张：12.5
字　数：251 千字
出版时间：2023 年 4 月第 1 版
印刷时间：2023 年 4 月第 1 次印刷
责任编辑：郭　健
封面设计：琦　琦
版式设计：嘉　源
责任校对：吴艳杰
书　号：ISBN 978-7-205-10600-3

定　价：68.00 元

 前 言

目前，世界上许多国家都没有把体育课作为大学必修课。我国已成为世界上少数几个由政府推行大学体育必修课的国家之一，随着改革开放的需要和素质教育的发展，大学传统体育教学内容和教学模式的缺陷及不足逐渐显露出来。我国体育的不断发展和体育爱好者的增加使社会体育加速发展，大学体育教育存在被社会体育代替的可能。大学体育教育要走出困境，就必须改革，创造全新的、充满活力的，并能吸引学生的体育教学模式、体育教学内容和新的管理机制。

我国高校传统的体育教育暴露出很多问题，其中最大的问题是学生喜欢体育，却不爱上体育课，虽然上了多年体育课，但一旦出校门便基本告别体育活动了。其原因是多方面的，但最主要原因是体育课所学内容繁杂而不实用，教学形式单一、呆板，体育教育过程中忽视了学生对体育项目的选择、兴趣和能力，忽视了个体差异，对不同爱好、不同个体采用统一模式、统一标准和同样的内容，难以满足学生对体育项目的兴趣、爱好和需要，没有体现出大学体育教育的特色和优势，使得体育课失去了应有的生机和活力。因此，改革大学体育课的教育模式、教学内容等成为近年来国家教育部门和高校研究的重要课题。

为了改变大学体育教学现状，中华人民共和国教育部颁布的《全国普通高等学校体育课程教学指导纲要》指出："根据学校教育的总体要求和体育课程的自身规律，应面向全体学生开设多种类型的体育课程，可以打破原有的系别、班级建制，重新组合上课，以满足不同层次、不同水平、不同兴趣学生的需要……在教师的指导下，学生应具有自主选择课程内容、自主选择任课教师、自主选择上课时间的自由度。"这一纲要，在一定程度上为普通高校体育教育改革明确了方向并提供了理论指导，指明高校体育教育如何更好地适应主体需要，满足学生的兴趣和爱好，培养学生终身体育意识，为更好地实现学校的体育教学目标提供了理论根据。

体育教育是我国教育事业的重要组成部分，实施体育教育对于培养全面、优秀的人才具有重要的价值。高校作为我国体育教育系统的重要教育基地，

在现代教育发展与人才培养方面发挥着至关重要的作用。

新时期，我国把高校体育教育的发展创新作为教育事业改革的一大抓手。而本书正是在响应教育改革大环境的前提下进行写作的，全面、系统地阐述了体育教育基本理论知识，并且针对当前体育教育的热点、现状及发展等一系列问题进行了深入的研究与探讨，以期为我国高校体育教育改革与发展提供一定参考。

素质教育是高校体育改革的方向。随着现代社会对人才培养提出新要求，体育教学如何适应时代需要已成为体育改革的重要突破口。作为"终身体育"的一个重要环节，高校体育在教学观念上，不仅要增强学生的体质，更重要的是培养学生终身体育思想和全面提高学生的整体素质，并使之终身受益。在教学内容上，必须以学生为主体因材施教，充分考虑到学生的兴趣、爱好和能力，要让教材适应学生，而不是让学生适应教材。在教学考核、评价方面，要打破原有应试教育的考评模式，建立科学的素质教育评价体系，注重师生双方的信息反馈，注重过程评价和终结评价的结合，使评价体系更符合学生实际，更有利于促进培养学生的终身锻炼习惯。在课程设置上，要把以运动技术为主线的教学转向强身育人的教学，扩大理论教学知识范畴，普及健身教学内容，重视职业实用性体育教育，使课程具有科学性、系统性、多样性、选择性和趣味性。在教学方法上，应更加突出师生的双边协调，注重信息传导途径的日益科学化和现代化。

我们查阅了大量理论依据，在国内外学者相关理论研究成果的基础上，分析了当前高校体育教学中存在的问题，阐述了素质教育与现代体育教学之间的关系，对高校体育教学改革进行了研究，并对高校体育教学改革趋势进行了相关的理论探讨，以期提升高校体育教学实践水平。任翔、张通、刘征完成本书第1—2章编写；付英东、赵光强、林仁龙完成本书第3—4章编写；张骊、周开益完成本书第5章编写。为了使本书内容更加完善，在撰写过程中我们参考和引用了有关专家和学者的研究成果，在此对文献著作者表示衷心的感谢。本书很多观点的提出和分析，仍然有一定的不足和需要完善之处，需进一步推敲、优化。敬请各位专家、读者批评指正，以便我们在今后的研究中得以弥补、改进，使之更加成熟。

目　录

第一章
体育教育的起源与基本理论

体育教育是高等教育中非常重要的一个环节，对大学生的身心健康具有非常重要的意义。研究体育教育，首先要了解体育教育的基本理论，了解体育教育的产生与发展过程，理解体育教育的概念，以及体育教育的本质、结构与功能。为了进一步了解和探索体育教育，必须对当今体育教育的热点问题进行研究。

第一节　体育教育的产生与发展

一、体育的起源与发展

（一）体育的概念

一直以来，学术界对"体育"的概念没有形成统一的观点，一般的观点认为，体育是强化人们体质、促进身体健康的有效方式，同时也是构成整个教育的核心部分，体育借助竞技的方法，成为人们文化生活的重要内容，与此同时，也拉近了各国人们之间的关系。相关专家、学者把体育划分成广义体育和狭义体育两种。广义体育是指把体育锻炼作为增强体质，推动人的全面发展，丰富社会文化生活，促进精神文明的有意识、有组织的社会活动；狭义体育是一种增强体质、传授体育知识和技能、培养品德和塑造人体的过程，是教育的核心构成部分，同时也是培养人的全面发展的重要方面。

通过上述表述，我们发现无论人们对"体育"的理解有多大差异，有两点是基本相似的，即对"手段"和"目的"的理解。所有人都承认"体育"的基本手段是"身体练习"（或"人体运动"），而这种手段总是具有一定的非功利性。

（二）体育的起源

总体来说，体育是经过一个相对烦琐的过程而形成的，即对劳作本领的沿袭以及对其他模式的模仿形成具有一定规律的身体教育。古时候人类原始社会头领的祭祀活动和成人礼即为体育的雏形；人们从动物的一些行为中或者军事活动中发明出很多娱乐性较强的身体活动；大部分运动对于人类来说都源于我们先辈发明创造的人类本有的行为，还有一部分是通过人们的劳动或者一些军事行动演变过来的。这就是原始体育，它始于 15000 年前，是人类把身体活动从劳动以及军事行动中分离出来的行为，其标志是弓箭和巫术化活动的发明。

（三）体育的发展

中华人民共和国体育事业创立初期发展曲折，目前我国体育事业获得了前所未有的发展。从原始体育到当今的体育，经历了古代体育、现代体育和当代体育三个时期。古代体育时期跨时最长，可分为四个阶段。第一阶段为不同特色的区域体育文化形成时期，表现为古代大河流域农耕文明社会的体育、古代亚欧草原游牧民族的体育以及古代美洲体育；第二阶段为古代中国体育，表现为先秦两汉时期形成中国古代体育基本格局，晋唐时期的多个民族共荣的体育格局，以及重心向民间转移的宋、元、明、清体育；第三阶段为古希腊罗马体育，主要有古代奥林匹克祭典下的体育、古希腊城邦社会体育与竞技和古罗马体育；第四阶段为中世纪的欧洲体育，主要有骑士教育和中世纪后期的欧洲现代体育。西方体育主要经历了文艺复兴，宗教改革，现代体育的兴起，现代奥林匹克运动的早期发展，西方现代体育在中国的早期传播。

（四）体育的本质

本质是事物本身固有的，决定事物性质、面貌和发展的根本属性。在国外体育发展史上，从古希腊的柏拉图、亚里士多德、卢梭到后来众多的学者都对体育有过较多的研究和描述。总体来看，国外的观点多把体育看成教育的一个重要组成部分，重视从强身健体、增进健康的视角去认识体育的本质属性。

体育作为一种锻炼身体、增进健康、改善生活方式和提高生活质量的方式，过去是，今天是，将来必定还是"以人体运动为基本手段，增进人们健康，提高生活质量"的手段。

（五）体育的功能

在当今体育全球化和扩大化发展背景下，体育的功能由单一的锻炼身体功能向政治功能、经济功能、文化功能等多元功能扩张，但无论怎样变化，体育的本质功能总是与健康联系在一起的。体育在生理方面和心理方面的功能被细化和加强，而体育的社会功能正在悄然发生转变。

第一个转变：从生产到生活。从生产到生活这一转变涉及体育与经济的关系，是世界性的趋势。促进生产发展，曾被认为是体育最重要的社会功能。在体力对生产力的发展起重要作用的年代，体育培养身体强壮的生产者，而生产的目的就是再生产，增强体质直接增强了劳动生产力。进入后工业社会，体力不直接作用于生产，体育的社会功能就从促进生产劳动转变为提高生活质量，并为培养高素质的人起作用。

第二个转变：从群体到个体。从群体到个体这一转变涉及体育与政治的关系。体育活动尤其是高水平的竞赛，有的偏离了体育的终极目标。从群体到个体，并不是说应该放弃群体的需要和利益，而是指应该把这种需求和利益更好地体现于个体。

第三个转变：从工具到玩具。工具是用来完成工作的工件。玩具是休闲生活中获得愉快的介质。但是"工具"功能的转变不代表其"工具"功能的消散，而是体育作为政治工具，不再侧重于服务阶级争斗，而是向保护国家和人民的利益和健康的方向转变；"玩具"效果的提升，实质上凸显了体育在迎合人们的休闲娱乐需求中产生的影响。

二、体育教育的产生

体育产生之后，体育教育随之萌芽。体育来自长期的人类生活和生产实践，并随着人类社会的发展而不断变化。体育在人类文化中占据着非常重要的地位，体育的发展会受到人类文化的影响。体育教育是体育发展和传承的基础。体育也是社会文化进步的体现。在产生初期，体育活动通常展现出许多封闭的地域特征，包括当地文化的特征。从不同的文化价值观和规范的角度来看，不同地区产生的区域体育文化截然不同。在不同的体育文化背景下，也产生了多种不同类型的体育教育。

（一）中国古代的体育教育

在我国的历史发展长河中，文明源远流长，文化繁荣昌盛，教育也一直是我国非常重视的一个部分，但我国比较重视智力教育和道德教育，体育教育一直没能成为教育的主角。尽管如此，在古老的教育体系中，仍可以寻找到有关体育的影子。根据相关的资料记录，早在夏朝，就可以搜寻到体育教育的内容。例如，在夏朝，"学""序"等名称不同的学校已经存在，"国学"和"乡学"出现在西周时期。这些学校是为奴隶主和贵族子女而建立的，是培养统治者和官员的学校。在中国古代社会，教育是由拥有较高等级地位的社会阶层垄断的。普通人若想获得教育资源和教育机会是非常困难的，因为教育费用是他们承担不起的。在奴隶社会，教育内容是礼、乐、射、御、书、数，被称为"六艺"。在当时，贵族子弟会通过学习射箭和舞蹈来实现其自身的社会角色，成为社会上层阶级的一部分。此外，从漫长的军事体育史上看，我国也出现了相应的体育教育内容。

我国古代便产生了一定的体育教育思想。这丰富了我国体育教育的理论，为我国近、现代体育教育的产生提供了发展的思想土壤。

（二）古代欧洲的体育教育

欧洲是现代竞技体育的发源地，古老的欧洲城邦教育体系以体育为基础。现代欧洲运动的源头就是古希腊。在古希腊人的观点中，一个人拥有健康的身体是非常重要的，他们创造了非常丰富多彩的运动生活。在古希腊的斯巴达教育体系中，体育是一项非常重要的内容。在雅典的教育内容中，"五项运动"是必修内容之一。

中世纪的欧洲，社会发展状况并不乐观。这一时期，封建主义和宗教主义横行，竞争得不到保护，思想也会受到限制，骑士制度是这一时期体育的亮点之处。在中世纪的欧洲，骑士是一个令人羡慕和尊重的身份，要想成为骑士并不简单，需要一定的体育基础，掌握一些体育方法。骑士必须经过非常严格的体能训练才能拥有一定的技能。骑士的这些技能的形成必须通过体育培养，并通过体育教育来完成培训和学习。

因此，从东西方体育的诞生和传承的角度来看，借助体育活动来完成体育教育是必然的。具体而言，西周的"六艺"是当时贵族教育的结果，目的是培养未来的统治者，古希腊城邦教育体系也出现了比较完备的运动技能教育和训练，不同之处在于，西周时期的"六艺"教育的目标群体是贵族儿童，而古希腊城邦教育针对的是城市中的所有男性国民。

从两者的教育目的上看，由于受社会发展程度的影响，当时的教育用途主要是满足战争的需要。教育首先要服从军事和社会安全的需要，体育教育的内容，均与国家军事有着密切的联系。

因此，体育教育从产生之日起，就具备了一定的历史特征和时代特征，这是为了让人们学习和参与军事训练。不同的历史时期，不同的国家，不同的地区，会有不同的体育内容和体育形式。

三、体育教育的发展

（一）古希腊时期的体育教育

在古希腊时期有斯巴达体育教育和雅典体育教育两种教育体系。其中，追求军事效能的终极目标是斯巴达体育教育的特点，这也在一定程度上注定了斯巴达体育教育蕴含着海量的军事体育内容。然而，这种教育并没有形成一个完备的教育体系，因为它带有军事色彩，因此，这样的体育教育内容并没有为子孙后代留下可以借鉴的理论。雅典体育教育从一开始就有别于斯巴达体育教育，但两个城邦对体育有共同的想法。它们的共同点是，体育的目的不仅仅是保持身体健康，更重要的是培训儿童成为国家的成员。

苏格拉底是雅典的一名教师，他的观点是，不管做什么事情，首要前提就是要有一个健康的身体，所有人都要进行体育锻炼，增强体质并培养自己的意志。苏格拉底有一名叫作柏拉图的学生，他在自己的著作《法律篇》中写道："教育分为两部分，一部分是针对身体的体育，另一部分是针对心灵美善的音乐。"亚里士多德是柏拉图的学生，他的观点是，人们在青少年时期要开展对阅读、写作、体育、音乐和绘画的学习。除此之外，他还认为，实践要优先于理论，体能训练必须先于心理训练。从这些伟大的希腊教育家的观点中，我们可以看到他们是非常注重体育教育的。这些思想的确立为日后体育的发展打下了一定的思想基础。

（二）文艺复兴时期的体育教育

在欧洲漫长的封建社会中，基督教利用宗教来神化国家的政治权力。在基督教的思想观念下，除身心和肉体外，还有上帝赐予的灵魂，灵魂拥有高高在上的地位，肉体的地位是最低级、最不重要的。这种思想观念禁止人们从事以满足精神和身体快乐为目的的游戏和竞技。显而易见，这极其不利于体育教育的开展，这是对古希腊体育概念的完全否定。

伴随着时代的发展、社会的不断进步，封建主义日渐瓦解，资产阶级开始实行一些抵抗封建主义的行为和措施。文艺复兴是对过去的"错误"理念的纠正。坚持新思想的学者呼吁"重回古希腊"的口号，让人们再次将目光从上帝转向人们自己。另外，在北欧文艺复兴运动的影响下，在马丁·路德的领导下，德国开始了宗教改革运动，否定了罗马天主教会和教皇高高在上的地位，并且认为所有人都是平等的，没有等级差别的存在，资产阶级革命浪潮促进了体育的发展。在宗教改革运动的影响下，人们再次意识到体育教育的重要作用，重新开展体育教学，并对体育教学方法进行了革新。其中有很多方法都影响深远，比较典型的方法如下。

（1）否定身体制约灵魂的观点。

（2）体育教学理论要将实用性和趣味性相结合，要对孩童的行为举止进行规范化的培养。

（3）继承和发扬传统体育教育理念。

（4）体育和美学会促进人的全面发展。

（5）认识到利用大自然锻炼身体的效果。

（6）承认脑力活动与体力活动的相互联系。

这一时期的体育教育思想，为逐步建立现代体育教育理论奠定了基础。

（三）法国大革命时期的体育教育

在欧洲的历史进程中，法国的资产阶级革命产生的影响和作用是非常大的。众所周知，法国是欧洲地区影响力最大的国家之一，18 世纪前的法国是封建专制主义非常强大的国家，1789 年，法国资产阶级革命爆发，资产阶级迅速崛起，推动了"启蒙运动"的产生，并涌现出一大批教育家和思想家。比较有代表性的就是让·雅克·卢梭，他提出了身体教育理念。

（1）任何社会问题的根源都在于人性是邪恶的，而邪恶是由人的脆弱产生的。因此，只有培养强壮的年轻人才能改变社会的丑陋。

（2）孩子学习对抗自然世界的技能越多，就越聪明，所以青年人的感觉器官必须接受培训。卢梭提出的培训计划是为了解决问题，与此同时，他利用洛克的劳动教育思想，并利用各种体力劳动来培训儿童。

（3）提出智力教育与体育教育相结合，相信教育成功的秘诀在于身体活动与心理活动相互支持。

卢梭的教育思想深受人文主义教育家的赞赏，在德国等地开办了以卢梭思想为指导的泛爱学校。

（四）近代体育教育的发展

随着社会的不断发展，到了近代，体育教育在个人全面发展教育中的地位越来越受到重视，并逐渐形成不同类别的体育教育观。这些体育教育观主要包括以下几类。

1. 自然主义体育教育观

自然主义体育思想主要是受人本主义教育思想的影响，认为体育教育应该以"自然体育"为中心，按照自然手段对儿童进行自然体育教育的方式方法。大自然也应该起到教育的作用，完全可以把孩童置于大自然中并获得发展。自然体育观更加强化了体育对于人的重要价值，自然观的教育方式，强调了兴趣、喜好和需求是体育教育非常重要的影响因素。然而，因为对体育本质和体育目标没有深刻的认识，所以非常容易出现"随波逐流"的现象，由于这种"顺应自然"在某种程度上被认为否定体育教育是有目标和有计划的体育教育的本质，因此人们对体育的科学性和教育性的理解在一定程度上出现偏差。

2. 体质为主的体育教育观

体质为主的体育教育观点认为，体育教育的目的是增强学生的体质，促进学生在身体形态和身体机能等体质方面的要素的发展，从而增进学生的健康。这种体育教育的展开强调紧扣强身健体这一主题，增强体质、完善人的身体是体育教育的本质，也是体育与智育、德育、美育的最大区别。这种体育教育观，在一定程度上是进步的，但其强调的教学目标过于狭窄和单一，过分强调了体育教育的生物属性和身体发展性，忽视了体育教育对人的其他方面如个性、品德、人格的培养价值，缺少一定的教育性，单纯追求体能的发展和体质水平的提高，这种体育教育观存在一定的片面性，必须进行补充和修正。

3. 竞技为主的体育教育观

随着竞技运动项目的飞速发展，职业体育的蓬勃发展，以及奥林匹克运动的迅速崛起，体育运动在政治、经济、文化和旅游等各个方面的价值越来越明显，体育受到世界上各个国家的重视，这主要体现在竞技运动方面。因此，有的国家出现了对体育教育的片面认识，认为体育教育就是培养竞技运动方面的人才，体育教育应该为竞技运动的发展而服务，而并没有认识到体育教育的本质是对人的全面发展做出贡献。这种体育教育观过分强调了体育的工具性价值，否定了体育教育的根本属性。

4. 快乐主义体育教育观

快乐主义体育教育观认为参与体育是为了消除人的身心紧张和疲惫，促使人们自发、自主和快乐地参与体育锻炼是体育教育的最终目的。这种体育教育观在一定程度上反映了体育教育的一部分属性，但是忽略了体育教育的根本属性是通过让参与者进行一定强度的身体负荷训练达到增强体质的目的，而这个过程肯定是艰辛的，不可能是完全快乐的，否则就不会取得应有的效果。

（五）现代体育教育的发展趋势

1. 健康第一的体育教育思想

健康是当今时代的主题，也是我国目前提倡的生活理念。接受一定的健康教育，对每个人的成长和全面发展至关重要。健康教育和学校健康教育的概念是 1800 年由美国的教育家霍列斯曼首次提出的。

联合国教育科学文化组织（United Nations Educational，Scientific and Cultural Organization，UNESCO）也曾表明：每一个孩童都应当享有健康学

习的权利，要注重提升他们的健康观念和具体的实践能力，提高全世界范围内民众的健康水平。所以，为了顺应时代的发展和社会的需求，在未来的教学活动中，要借助体育教学这一途径，强化对学生身体健康的教育，达到强身健体、提升品德素养、促进身心全面发展的教育目标。体育教育和健康教育是紧密相连且彼此促进的。基于此，未来的体育教育理念更要注重"健康第一"思想的贯彻，在体育教学中融入健康的元素，让学生意识到健康的重要性、掌握强身健体的方法，调动对体育的积极性。我国最新版的《体育与健康课程标准》中，也提倡健康第一的理念，强调促进学生健康成长是体育课程的最终目标。

2. 以素质教育为主线的体育教育

现代教育已经逐渐发展为真正的素质教育，素质教育注重个体在各个方面的发展，体育教育是素质教育的一个重要手段。其本质内涵在于学生参加体育锻炼，参与体育比赛，提高自身身体素质、心理素质、社会适应能力以及人格等方面的综合素质。在实行素质教育的过程中，身心健康素质是学生发展其他素质的重要基础。让受教育者参与一定的体育教育，可使他们拥有优美的身材、强健的体质，也可使他们的身体机能得到强化，并有助于平和心态和定期锻炼习惯的养成，还可以促进身心的健康发展，提高对环境的适应能力，以自信、稳定的心态迎接任何挑战和困难。因此，体育教育应该以素质教育为主线，不断提高教育品质，丰富教育内容，为培养全面发展的人才做出贡献。

3. 以创新性和快乐性为特征的体育教育

现代教育越来越注重对个体创新性的培养，创新是一个民族发展的动力源泉，有没有创造性思维也是衡量一个人综合素质的重要指标。在素质教育发展的今天，任何教育都离不开对创新性的培养，体育教育也不例外。因此，体育教育工作者应该在日常的体育活动中，注重培养学生的创造意识、创造能力和创造精神，通过一些体育项目中的技战术来训练学生的创造性思维，在体育教学中让学生创造性地做出一些动作，如让学生创编徒手操、自己布置场上的战术等，以不断提高学生的创造意识和创造能力。

随着体育教育的不断发展，人们不断探索体育教育的形式。其中，日本出现了快乐式的体育教育，该模式流传到我国后，深受广大师生的喜爱，并且也在一定程度上缓解了学生的厌学情绪。快乐教育模式的含义可以从三个方面进行理解。

（1）激发了学生的参与热情，提升了他们对体育运动的喜爱度。

（2）快乐教育模式是通用的，适用于任何群体，对每个学生来说，都会起到促进作用。

（3）顾名思义，快乐体育一定会给学生带来很多乐趣，会让学生感受到体育运动带来的意义和价值，会让他们变得更自信。

从以上分析来看，现代体育教育越来越重视创新性在体育活动中的培养，而快乐性也日渐成为体育教育中的一个重要特征。这两个特征将会不断促进体育教育的发展和完善。

4. 以终身体育为目的的体育教育

终身体育的思想是于 1965 年由法国成人教育家保罗·朗格朗提出的。苏联学者提出"终身体育"就是培养与发展学生从事体育活动的能力和学习的主导能力，在学生时代学会"一技之长"，养成与掌握终身进行体育锻炼的习惯和方法，使之终身受益。这种思想的确立，极大地丰富了体育教育的思想，促进了体育教育的发展。

终身体育的含义包括两个方面的内容：一是指人从生命开始至生命结束过程中学习与参加身体锻炼，使终身有明确的目的，使体育成为一生中始终不可缺少的重要内容；二是在终身体育思想的指导下，以体育的体系化、整体化为目标，为人在不同时期、不同生活领域中提供参加体育活动机会的实践过程。终身体育倡导人们不仅要在学生阶段参与体育运动，更应该在人生的每个阶段都参与体育运动，也许每个阶段参与的体育运动项目有所不同，但都是为了促进身心健康的全面发展。因此，体育教育过程应该以培养人终身参与体育为目标，帮助其形成运动技能的同时，促进其形成运动健身的意识，激发其参与运动的永久兴趣，让受教育者充分认识到终身参与体育的意义和作用，这应该是体育教育的最终目的。

四、中西方体育文化

世界上的任何一个民族和国家，都有自己的文化体系和符合自身情况的发展道路。人类历史的经验证实，只有实现各种文化的交流、融合，才能促进人类文化的繁荣昌盛。体育文化也是一样的，不管是东方体育文化，还是西方体育文化，它们都是人类共同拥有的体育文化，是人类相互交流、相互融合的结果，开展东西方体育文化的对比研究，会促进不同文化的交流和融合，不同民族文化的相互融合，可实现优势互补，极大地促进世界体育文化的繁荣兴旺。

（一）中国传统体育文化的特征

我国以汉族人口居多，传统体育也以汉族文化为主，其他民族文化相互融合而形成的。中国传统体育文化是各个民族健康体育和娱乐体育活动的总和。中国传统体育文化的特点也取决于此。

（1）历史悠久，内容多姿多彩，融合了各个历史时期优秀的民族文化，对人类传统文化的贡献非常大。

（2）以中国传统哲学为理论基础。

（3）中国传统体育的基本模式是文化娱乐、竞技表演和强身健体。

（4）中国传统文化秉承宽厚、礼让、平和的价值理念。

（二）西方体育文化的特征

西方传统价值观主张公平竞争和适者生存。在这个概念下，以自然个体为基础的体育理念诞生了。每个自然个体在比赛中仅代表他们自己，参加体育活动单纯是个人喜好，这些想法也在奥林匹克运动中得到了深刻的体现。西方体育活动是个人主义，促进人格解放，促进个人独立，强调个人自由，尊重个人权利的重要性。在竞技体育中，个人奋斗和个人价值获得了充足的肯定，个人英雄主义被推向极致。

文化价值的多元化。一直以来，西方体育文化的发展是建立在以开放和外向的海上贸易为基础的商品经济基础之上的。另外，文化的多元化以及民族国家繁多也是欧洲历史的特点。所以，产生了不同国家和民族的体育运动，这些体育运动在西方体育融合方面并未遭到拒绝，它们已经很好地相互交融。各国丰富多彩的体育运动一同构成西方体育文化的大家庭，通过不断地交融，形成一个完整的西方体育文化体系，成为当今世界体育的主流。西方多元文化价值理念对世界体育的最大贡献就是现代奥林匹克运动。

（三）中西方体育文化的差异

（1）不同的产生环境。中国传统体育产生的基础是农业文明，西方体育文化依托工业文明。

（2）不同的思想基础。中国传统体育以古代朴素唯物主义哲学为依据，突出整体，以心为本。西方体育文化以自然科学为指导，强调分解，以身为本。

（3）中西方体育价值观不同。中西方对体育与人的价值的强调点和侧重点不同，中国注重人的内在修养，西方更注重体育对人体的塑造和培养。中国的"天人合一"与西方的"以人为本"的体育价值观不同。

（4）中西方对体育活动的方式、手段的认识不同。中国重修养，西方体育强调运动和肌肉健美。

（5）中西方对待竞技的态度和胜负观不同。中国体育强调不借助外力之功，通过自娱性活动、比较智慧和人格的高度、比较修养的高低实现价值，而胜负是无足轻重的。西方体育则提倡竞争，提倡超越对手、超越自然，胜者被视为偶像、英雄，竞技场上的结果、成绩、名次直接影响到做人的价值以及人本身的尊严。

五、大学校园体育文化

（一）校园体育文化的内涵

校园体育文化，是在学校接受和学习体育教育的过程中获得的精神财富和物质财富的集合体。校园体育文化是体育文化下属的一个子系统，以学生为核心、以学校环境为空间，传递体育文化活动的主要内容，彰显校园精神的一种集群文化，涉及体育意识、体育行为文化以及体育物质文化三个方面的内容。

（二）校园体育文化的特征

校园体育文化特征是指校园体育文化与其他文化区别开来的独特而独立的特征。主要表现在以下三个方面。

首先，校园体育文化是隐含的。校园体育文化以间接隐含的方式呈现，无意识地影响学生。大学生在体育文化环境中学习和生活，他们会无意识地接收有关体育文化的信息，并受到感染和培育，潜移默化地实现了文化的心理积淀，并逐渐转变成自己的行为方式。

其次，校园体育文化是独立的。校园体育文化是校园里的人们参与体育活动形成的文化。它的主体和存在的环境都是比较特别的，这一主体的知识储备和能力素养都非常高，他们在接受传统文化教育的同时，还借鉴了国外比较优秀的文化，这样一来就慢慢形成了有自身特色且鲜明的校园体育文化。

最后，校园体育文化是多元的。校园体育文化独具的优势，促进了校园文化的多样性、丰富性和多彩性。

（三）校园体育文化的表现形式与素质教育

校园体育文化活动一般都是以休闲运动的形式开展，即在假期或休闲时间进行的体育活动。学生的体育活动主要包含有组织地跑早操、课外体育活动、校内外体育交流和学生自行组织的活动。这不仅提高了学生自我锻炼的能力，也促进了健身知识和相关知识的掌握。

体育既是素质教育的核心内容，也是教育最为关键的方面。体育文化的多元性理论和丰富的内涵证明，人类在自身发展过程中与体育密不可分。体育素质教育最核心的任务就是促进终身教育的开展，大学生体育教育的主要目的是使学生在学习敏感期和形成世界观的过程中接受体育理念，传承健身文化，形成终身体育意识。校园体育文化是实现教育、培养目标的载体，在体育文化活动中，大学生必然受到集体主义、爱国主义、团结协作、遵纪守法和勇敢顽强等优良品质和高尚道德情操的教育。校园体育文化具有陶冶情操的作用。校园体育文化可以理解为一种校园精神的环境和文化氛围，其作用是通过体育文化氛围的营造来陶冶大学生的情操，规范大学生的行为。校园体育文化具有心理疏导功能。校园体育文化活动产生的精神氛围，可以帮助大学生消除心理上和情绪上的自我干扰和相互摩擦，减少内耗，协调人际关系。校园体育文化具有社会实践功能。校园体育文化活动加强了大学生之间的交流，扩大了他们的人际交往，既能增进他们之间的友谊，又能使他们逐步学会自我管理，不断增强自主意识、自强意识，提高独立生活、组织管理和社会活动等方面的社会责任感。因此，营造校园体育文化的健康氛围、推广终身体育理念、培养高素质人才是当前亟须完成的任务。

（四）加强校园体育文化建设

1. 校园体育意识文化建设

校园体育意识文化建设的主要任务是组织积极、健康、向上的校园体育文化活动，抵制低俗文化和不合理的文化进入校园，指引校园文化迈向健康的发展方向，营造和谐、良好的校园体育氛围，强化体育意识、体育观念和体育精神，促进学生振奋精神、培养情绪，提高健康意识，提升身体素质。

2. 校园体育行为文化建设

意识文化与行为文化两者相互交融形成体育文化。体育文化最根本性的表现就是开展体育锻炼，刺激人体的心理机能和生理机能。通过运动体验带来精神乐趣是体育文化的另一个重要功能。实践表明，科学锻炼有助于强身健体和培养情感。

3. 校园体育物质文化建设

人对自然物质的组织、改造和利用形成的文明现象就是校园体育文化中的物质文化。校园体育本身的物质基础是人们思想文化的载体，它是人们运动知识、运动精神和智慧的结晶，是人们意志、情感和价值观特点的展现，属于一种文化现象。学校的运动场馆和相关器材、设施都是校园中一道美丽的风景，保护和合理利用它们是建设校园体育文化的一部分，同时也是当代大学生文明行为的体现。

现阶段，我国大学校园体育文化还需解决以下问题。

一是场馆不足，利用不合理。随着大学的数年扩招，各个高校招生规模成倍增长，体育场馆建设因种种原因无法跟上学生数量的增长，有的甚至被修建校舍占用，体育场馆比过去少了。在大学新校区建设过程中，已逐渐显现老校区"人多场地少"、新校区"人少场地多"的不合理局面。

二是适合大学生健身、娱乐的体育项目开发不充分。进入新时期，由于社会环境变化，大学生的体育健身项目、体育健身方式等诉求逐渐发生了变化。因而创建适合大学生群体喜闻乐见的体育项目，并以此为载体促进学生终身体育锻炼，是当前大学校园体育文化建设的重要任务。例如，我国一些地区悄然兴起的气排球运动，带动了相关高校的气排球教学，深受学生欢迎。

三是高校体育文化特色不鲜明。高校体育文化建设只有形成特色与品牌，才能持续发展。特色建设应充分考虑当地的地理、气候、人文、历史及风俗等自然环境和社会环境，如北方的冰雪项目、南方的水上项目和民族体育项目等。场馆、项目、特色成为当前大学校园体育文化建设中不可或缺的三大支柱。

六、体育赛事文化

（一）古代奥运会

1. 起源

据公元前 9 世纪的传说，伊菲托斯王到皮提亚询问德尔斐神谕：如何拯救他的民众免受战争的苦难。具有预言力的女祭司对伊菲托斯王说，他要举办一场比赛，以表明他对希腊众神的尊重。伊菲托斯王的敌人斯巴达人也决定在赛事期间停止宣战。那些比赛被誉为奥林匹克运动会，并在奥林匹斯山下开展。据说这座山是希腊诸神生活的神圣之地。

公元前 776 年，古希腊人规定，每 4 年举行一次运动会（目的是守护和平）。在奥运会期间，所有希腊运动员和附近的民众聚集在希腊南部风景秀丽的小镇——奥林匹亚。第一届古代奥运会于公元前 776 年在这里举行，多利亚人克洛斯在 192.27 米的比赛项目上摘得桂冠，成为第一个赢得国际奥林匹克运动项目并获得殊荣的人。

2. 发展与兴盛

公元前 776 年以后，运动会的项目日益增加，赛事规模日趋庞大，奥运会成为代表民族精神的盛会。尤其是公元前 490 年，希腊雅典在马拉松山谷大败波斯军队，民众情绪高涨，国威提振，修建了许多体育设施和寺庙等，希腊的每一个城市都有众多参与比赛的人，比赛的优胜者可以获得月桂、野橄榄和棕榈编织的花环，古代奥运会盛极一时，成为希腊最盛大的节日之一。

3. 赛程安排

古代的奥林匹克运动会一般都选择在夏季举行，一共举行 5 天，前两天会进行祭神，中间两天是正式比赛的日子，第五天进行颁奖和举行庆典。在赛事开始的前一天，裁判会带所有参加比赛的人员前往神坛进行宣誓，确保在比赛过程中公平、公正。

4. 参赛运动员资格

古代奥运会的参赛条件十分严苛。参赛者必须是纯希腊人，他们的父母必须是希腊裔；他们必须在道德或政治上健全，没有不良记录；他们必须由医生检查，以证明他们的身体健康；要有 8 名以上的裁判证明参赛者参加了10 个月以上的训练。在比赛开始之前，所有的参赛人员都要到奥林匹亚进行集训，由裁判员指导他们训练，确保他们可以达到参赛的要求。古代的奥运会，妇女是没有权利参加和观看的。

5. 比赛项目

第一届古代奥运会仅有一个比赛项目，即 192.27 米赛跑。经过日积月累，古代奥运会的比赛项目逐步增加，包括拳击、角力、古希腊式搏击、战车竞赛，以及其他的赛跑项目（短距离跑、中距离跑、长距离跑及武装赛跑）和包含"摔跤""短跑""跳远""掷标枪""掷铁饼"的五项运动。

竞赛项目的胜利者除了获得橄榄枝，也会在希腊地区，尤其是他们的家乡，得到无上光荣。胜利者会获得家乡给予的大笔金钱。雕刻家会为他们塑像，诗人会为他们写颂歌。

有一些考古学家相信古代在奥运会期间，各个城邦会停止战争，让运动员和观赛的人能安全抵达奥运场地。只有男性才可以参加奥运竞技赛，运动员通常全裸参赛，这不单是为了适应炎热的天气，更是一种赞美身体成就的表现。运动员会涂上橄榄油，这不单是为了保持皮肤光滑，也是为了令身体更有吸引力。

6. 授奖与惩罚

古代奥运会的授奖仪式庄严而隆重。授奖台设在宙斯神像前，橄榄冠放在一个特制的三角台上。授奖时，先由报道官宣布运动员的姓名、比赛成绩、所属的城邦及运动员父母的名字。然后由司仪把优胜者领到主持人面前，主持人起身，将橄榄冠从三角台上取下来，给优胜者戴上。这时，观众唱歌、诵诗、奏乐、欢呼，并向运动员投掷鲜花。古代奥运会对获胜运动员的奖励虽曾多次改变，但原则都是着重于精神奖励。物质奖励也有，但相当微薄。

古代奥运会的比赛规则十分严格，违者要受到严厉的惩罚，这表现了古希腊人的荣辱感。古希腊人认为，奥运会是神圣的，光明正大地取胜才是最光荣的。反之，是对神圣事业的亵渎。

7. 衰败与消亡

公元 476 年到 1640 年英国资产阶级革命前夜，被称为欧洲的中世纪。公元 476 年西罗马帝国灭亡后，体育的发展受到极大的阻碍，"赞美身体"的古代奥运会逐渐衰败与消亡。

（二）现代奥运会

从古代奥运会的消亡到现代奥运会的复兴，又经历了 1500 余年。

15 世纪的文艺复兴使得许多欧洲人开始重新赞扬奥林匹克精神。意大利的马泰奥·帕尔米里亚在 1450 年提出，要提倡奥运会的和平与友谊的精神；德国人库齐乌斯花了多年时间挖掘古希腊的奥林匹亚村，1852 年 1 月他在柏林宣读了考察报告，并建议恢复奥运会。

被尊称为现代奥林匹克之父的法国教育家皮埃尔·德·顾拜旦于 1892 年在索邦大学大礼堂首次公开提出恢复奥运会，并把参加范围扩大到全世界。1894 年，顾拜旦致函各国体育组织，邀请参加在巴黎举行的国际体育大会。在同年 6 月 16 日 12 国的代表在巴黎举行了恢复奥林匹克运动大会。会议决定每 4 年举行一次全球范围的奥林匹克运动会。6 月 23 日，国际奥林匹克委员会成立。希腊人维凯拉斯出任主席，顾拜旦任秘书长，并亲自设计了奥运会的会徽、会旗。会议还通过了《奥林匹克宪章》。1896 年，第一届现代奥林匹克运动会在希腊雅典正式举行。此后每 4 年举行一次，会期不超过 16 天。

1. 顾拜旦与现代奥运会

正是由于顾拜旦的远见卓识和锲而不舍的努力，才使得奥林匹克运动会得以重新登上历史舞台。

体育和教育在顾拜旦的价值观念中一直占据极高的地位，而当他站在奥林匹克的废墟上产生复兴奥林匹克运动会的想法以后，奥林匹克运动就成了他生命中不可或缺的事业。顾拜旦曾经陆续发表过《教育制度的改革》《运动的指导原理》《运动心理之理想》《英国与希腊回忆记》《英国教育学》等一系列著作，提出了不少改革教育和发展体育的建议，在《英国与法国的教育之比较》一文中，他热情洋溢地呼吁："让我们在城市的中心开设先进的体操馆，沿着法国的河流开辟游泳区吧！让法国学校的孩子们玩五花八门的民众集体游戏吧！"

更为重要的是，体育教育绝不能军事化，体育运动是和自由连为一体的。

1913 年，顾拜旦为国际奥委会设计了会徽、会旗。会旗为白底儿、无边，上面有蓝、黄、黑、绿、红 5 个环环相扣的彩色圆环，象征着五大洲的团结以及全世界运动员以公正的比赛和友好的精神相聚于奥林匹克运动会。此外，他还倡议燃放奥林匹克火焰和设立奥林匹克杯等。在确定奥林匹克运动会口号的问题上，顾拜旦最初觉得应以"团结、友好、和平"的口号来指导比赛。顾拜旦的精神导师迪东神父提出了"更快、更高、更强"的口号，它得到顾拜旦的赞赏，顾拜旦认为它体现了人类永远向上、不断进取的伟大精神，便倡议把它作为国际奥林匹克运动会的口号。

顾拜旦认识到体育的重要性，认识到体育在教育中占据着重要的地位。他立下了教育救国、体育救国的志向，并决心为复兴奥林匹克运动做出不懈的努力，为其发展奋斗终身。顾拜旦在复兴奥林匹克运动中遇到了重重困难，可他执着地发展体育事业的意志从未动摇。他从1883年开始复兴奥运会的工作，直到1937年9月2日逝世，为奥林匹克运动奋斗了54年。顾拜旦原则性强，他坚持奥运会是属于世界的，应该在全世界各个不同的城市举办，而希腊人认为奥运会是希腊的，雅典应是奥运会的永久举办地。顾拜旦的坚持原则才使奥运会有了今天的辉煌。顾拜旦坚持的和平、友谊、进步的宗旨，反对歧视、坚持平等的原则，奥运与文化教育相结合的原则，人的和谐发展的原则，逆向代表制的原则等，都写入了《奥林匹克宪章》。

2. 奥运会比赛简介

（1）夏季奥林匹克运动会。

夏季奥林匹克运动会是由国际奥林匹克委员会主办的国际性多项运动赛事，每4年的夏季举办一次。夏季奥运会取得的成功促使了冬季奥林匹克运动会的产生。

希腊雅典举办的第一届夏季奥运会设田径、游泳、举重、射击、自行车、古典式摔跤、体操、击剑和网球9个大项目，43个小项目。此后，随着奥运会的影响力不断扩大，奥运会的规模越来越大，比赛项目也越来越多。到2008年北京奥运会，比赛项目已增至28个大项目、38个分项目、302个小项目。2005年国际奥委会在新加坡举行的全会上决定，2012年伦敦奥运会只设26个大项目，且今后每届奥运会最多不得超过28个大项目。

历届夏季奥林匹克运动会。英国伦敦在2012年第三次举办夏季奥运会，成为第一个举办三次夏季奥运会的城市。澳大利亚、法国、德国和希腊都举办过两次夏季奥运会。其他举办过夏季奥运会的国家有比利时、加拿大、芬兰、意大利、日本、墨西哥、荷兰、韩国、西班牙、苏联和瑞典等。北京举办了2008年夏季奥运会。南美洲的第一次奥运会在巴西里约热内卢举办。有4个城市曾举办过两次及两次以上夏季奥运会：洛杉矶、伦敦、巴黎和雅典。瑞典的斯德哥尔摩在两次夏季奥运会中举办过赛事，一次是1912年夏季奥林匹克运动会，另一次是在 1956 年夏季奥林匹克运动会中与其他国家合作举办了马术项目的比赛。五个国家——希腊、英国、法国、瑞士和澳大利亚（曾两次和新西兰组成澳大利亚队）参加了所有的夏季奥运会。

（2）冬季奥林匹克运动会。

冬季奥林匹克运动会，简称冬季奥运会或冬奥会，是国际奥林匹克委员会主办的世界性冬季项目运动会。第一届冬季奥林匹克运动会于 1924 年 1 月 25 日在法国的夏慕尼举行，每 4 年举行一届。1986 年，国际奥委会全会决定将冬季奥运会和夏季奥运会从 1994 年起分开，每两年间隔举行，1992 年冬季奥运会是最后一届与夏季奥运会同年举行的冬奥会。

目前冬季奥运会的比赛项目有冰球、冰壶、滑冰（速度滑冰、花样滑冰和短道速滑）、滑雪（高山滑雪、越野滑雪、跳台滑雪、自由式滑雪、单板滑雪和北欧两项）、现代冬季两项、雪车、钢架雪车和雪橇。

19 世纪末 20 世纪初，一些冰雪运动，如滑雪、雪橇、滑冰和冰球等项目在欧美国家逐渐得到普及和发展。1887 年挪威成立了世界上第一个滑雪俱乐部。1890 年加拿大成立了世界上第一个冰球协会。1892 年国际滑冰联盟在荷兰成立。1893 年，在阿姆斯特丹举行了首届男子速度滑冰锦标赛。1908 年，法国成立了世界范围的国际冰球联合会；在冰雪运动日益普及的情况下，现代奥运会创始人顾拜旦建议单独举办冬季奥运会。

1908 年第四届夏季奥运会增加了花样滑冰项目。在 1920 年第七届夏季奥运会上，国际奥委会拒绝接受北欧两项项目，而增加了冰球项目。花样滑冰和冰球加入奥运会后引起了观众的极大兴趣。但因天气条件给组织者带来了诸多不便。鉴于此，人们倾向于把冰雪项目从夏季奥运会中分离出来，单独进行冰雪项目的奥运会。

（3）残疾人奥林匹克运动会。

经历了第一次世界大战和第二次世界大战后，全球出现了不少残障人士，第一次世界大战结束后，复健治疗逐渐被重视，为了减少肢体伤残带来的影响，这些残障者开始接受体能训练，通过运动帮助复健以及恢复他们的自信。

1948 年，英格兰为在第二次世界大战中脊柱损伤的军人组织了一次运动竞赛，4 年之后，荷兰有人参加了这个运动会。第一届残奥会于 1960 年在罗马举行，只有 400 多名运动员参加。

2000 年悉尼残奥会已经有超过 4000 名运动员参加。2004 年雅典残奥会共有 144 个国家及地区的 3969 名运动员参加。2008 年北京残奥会共有 147 个国家和地区的 4000 多名运动员参加。2012 年伦敦残奥会共有 164 个国家和地区的 4302 名运动员参加。2016 年里约残奥会共有 170 多个国家和地区的

4350 名运动员参加。2020 年东京残奥会共有 160 多个国家和地区的 4400 多名运动员参加。

3. 奥林匹克思想体系

奥林匹克运动经历百年而愈加蓬勃兴旺，其重要原因之一就是它在发展过程中逐渐形成以奥林匹克主义为核心的思想体系，这一思想体系使奥林匹克运动有了一个比较坚实的思想基础，使各种奥林匹克活动有了明确的指导方针。从某种意义上讲，奥林匹克运动的思想体系构成了这一运动的灵魂。这一运动的一切活动都是由奥林匹克思想体系产生出来的，这一运动的一切特征也都是基于奥林匹克思想体系而逐渐完备的。奥林匹克运动的思想体系是沿着由个体到社会、由微观到宏观的逻辑顺序构建的。先是个人的全面发展，进而扩大到社会，最后扩大到国际社会。奥林匹克运动是在奥林匹克主义指导下的一种国际性的社会运动，它的目的并不限于促进这一运动的参加者个人的发展与完善，它担负着更加重大的历史使命和社会责任——促进不同国家、不同文化之间的相互了解，从而促进和维护世界和平。

奥林匹克思想体系主要包括奥林匹克主义、奥林匹克宗旨、奥林匹克精神和奥林匹克标志系统等。

(1) 奥林匹克主义。

1927 年 4 月 17 日，顾拜旦发表了《致各国青少年运动员》的信，他说："当今世界，充满发展的极大可能，但同时也存在着危险的道德衰败。奥林匹克主义能建立一所培养高尚情操与纯洁心地的学校，也是发展身体耐力和力量的学校，但这必须在进行强化身体练习的同时不断加强荣誉观念和运动员大公无私精神的条件下才能做到。"他试图以"奥林匹克主义"为现代奥运会确立高尚的目标和哲学的基础，把奥林匹克运动比喻为一所学校，奥林匹克主义就是这所学校伟大的教育计划中的教育宗旨，在奥林匹克主义的指引下，世界各地的年轻人通过刻苦的训练，通过身心的和谐发展，感悟新世界"共同的价值和力量"，以养成拥有男人的勇气、骑士的精神、良好的文学艺术修养、精力充沛的身心状态，以及快乐的生活与乐于为国家服务的生活态度。

奥林匹克主义是奥林匹克运动的指导思想，规定了奥林匹克运动的性质和发展方向，即在奥林匹克主义指导下的奥林匹克运动，不仅仅局限于体育，更不局限于奥运会的竞技比赛，而是一种超越体育和竞技运动的关于人的全面发展、人类完善和社会发展的思想、理论和运动。其特征是以体育为载体，通过体育运动这个社会学校对青年进行身体、心智和精神的教育，以培养全面发展或完善的人为目标的世界性的社会运动。

(2) 奥林匹克宗旨。

奥林匹克运动宗旨的内涵：让体育运动为人类的和谐发展服务，以提高人类尊严；以友谊、团结和公平竞赛的精神，促进青年更好地相互了解，从而有助于建立一个更加美好、和平的世界。奥林匹克宗旨指引着现代奥林匹克运动在全球范围内健康而迅速地发展，其意义是十分重大的。

（3）奥林匹克精神。

奥林匹克精神是奥林匹克运动的实质内容，《奥林匹克宪章》指出，奥林匹克精神就是在友谊、团结、公平竞争的基础上相互了解。它通常包括参与原则、竞争原则、公正原则、友谊原则和奋斗原则。"参与原则"是奥林匹克精神的第一项原则，参与是基础，没有参与，就谈不上奥林匹克的理想、原则和宗旨等。奥林匹克精神对奥林匹克运动具有十分重要的指导作用。

一是奥林匹克精神强调对文化差异的容忍和理解。二是奥林匹克精神强调竞技运动的公平与公正。

（4）奥林匹克标志系统。

第一，奥林匹克标志。奥林匹克标志是1913年根据奥林匹克运动奠基人顾拜旦先生的提议设计的，它由单独使用的五个奥林匹克环组成，这五个环可以是单色，也可以由蓝色、黄色、黑色、绿色和红色五种颜色构成，由五种颜色构成时，这五种颜色环从左到右相互套接，上面三个是蓝色、黑色、红色，下面两个是黄色与绿色。

国际奥委会起初选用蓝色、黄色、黑色、绿色和红色五种颜色是因为它能代表当时所有成员国国旗的颜色。自1920年第5届安特卫普奥运会起，五环的蓝、黄、黑、绿和红色开始成为五大洲的象征，分别代表欧洲、亚洲、非洲、澳洲和美洲。

现行的《奥林匹克宪章》指出，奥林匹克标志不仅象征五大洲的团结，而且强调所有参赛运动员应以公正、坦诚的运动员精神在比赛场上相见。

第二，奥林匹克旗。奥林匹克旗于1913年在顾拜旦的建议下确定，并在1914年巴黎奥林匹克代表大会上为庆祝国际奥委会成立20周年首次升起。奥林匹克旗为白底儿、无边，中间绘有五色的奥林匹克标志。

第三，奥运会会徽。奥运会会徽是奥林匹克运动会的徽记，是该届奥运会最有权威性的形象标志。会徽的图样不仅要体现奥林匹克精神，而且还要反映出东道国和奥运会主办城市的特征。《奥林匹克宪章》规定，各届奥运会的会徽，未经奥运会组委会同意，不得用于广告和为商业服务，从而保证了奥运会会徽的严肃性和权威性。

第四，奥运会吉祥物。现代奥运会的吉祥物都是独一无二的，它们都富有活力，体现了友谊和公平竞赛的奥林匹克理想。奥运会吉祥物最早出现在

1968 年法国格勒诺布尔举行的第十届冬季奥运会上。为夏季奥运会设计吉祥物始于 1972 年的慕尼黑奥运会。如今，吉祥物已经成为奥运会的一个独特标志和最有代表意义的纪念品。到目前为止，奥运会的吉祥物有动物、人像和抽象形象三种造型，这些吉祥物都称得上是奥运史上的"明星"。

第五，奥运会会歌。1896 年 4 月 6 日，当希腊国王乔治一世宣布第一届奥运会开幕以后，希腊著名音乐家斯皮罗斯·萨马拉斯指挥 9 个合唱团的 250 人演唱了由他作曲、由抒情诗人科斯蒂斯·帕拉马斯作词的《奥林匹克圣歌》。悠扬的乐曲、悦耳的歌声久久回荡在帕那辛尼安体育场上空，把人们带入了缅怀古代奥运会的辉煌和憧憬现代奥运会的美好的境界之中。

在第一届奥运会之后的相当长一段时间内，历届奥运会均由东道主确定会歌，并未形成统一的会歌形式。国际奥委会在 1958 年于东京举行的第 55 次全会上确定，还是把《奥林匹克圣歌》作为奥运会会歌，其乐谱存放于国际奥委会总部。《奥林匹克圣歌》歌词的主要含义是从奥林匹克活动中去追求人性的真、善、美。

第六，奥运会的口号。每一届奥运会都有自己的独特理念，而奥运口号就是把主办国的奥运理念高度地概括成一句话。奥运会口号的任务是让文化各异的人们可以很容易地记住并且接受本届奥运会理念。每一届奥运会主办国在奥运会口号的设计上都煞费苦心，让它富有视感和感染力，并且可以深入人心，不仅如此，奥运会文化上的、视觉上的活动设计都是围绕着它展开的。

4. 中国与奥林匹克运动

（1）初识奥运。

①历史上我国首个提议参加奥运会的人。

我国近代著名教育家张伯苓，是首个提出让中国参加奥运会，进而走进国际体育这个团体中的人。

张伯苓认为，体育是教育不可缺少的一部分，他觉得中国可以通过体育治好贫、弱、愚、散四种病，并且可以向外国证明自己。"作为一个好的教师、称职的校长怎么可以不懂体育。"张伯苓不但在学校成立时就把体育纳入学科中，而且还规定体育成绩不好的人，或者高中三年未修满体育课的人不能顺利毕业。

在 1907 年 12 月 24 日天津第五届学校联合运动会的颁奖仪式上，身为南开校长的张伯苓说："这一次运动会的成功，让我对即将要参加奥运会的我国选手希望满满。"我国应该进入奥运，这个概念是张伯苓首先提出来的，表达了我国想要加入其中的心愿。

②奥运史上第一个中国奥委会委员。

王正廷是奥运史上第一位中国奥委会委员，同时也是第二位远东地区奥委会委员。自此我国与奥委会开始了正式联系，并在 1928 年我国派出观察员观摩阿姆斯特丹奥运会。

在王正廷成为国际奥委会委员后，他又促成了中华全国体育协进会。之后国际奥委会在 1931 年承认中华全国体育协进会为中国奥林匹克委员会。王正廷此后还以领队身份带领中国队参加了两届奥运会。

（2）首登奥运赛场。

①奥运史上第一位中国运动员。

刘长春是我国第一位参加奥运会的运动员，1932 年他代表中国参加洛杉矶奥运会。但是由于旅途劳顿，时间仓促，身体还没有调节好就急忙上阵，因此他在比赛中的成绩不大理想，虽然如此，但他仍是我国奥运史上的第一人。

②奥运史上我国第一次以团队的形式参加奥运会。

中国从 1934 年开始筹备参加柏林奥运会的具体事宜，中华全国体育协进会正式向国际奥委会提出申请参加该届运动会并获批准。

1936 年我国成立了中国体育代表团，其中王正廷为总领队，马约翰为总教练，还包括由 67 名男子以及 2 名女子组成的运动员团体，涉及项目有田径、足球、游泳、篮球、拳击、举重和自行车等。除此之外，还包括一个武术表演团以及一个体育考察团。

③中华人民共和国第一次参加奥运会。

1952 年第十五届奥运会在芬兰赫尔辛基举办。在中华人民共和国成立之后，中华全国体育协进会正式更名为中华全国体育总会，并且保留了中国参加奥委会的资格。但是在此之前的奥运会中，我国的奥委会并没有得到国际上的认可。通过中华人民共和国和与中华人民共和国建交国家的不断努力，我国终于在这次奥运会中获得了参与资格。中华人民共和国的代表团是一个由 40 人组成的团体，但是由于获得资格时奥运会已经开始 10 天了，因此中国代表团只参加了游泳项目和闭幕式。

④中华人民共和国重返奥运会赛场。

1979 年，中华人民共和国在奥林匹克组织中的合法地位得以恢复。1980 年，中国派团赴美国普莱西德湖参加了第十三届冬季奥运会，1984 年，中国派出 225 名运动员参加洛杉矶夏季奥运会 16 个项目的比赛。

（3）中国奥运会奖牌零的突破。

许海峰是我国历史上第一个摘得夏季奥运会金牌的运动员。他在 1984 年的洛杉矶奥运会上摘得金牌一枚，他的参赛项目是男子手枪慢射。

杨扬是我国历史上第一个摘得冬季奥运会金牌的运动员。她在 2002 年的盐湖城奥运会上喜获冠军，打破了我国冬奥会无金牌的僵局，她的参赛项目是女子 500 米速滑。

（4）中国第一次申办奥运会。

1991 年 2 月 13 日，原国家体委、外交部、财政部和北京市人民政府共同向国务院提交了"2000 年北京申办夏季奥运申请书"。2 月 22 日，北京市人民政府正式向中国奥委会申请举办第 27 届奥运会。2 月 26 日，中国奥委会会议在北京举行。全体委员会议一致同意北京市政府关于承办 2000 年第 27 届夏季奥林匹克运动会的申请。2 月 28 日中国政府同意北京承办 2000 年夏季奥运会。1991 年 4 月 1 日，北京奥林匹克运动会申办委员会首次主席会议召开，宣布了北京 2000 年奥运申办委员会正式成立。

1993 年 9 月，国际奥委会第 101 次全会投票表决，结果北京以两票之差（43∶45）落后于澳大利亚悉尼，没有获得主办权。

（5）中国第一次举办奥运会。

1998 年 11 月，国务院总理办公会议和中共中央政治局常委会先后对申办工作进行研究，决定由北京申办 2008 年夏季奥运会。1998 年 11 月 25 日，北京市政府向中国奥委会递交了承办 2008 年夏季奥运会的申请书。

1999 年 4 月 7 日，北京市和中国奥委会前主席伍绍祖在瑞士洛桑向国际奥委会前主席萨马兰奇正式递交了北京市申办 2008 年夏季奥运会的报告。

2000 年 8 月 28 日，国际奥委会在瑞士洛桑宣布，北京正式成为 2008 年第二十九届夏季奥运会申办候选城市，一同入选的还有伊斯坦布尔、巴黎、多伦多和大阪。这标志着申办 2008 年夏季奥运会工作进入"决赛"阶段。

2001 年 7 月 13 日，在第 112 次国际奥委会全会上，经过国际奥委会全体委员两轮投票，国际奥委会前主席萨马兰奇宣布，北京以 56 票赢得 2008 年夏季奥运会的举办权。这也是继日本东京（1964 年）、韩国汉城（首尔，1988 年）之后夏季奥运会第三次花落亚洲。

2008 年 8 月 8 日 20 时，第二十九届夏季奥林匹克运动会开幕式在北京国家体育场举行。共计有 28 个大项、38 个分项、302 个小项。比赛在北京、青岛、香港、天津、上海、沈阳和秦皇岛等城市进行，其中北京是主办城市，其余都是协办城市。中国体育代表团在优势项目上纷纷创造历史新高，在潜在优势项目上也不甘落后，奋勇夺金。北京奥运会赛场，中国军团连战连捷，以 51 枚金牌 100 枚奖牌的优异成绩，居 2008 年北京夏季奥运会金牌榜的第一位。

（三）世界锦标赛

锦标赛是不同地区或竞赛大组的优胜者之间的一系列决赛之一，只有排名达到一定水平的人或队才可以参加锦标赛，是这个项目最高级别的赛事，亦称"单项锦标赛""冠军赛"，也是运动竞赛的一种，是为检查某一单项运动发展情况和训练成绩定期举行的比赛。锦标赛分国家锦标赛和世界锦标赛，如全国武术锦标赛、全国男子排球锦标赛、世界田径锦标赛和世界体操锦标赛等。常见的世界锦标赛有如下几种。

1. 世界篮球锦标赛

世界篮球锦标赛是国际篮球联合会举办的国际性的篮球赛事，男子的从1950年开始，女子的从1953年开始，男、女比赛分别举行。历届比赛间隔时间不同，一般是每4年一届。从1986年起，男子比赛和女子比赛都在同一年举行，也是每4年举行一届。

（1）世界男子篮球锦标赛。

国际篮球联合会于1948年在伦敦奥运会篮球赛期间举行代表大会，做出了举办世界男子篮球锦标赛的决定。国际篮联决定1950年的首届男篮世锦赛于10月22日至11月3日在阿根廷首都布宜诺斯艾利斯举行。首届世界男子篮球锦标赛参赛队为1948年奥运会前三名，主办国球队、亚洲、欧洲及南美洲成绩最好的两支球队。国际篮联在1950年首届世界男子篮球锦标赛期间，还做出了设立奈史密斯杯为世界男子篮球锦标赛冠军杯的决定，以纪念这位篮球发明人，但该奖杯直到1967年的男篮世锦赛才首次颁给锦标赛冠军队。

1954年，第二届男篮世锦赛来到了里约热内卢，但如同首届比赛一样，依然受到政治原因的困扰，只有12支球队参赛，最后，美国、巴西、菲律宾、法国、中国台湾、乌拉圭、加拿大及以色列进入八强。美国队凭借身高优势轻松夺冠。

1959年第三届男篮世锦赛，苏联第一次派队参加，巴西最终赢得了冠军。

1963年，第四届男篮世锦赛本应在菲律宾举行，但菲律宾政府不给苏联等社会主义国家球员发放签证，国际篮联只能把比赛放到巴西举行，并对菲律宾队进行了处罚和禁赛。主场作战的巴西队显示了强大的实力，一路战胜各大强敌卫冕成功。

1974年的男篮世锦赛，各支球队实力相当，苏联、美国、南斯拉夫三支球队积分相同，苏联队幸运地凭借小分优势夺冠。

1978年，世锦赛来到了菲律宾，南斯拉夫队在比赛中展现了强大的攻击力，最终险胜苏联夺冠。美国队则表现糟糕，输掉了4场比赛。中国首次派队参赛，获得了 2 胜 5 负的成绩。

1982 年，美国队派出了实力强大的球员参赛，他们也如愿进入决赛，但以很有争议的 1 分败给苏联。中国队在 12 支球队中位列最后。

1989 年，国际篮球联合会准许 NBA 球员参赛，但于 1990 年在布宜诺斯艾利斯举行的世锦赛中，美国依然只派出 NCAA 球员，南斯拉夫则精英尽出，最终夺冠。中国队击败了埃及和韩国，获得了第 14 名。

1994 年，美国的"梦之队"参赛，在两年前的奥运会上"梦之队"已经显示了无与伦比的实力，这届比赛依然不可战胜。中国队则实现突破，首次进入淘汰赛（后负于希腊），取得第 8 名。这也是到 2010 年为止中国队在男篮世锦赛上取得的最佳战绩。

2002 年，美国重新组成了"梦之队"，而且还是在主场作战，最终如愿夺冠。中国队表现不佳，在 12 支参赛球队中位列最后。

2006 年世锦赛又恢复了 24 支球队参赛。希腊队在半决赛中击败了美国的"梦之队"，但在决赛中西班牙更胜一筹。中国队依靠王仕鹏的绝杀，再次闯进淘汰赛。

2010 年，美国队凭借凯文·韦恩·杜兰特的优异表现，时隔 16 年后再次夺冠，中国队在此次比赛中表现不错，再度进入淘汰赛。

（2）世界女子篮球锦标赛。

世界女子篮球锦标赛是国际篮球联合会主办的国际性篮球赛事。始于 1953 年，每四年举行一届。参赛队为上届世界锦标赛前三名，上届奥运会前三名，主办国队，亚洲、非洲、中美洲、南美洲、欧洲和大洋洲各一个队，以及主办国邀请的一个队。

第一届世界女子篮球锦标赛于 1953 年 3 月 7 日至 3 月 22 日在智利的圣地亚哥举行。阿根廷、巴西、智利、古巴、墨西哥、巴拉圭、秘鲁、美国、法国和瑞士 10 支球队参加了这届锦标赛，这届锦标赛几乎成为美洲球队之间的比赛。首次举行女子篮球比赛，在当地引起了极大的轰动。

第六届世界女子篮球锦标赛于 1971 年 5 月 16 日至 19 日在巴西圣保罗举行。这是巴西第二次举办世界女篮锦标赛。这届锦标赛原定在智利举行，但智利篮球协会于 1970 年春季宣布无力举办。所以国际篮球联合会于 1970 年 5 月在卢布尔雅那举行的会议上，接受了巴西篮球协会的主办申请。同时，国际篮球联合会决定设立"伊凡·拉波佐"纯金世界杯为世界女子篮球锦标赛冠军奖杯。这个奖杯形状类似古代希腊的酒杯，是巴西篮协已故领导人伊凡·拉波佐的朋友们捐赠的。苏联女篮在本届比赛中仍然所向无敌，九战全捷，捧走了"伊凡·拉波佐"纯金冠军奖杯。

第十届世界女子篮球锦标赛于 1986 年 8 月 7 日至 17 日在苏联莫斯科举行。参加这届锦标赛的共有 12 个队。美国队在决赛中以 108：88 大胜苏联队，第四次赢得世界冠军称号，并打破了苏联队多年来在世界比赛中的垄断地位。这场比赛被认为是世界女子篮球史上历史性的新突破，并表明美国队代表了当时世界女子篮球最高水平。

第十六届世界女子篮球锦标赛于 2010 年 9 月 23 日至 10 月 4 日在捷克共和国举行。美国、捷克、西班牙队分获冠军、亚军、季军。

2. 世界排球锦标赛

世界排球锦标赛是由世界排球联合会主办的国际排球锦标赛。这是排球界最早和最大的国际比赛。它每 4 年举行一次，得到所有国家的关注。原来是在奥运会举办的同一年举办，从 1962 年改为奥运会后的第二年举办（第五届女子世界排球锦标赛除外）。冠军可以直接参加下一届奥运会。第一届世界排球锦标赛始于 1949 年，最初只有男子比赛，1952 年开始有女子比赛。比赛初期对球队的数量没有限制，即提交比赛申请的球队都可以参加比赛；然而，在 1986 年（第十一届男子世界排球锦标赛和第十届女子世界排球锦标赛），国际排联规定只允许 16 支球队参加世界锦标赛。具体资格为前一届比赛中的第 1 名至第 7 名的 7 支球队，东道主国家的球队，五大洲锦标赛中的五支冠军队以及最终资格预选赛中排名前三的球队，合计 16 支参赛球队。

1994 年，国际排联改变了世界锦标赛的资格。对国际排球联合会直辖举办的最终资格预选赛，从原来的取前三名增加到取前 9 名。取消"上届世锦赛第2—7 名球队参赛"的资格。

3. 世界田径锦标赛

世界田径锦标赛是一项始于 1983 年的国际田径赛事，组织机构是国际田径联合会。它最初每 4 年举行一次，1991 年变更为每两年举行一次。比赛持续 8 天，休息时间为 1 天，真正意义的比赛时间为 7 天。1977 年举办的世界杯田径赛事是国际田联首次举办的世界田径赛事。它对促进世界田径运动的发展起到了助推作用。锦标赛和杯赛之间的主要区别在于，锦标赛不是由各个大洲代表队参赛，而是由国家（或地区）协会代表参赛。参与者必须符合注册标准，标准分 A、B 两级（最高标准和最低标准）。每个国家（或地区）每个项目可由 1 名达到 B 级标准的运动员参加。如果申请者的成绩达到了 A 级标准，每个国家每个项目最多可报 3 人。

1978 年 10 月，第三十一届国际田联大会正式决定举办世界锦标赛。

1983 年在芬兰赫尔辛基顺利地举行了第一届世界田径锦标赛。由于世界田径锦标赛为运动员提供了相互交流学习和表现自己能力的机会，得到了国际田联会员国和广大教练员、运动员的一致欢迎，因此这项赛事得以延续，并且不断发展壮大。4 年后又在意大利举办了第二届世界田径锦标赛，第三届世界田径锦标赛则于 1991 年在日本东京举行。考虑到一个优秀田径运动员的高峰运动生涯不可能很长，4 年一届的田径世锦赛可能使一些运动员在其运动生涯中只能参加一届或者两届，所以在日本东京田径世锦赛后，世界田径锦标赛改为每两年举办一次。

4. 世界乒乓球锦标赛

世界乒乓球锦标赛是国际乒乓球联合会主办的一项最高水平的世界乒乓球大赛，具有广泛的影响。

1926 年 12 月，在国际乒乓球联合会正式成立的同时，第一届世界乒乓球锦标赛在英国伦敦举行。实力雄厚的匈牙利队获得了当时所设的男子团体、男子单打、男子双打、女子单打和混合双打 5 个项目的全部冠军。

1928 年举行的第二届世乒赛增设女子双打比赛，1933 年举行的第八届世乒赛又增设了女子团体比赛。1928—1939 年、1947—1957 年，世乒赛每年举行一次。从 1959 年的第二十五届开始世乒赛改为每两年举行一次，其间由于第二次世界大战而暂停。从第一届世乒赛到 1951 年的第十八届世乒赛，欧洲运动员占有绝对优势，获得了绝大多数冠军。加上后来夺得的冠军，匈牙利队获得的冠军总数为 73 个，其中有 9 个是与其他国家的选手合作夺得的。

从 1959 年容国团为中国夺得第一个世乒赛冠军到第五十一届世乒赛结束，中国共获得 122.5 个世乒赛冠军。这已经大大超过第二名匈牙利队的68.5 个和第三名日本队的 47 个。

从 2003 年第四十七届世乒赛开始，国际乒联决定将单项比赛与团体比赛分开进行，单数年份进行单项赛，双数年份进行团体赛。世界乒乓球锦标赛分预选赛和正式比赛两个阶段，各个已交付当年会费的成员协会推荐的运动员都可报名参赛。每个成员协会可报 5 男、5 女参加单打比赛。除此之外，每项可多报 1 名运动员，而这名运动员应排名在当期国际乒联排名表的前 10位。每个协会参加单打比赛的人数不可超过 7 人，主办协会参加各个单打比赛的人数可超过此规定 2 人，男单和女单可各报 7 人。

(四) 世界杯足球赛

1. 男子世界杯足球赛

国际足联世界杯足球赛，常称世界杯，是一项国家级男子足球队之间的国际比赛。由世界足坛最高管理机构国际足球联合会每 4 年举办一次，是世界足坛规模最大、水平最高的赛事，也是世界上最受欢迎的体育盛事。

世界上第一场国际性足球赛是 1872 年在苏格兰格拉斯哥进行的对抗赛，由苏格兰代表队对英格兰代表队，而首个足球国际性赛事为 1884 年开始举办的英国本土四角锦标赛。在这一时期，英国之外的地方几乎没有足球这项体育运动。在 19 世纪和 20 世纪，足球在全世界渐渐普及，奥运会也引入足球比赛，并在 1900 年、1904 年两届奥运会上被列为表演项目（取得冠军没有奖牌）；1908 年，足球成为奥运会正式项目。在英格兰足球总会的计划下，足球比赛这项赛事只限业余球员参赛，球赛着重表演。代表英国出赛的英格兰业余足球代表队蝉联了 1908 年和 1912 年两届奥运会的冠军。

1928 年，国际足联决定在奥运会的架构之外创办自己的国际赛事。由于当时乌拉圭连续赢得了两届官方足球锦标赛的冠军，且正逢 1930 年迎接乌拉圭独立百年大庆，因此乌拉圭提出全额负担各个参赛队的费用，因而国际足联决定将主办权授予乌拉圭。

（1）首届世界杯。

1932 年的洛杉矶夏季奥运会，由于美国足球普及度不高，因此并未把足球作为官方项目。国际足联和国际奥委会也不同意它们的业余性质，因此奥运会取消了足球项目。国际足联主席儒勒·雷米将首届世界杯赛事定在乌拉圭举行，参赛球队有 7 支南美队、4 支欧洲队和 2 支北美队。

（2）发展。

早期的世界杯足球赛发展并不顺畅，经常会受到交通和战争等因素的影响，所以，只有为数不多的南美洲球队参加了 1934 年和 1938 年的世界杯赛。巴西是唯一两届比赛都参加了的南美洲国家。

由于第二次世界大战爆发，1942 年和 1946 年没有举办世界杯比赛。

在 1934—1978 年的世界杯中，各有 16 支球队晋级决赛。从 1982 年开始，世界杯开始扩大总决赛的参赛队伍，参加决赛的队伍数量增加为 24 个，1998 年，扩大到 32 个。增加了非洲、亚洲和北美洲队的参赛资格。

（3）赛制。

①预选赛。

从 1934 年起，世界杯设立了预选赛。所有参赛球队在六大洲足球联合会的监督下，开展世界杯预选赛（包括竞赛制度的决定）争夺世界杯决赛资格。

一般在决赛的前三年就会开始预选赛，整个过程持续两年。每个洲的预选赛形式都不同，一些球队需要在洲际淘汰赛中争夺席位。

②决赛圈。

进入最后阶段的球队首先以小组形式进行小组比赛。小组赛抽签分成 8 组。国际足联首先将参赛队划分为 4 个等级。第一等级是种子队，包括东道国和 7 个得分最高的球队，得分是根据国际足联公布的世界排名和近年来世界杯的得分情况确定的。

8 个种子队被划分到 8 个小组中。其他球队分为第二等级到第四等级，大部分由球队所属的地理位置划分。每个小组都有从第一级到第四级的国家队。

（4）世界杯主办国的遴选。

早期的世界杯由国际足联开会选出主办国，但所选地点常引起争议。因为南美洲的球队和欧洲的球队来往需要在路途上花费大量时间，而它们在足坛又举足轻重。

为了防止争议和退出，国际足联决定从 1958 年起轮流主办世界杯足球赛，轮流的国家主要是美洲国家和欧洲国家。2002 年韩国和日本联合主办了世界杯，这也是世界杯第一次在亚洲举行，是目前唯一由两个东道国主办的世界杯。2010 年，南非成为举办世界杯的第一个非洲国家。2014 年世界杯由巴西主办，这也是非欧洲国家首次连续两届举办世界杯赛事。

2010 年和 2014 年世界杯决赛采用各洲轮办的方法，如果该洲只有一个投标国，该国将自动选举。这个轮换制度是在 2006 年世界杯投标风暴之后引入的，当时德国在投票中击败了南美国家并被授予主办权。不过，这个制度在 2014 年后取消了。自 2018 年起，任何国家都可以竞标世界杯，同一国家不能连续举办两届以上的世界杯。

（5）世界杯经济及影响。

作为世界上最大的单项体育赛事，世界杯越来越商业化。例如，在 2010 年南非世界杯期间，国际足联为每支球队提供高达 4 亿美元的奖金，创下世界体育史的纪录。世界杯带给东道国的经济利益更为直接。早在 1982 年，西班牙举办世界杯就赢得了 63 亿美元的旅游收入。2006 年，德国世界杯为德国带来 110 亿美元的收入。每个参与国也向球员和球队发放高额奖金以激励队员。朝鲜队在 2010 年进入南非世界杯，朝鲜政府颁发的奖金比获得奥运金牌的奖励要多得多。

世界杯的影响力也反映在许多国家的其他领域。通常冠军队将被视为民族英雄。1998 年，法国队在当地获得冠军，法国当时的总统雅克·勒内·希拉克甚至在颁奖时让队长迪迪埃·德尚背对自己站在长桌上高举伟大的奖杯；8 年后的德国世界杯，当法国队在决赛中以点球 4∶6 输给意大利队时，希拉克仍旧在球队回国后在总统府接见了球队。2006 年世界杯赛决赛，包括德国当时的总理安格拉·多罗特娅·默克尔、意大利当时的总统乔治·纳波利塔诺、法国总统希拉克、联合国当时的秘书长科菲·安南亲临赛场观看比赛。2009 年的世界杯欧洲区预选赛，爱尔兰队因为法国队一个犯规入球而无法晋级，爱尔兰当时的总理布赖恩·考恩甚至用外交辞令与法国当时的总统尼古拉·萨科齐交涉赛事，而后萨科齐向爱尔兰国民致歉，但声明法国不接受重赛。

（6）中国与世界杯。

①第一次参加世界杯预选赛。

1957年，第六届世界杯亚非区预选赛，主帅为戴麟经。

主要队员：张俊秀、张京天、张宏根、年维泗、孙福城、王陆、方纫秋、朴万福。

重要战绩：客场0：2负印尼，主场4：3胜印尼。

伤心史：在缅甸与印尼重赛战成0：0，因净胜球少被淘汰。

②第一次参加世界杯决赛圈比赛。

2002年中国队首次参加世界杯决赛圈比赛，小组赛3场比赛战绩为0：2负于哥斯达黎加，0：4负于巴西，0：3负于土耳其，进0球，丢9球，最终获得该次世界杯第31名。

2. 女子足球世界杯赛

国际足联女子足球世界杯赛被视为女子足球最高荣誉的赛事。女子世界杯是在时任国际足联主席若昂·阿维兰热的鼎力倡导下，由国际足联组织的。女足世界杯赛决赛圈有16支球队。

（五）亚洲运动会

1. 亚洲运动会历史

亚洲运动会，简称亚运会，是国际奥委会认可的大型区域性、综合性体育赛事。它是亚洲规模最大、最全面的综合性体育赛事，也代表整个亚洲的体育运动水平。亚运会每4年举行一次，一般进行为期12～16天的赛事，与奥运会相间举行。亚运会最初是由亚运会成员国轮流主办，1982年以后，它由亚洲奥运会成员国轮流主办。自1951年第一次赛事以来，它已成功举办了16届。

1951年3月，在印度首都新德里举行的第一届亚洲运动会，只有11个国家和地区参加，运动员人数为489名，比赛项目为6个。后来随着运动会的有序进行，参加比赛的国家和地区逐渐增多，参赛运动员人数和比赛项目也逐渐扩大，到了2010年11月在广州举行第十六届亚运会时，参赛国家和地区已达45个，参赛运动员人数也达到10156人。比赛项目增至42个大项、56个分项、463个小项。

截至2022年，亚洲地区一共有9个国家主办过亚洲运动会。总之，亚运会在历经了几十年的风雨与辉煌之后，已成为亚洲规模最大、水平最高的体育盛会。同时，也成为亚洲各国各地文化交流、传统互鉴、友谊传承的绚丽舞台。

2. 亚洲运动会组织机构及成员

1949年2月，亚洲各国体育界代表在新德里召开会议，会上正式成立了"亚洲业余体育联合会"，这是最早的亚洲体育运动会组织。后来该联合会更名为"亚洲运动会联合会"，1981年更名为"亚洲奥林匹克理事会"，并沿用至今。现亚洲奥林匹克理事会总部设在科威特。

亚洲奥林匹克理事会组织机构设有亚洲奥林匹克理事会代表大会、亚洲奥林匹克理事会执行局和亚洲奥林匹克理事会主席。亚奥理事会代表大会由亚洲各个国家或地区奥委会各派3名代表组成（在代表大会上，只有1名代表有表决权），亚洲的国际奥委会委员也可应邀出席代表大会，但无表决权。亚奥理事会代表大会设主席1人、副主席8人，任期4年。

亚奥理事会执行局由主席、副主席、秘书长、司库和理事会下设的每个小组委员会的主席组成。它的主要任务是负责处理亚奥理事会的日常事务。

现在，亚洲奥林匹克理事会是全面管理亚洲奥林匹克运动的唯一组织，是代表亚洲与国际奥委会和其他洲际体育组织联系的全权代表。其核心任务：负责协调亚洲国家和地区之间的体育活动，鼓励和引导亚洲体育运动的发展，通过运动竞赛，帮助亚洲青年提高身体素质和道德品质，促进他们之间的友谊，在亚洲宣传奥林匹克精神，并保证4年一届的亚洲运动会和亚洲冬季运动会顺利举行。

亚洲奥林匹克理事会最初有34个会员国，目前，亚洲奥林匹克理事会共有45个会员国。它是亚洲最大的一个组织机构，几乎覆盖了亚洲所有国家和地区。中国于1973年9月18日加入亚洲奥林匹克理事会的前身"亚洲运动会联合会"，是亚洲奥林匹克理事会的创始会员。

3. 亚洲运动会会徽及宗旨

会徽是一种徽记，亦称会标。大型会议和体育赛事通常都有会徽，会徽的设计要反映会议的主要目的、会议地点、会议时间和东道国（地区、单位）。现代奥运会组委会（包括冬奥会）为每次举办的奥运会设计了独一无二的会徽，它的主要思想是向世界各地的人们展示东道国对奥林匹克精神的理解，亚运会也不例外。

亚运会的第一代会徽设计。中间是放射16道光线的红日。它寓意亚洲是太阳升起的地方，是亚洲体育的繁荣发展和快速推广的体现。红日之上是国际奥委会的标志五环，下面写有"Ever On ward"，底部是"Olympic Council of Asia"的字样。

2006 年 12 月 2 日的第十五届亚运会上宣布了亚洲运动会的第二代会徽。新徽章的中心也是红日。一条巨龙环绕上方，下方是一只展翅的雄鹰，它代表了亚洲的统一，强调东方巨龙中国和以鹰为代表的阿拉伯国家在亚洲体育中的重要性。

因为亚运会是由亚奥理事会主办的，所以，自第二届亚运会以来，每一届亚运会标志必须有五环图案，亚运会会徽也必须把放射 16 道光芒的红日作为会徽的中心。

亚洲运动会是亚洲规模最大、水平最高的体育盛会。历届亚运会的宗旨和口号都有所不同，但其核心离不开弘扬奥林匹克和亚运精神，促进亚洲各国（地区）的团结、友谊和交流，致力于构建和谐亚洲这个主题。

4. 亚洲运动会比赛项目

为增进亚洲各国和各地区体育运动的蓬勃开展，展示亚洲不同国家、不同地域、不同民族的文化特色，亚运会在一开始就对赛事项目的制定设有十分严格的要求。除必须要有田径、游泳和篮球等各个国家都广为开展的项目外，当届体育大会的主办国也可以基于自己国家运动员的条件，对体育项目进行适当的增加或减少。

亚洲运动会迄今为止已举行了 18 届，比赛项目也经历了从少到多的发展过程——从第一届的 6 项逐渐增至第十六届的 42 项。目前，前十六届亚洲运动会举办过的比赛项目分别有田径、游泳（含花样游泳、跳水和水球）、体操（含艺术体操、蹦床）、篮球、排球（含沙滩排球）、足球、羽毛球、棒球、台球、保龄球、垒球、壁球、乒乓球、网球、软式网球、高尔夫球、橄榄球、藤球、武术、赛艇、帆船、皮划艇、自行车、马术、击剑、现代五项、铁人三项和举重等 42 项，相信今后会有更多的比赛项目加入亚洲运动会的比赛。

5. 中国的亚运历程

1951 年 3 月在印度首都新德里举行了第一届亚洲运动会，刚刚成立不久的中华人民共和国代表观摩了大会。中国 1973 年 9 月 18 日加入亚洲运动会联合会，因而前六届的亚洲运动会也就未受邀派队参加比赛。

1973 年 9 月 18 日，中华全国体育总会在泰国曼谷举行的亚洲运动会联合会执委会会议上首次被确认为该联合会正式会员。同年 11 月 16 日，亚洲运动会联合会理事会在德黑兰会议上批准了执委会 9 月 18 日的决定，自此中国才真正走上亚洲运动会的竞技舞台。

1974 年 9 月 1 日，第七届亚运会在伊朗首都德黑兰的阿里亚梅尔体育中心的主体育场开幕，刚刚获得亚洲运动会联合会合法席位的中国派出一支由

269 人组成的代表团参加。

从 1974 年德黑兰第七届亚运会开始，中国派队参加了之后每届的亚洲运动会比赛，比赛成绩也是逐届提高。1974 年中国首次参加亚洲运动会，成绩就一鸣惊人，共夺取 33 枚金牌、64 枚银牌、27 枚铜牌，奖牌总数达 124 枚，金牌数排在第三位。1978 年曼谷第八届亚洲运动会，中国又夺取 51 枚金牌，金牌数升至第二位。从 1982 年新德里第九届亚洲运动会开始，中国终于打破了日本长期居于亚洲体坛首位的局面，共夺取 61 枚金牌，金牌数首次超过日本的 57 枚跃居第一。从那时起，中国在后来举办的每届亚洲运动会上金牌数都是名列榜首，第十届 94 枚金牌，第十一届 183 枚金牌到第十六届 199 枚金牌。今天的中国已成为名副其实的亚洲竞技体育强国。

中国自 1973 年登上亚洲运动会的舞台后，先后于 1990 年在北京和 2010 年在广州举办了第十一届亚洲运动会和第十六届亚洲运动会。可以说中国为亚洲体育运动发展做出了积极的贡献。

6. 亚洲冬季运动会

亚洲冬季运动会，简称亚冬会。它也是由亚洲奥林匹克理事会主办、每 4 年举行一届的综合性亚洲运动会，参赛国家和地区为亚奥理事会所有会员。

1982 年，日本奥林匹克委员会第一次提出举办亚洲冬季运动会的想法，经筹备，第一届亚洲冬季运动会于 1986 年在日本札幌举行。迄今为止，亚冬会共举办八届，其中日本举办过四届，中国举办过两届（中国的哈尔滨和长春分别于 1996 年和 2007 年举办第三届和第六届亚洲冬季运动会），韩国的江原道和哈萨克斯坦的阿斯塔纳、阿拉木图各举办过一届比赛。札幌是举办亚冬会最多的城市，最初的两届和第八届亚冬会都是在札幌举行的。

1986 年在日本札幌举办第一届亚洲冬季运动会时，亚洲冬季运动会比赛项目只有 7 个大项、35 个小项，但到了 2011 年哈萨克斯坦的阿斯塔纳、阿拉木图举办的第七届亚洲冬季运动会，比赛项目已增至 11 个大项、69 个小项。从亚洲冬季运动会历届设的比赛项目来看，虽每届都略有调整，但总体上与冬季奥林匹克运动会设的比赛项目非常接近。同时，还加入了滑雪定向和在亚洲地区有一定普及的班迪球等非奥运会比赛项目，取消了在欧美普及度较高的北欧两项、有舵雪橇、无舵雪橇和俯视冰橇等冬季奥林匹克运动会比赛项目。

从 1986 年在日本札幌举办第一届亚洲冬季运动会起，中国就派队参加了历届亚洲冬季运动会的比赛，运动成绩列历届前茅。

第二节　体育教育的概念界定

一、体育的概念界定

关于体育概念的论述，我国的专家和学者进行了大量的分析和研究，关于其定义有很多，取得较多共识的定义是：体育是以身体运动为基本手段，以促进身心健康发展为目的的文化活动。从定义上看，体育是一项增进人的健康、提高人的生活质量的文化活动。它不仅可以促进人的身体健康，还可以丰富人的精神生活，并且是一项文化活动。

二、教育的概念界定

教育是培养人的社会活动，是传承社会文化、传递生产经验和社会生活经验的基本途径。培养人的活动是教育本质的规定性。教育从广义来说，凡是增进人们知识和技能、影响人们思想观念活动的，都具有教育作用。教育从狭义来说，是以影响人身心发展为直接目标的社会活动，主要指学校教育，即由专门教育机构和专职人员根据一定的社会要求，有目的、有计划、有组织地通过学校教育工作，对受教育者的身心施加影响，促使他们朝着有期望方向变化的活动。从教育的概念上看，教育活动包含的内容非常广泛，它承担着传授人类知识和经验的职能，是一种非常重要的人类活动。

三、体育教育的概念界定

体育教育是教育的组成部分，是通过身体活动和其他一些辅助性手段进行有目的、有计划、有组织的教育过程。早在 20 世纪 30 年代就开始使用"体育教育"一词，这一词语后来在一些相关场合和学术研究中也曾继续使用，不过一直未获得广泛的认可。究其原因，是当时的人们对体育及其教育的认识普遍不足。在相当长的一段时间内，"体育"与"体育教育"都是混用的，虽然在 20 世纪 50 年代我国体育理论界有过"体育名词概念"的讨论，然而这些讨论也没有给"体育教育"一个确切的定义。直到 20 世纪 80 年代末，中华人民共和国国家教育委员会颁布的法规性文件中正式出现了"体育教育"一词。从"体育教育"一词的出现至今，人们对体育教育的认识进入了成熟阶段。关于体育教育概念研究的学术成果主要汇总如下。

（1）体育教育是对运动理论知识和相关技能进行讲解、传授的一种教育。

（2）体育教育是接受军事教育的一种活动。

（3）体育教育的目标和任务是强身健体，促进身心健康发展。

（4）体育教育是教育的核心构成部分，主要就是通过知识的传递、技能的学习、品德的培养等方面开展教育，促进人的全面发展。

（5）体育教育侧重的是学生的身体教育，通过理论知识的讲解、运动技能的学习来提升学生的身体素质，以促进学生身心健康发展的一种教育活动。

（6）体育是指在人类社会的发展进程中，基于日常生产生活的需要，按照人体发育的规律，借助体育锻炼的方法，强身健体，提升运动技能和水平，娱乐生活，促进精神文明建设而开展的一项社会活动。

从上述关于体育教育概念的研究可以看出，体育教育是具有教育属性和社会属性的一种活动，它不仅具有教会人们体育技能、增进人们健康的功能，还丰富着人们的精神文化生活，是一种特有的社会现象。

四、体育教学内容基本理论

（一）体育教学内容的概念

体育教学内容就是以一定的教学任务为目标，并且为了实现这个目标而开展的相关知识以及技能的学习。

体育教学中，教学内容的选择是非常重要的一环，教学内容的选择会对教学成效和教学质量产生十分重要的影响。所以教学内容的选择是不容忽视的，在选择的过程中教育者要以教学要求为基础，对先前的教学经验进行借鉴和总结，并遵循教育这一核心原则，从体育丰富化的角度出发，对教学内容进行针对性的选取。

（二）体育教学内容的特点

体育教学内容主要有六大特点。

1. 健身性

体育课程最重要的一个功能就是可以强身健体。体育教学的内容归根结底就是对相关体育知识和技能的学习和了解。体育教学在提升学生健康指数、强身健体方面有着天然的优势，其他学科无法比拟。

2. 娱乐性

实质上，体育教学内容基本上都源于各项体育运动，体育运动也是由古代的各类游戏慢慢演变而成的，所以，在一定程度上，体育教学内容势必具有一定的娱乐性。这种娱乐性在战胜困难、取得胜利、团队协助等方面比较显著，此外，在运动过程、运动环境、比赛等方面也会有所体现。所以，体育教学内容本身就充满乐趣。

3. 运动实践性

体育学科同其他学科不同，并不是单一的大脑活动，还要对相关运动和技能进行实际的练习，体育是一个将大脑活动和自身行为有机结合的学科，特别强调练习和操作。所以，体育教学内容的运动实践性比较明显。

4. 教育性

体育教学内容就是对学生进行教育的基础，在体育教学开展的过程中，要特别注重其教育性。体育教学内容的教育性主要在促进学生身心健康发展、开拓创新、避免急功近利等方面体现得比较多。

5. 非逻辑性

体育教学内容不存在由易到难、由简到繁的复杂阶梯性，在逻辑层面，也并没有从基础到高级的比较显著的特点，体育教学内容不是直线递进式的，而是复合螺旋式的。体育教学内容包括多项平行的替代性体育项目和体育锻炼，其中有丰富的体育与健康理论知识。这一特点使得体育教学内容在选材上更加灵活。

6. 人际交往的开放性

体育教学内容多种多样，但是大多数都是集体活动，需要团队协作共同完成。所以，在一定程度上增强了学生之间的交流和互动，提升了他们的人际能力和社会适应能力。

（三）体育教学内容的层次

体育教学内容可以划分为宏观和微观两大层次，具体内容如下。

1. 宏观层面

从宏观角度而言，体育教学内容可以划分为国家课程和教学内容的上位层次、地方课程和教学内容的中位层次以及学校课程和教学内容的下位层次。

2. 微观层面

教学课程是借助教学内容这一媒介而实现的，体育教学内容以内容的具体化形式为划分依据，可以分为四大层次。

（1）第一层次。

微观层面的第一层次是体育课程标准中的学习内容。以体育与健康课程标准为例，体育参与、运动技能、身体健康、心理健康和社会适应5个学习领域就是从这一层次进行分析。这种分析实际上是活动领域的表达，而不是传统意义上的体育内容。

（2）第二层次。

第二层次可以说是第一层次的具体表达，是能力目标的分析。

（3）第三层次。

第三层次就是实际教学过程中使用到的软件、硬件设施，也就是我们日常使用到的相关器材。第三层次就是传统意义上的教学内容。

（4）第四层次。

第四层次就是具体化的练习方法，也就是某项教学内容的下位教学内容。例如，篮球的练习方法等。

（四）体育教学内容的分类

体育项目数量、种类都十分繁杂，教学内容更是多样化，对教学内容进行合理、有效的划分，可以帮助广大师生更好地掌握教学内容，促进学习。

以体育教学目标为依据，可以分为掌握体育运动技能的练习、掌握科学锻炼方法的练习、提高安全意识与能力的练习、发展体能的练习、发展学生心理素质的练习、提高学生社会交往能力的练习、提高基本活动能力的练习等。

以人体基本活动能力为依据。依据活动能力进行分类，也就是按照人的走、跑、跳、攀登、负重等进行分类，进而重新分类组合各种各样的运动项目和身体练习的方法。

以身体素质为依据。依据身体素质进行分类，是按照力量、速度、柔韧、灵敏、耐力，或者是按照与动作技能相关的体能、力量、速度、灵敏、平衡、协调、反应时间进而对各种各样的运动项目和身体练习进行重新分类组合。

综合交叉分类。综合交叉分类是一种将基本部分与选用部分、理论与实践教学内容、各项运动的基本教学内容与提高身体素质练习教学内容等相互交叉的综合分类方法。

五、体育教学内容的编排与选择

（一）体育教学内容的编排

1. 体育教学内容的编排方式

体育教学内容的编排存在循环周期性现象。这里提到的循环是同一教学内容，在不同时期、不同学年执行重复迭代的操作。这种周期性的循环可以是课、单元，还可以是学期、学年等。

例如，跑步，这节课上要求进行 100 米跑，如果下一节课仍然要求，那么这就是以课为单位进行的循环；同样的道理，如果这个学期和下个学期都进行了 100 米跑，那就是以学期为单位进行的周期循环。体育教学内容的编排可以划分为四个层次，并且每个层次也会有一个与之对应的编排方式。

（1）"精学类"教学内容——充实螺旋式。

（2）"粗学类"教学内容——充实直线式。

（3）"介绍类"教学内容——单薄直线式。

（4）"锻炼类"教学内容——单薄螺旋式。

通过上面的划分，我们不难发现，体育教学内容的编排方式主要有螺旋式和直线式两种。螺旋式就是指某项运动项目的教学内容在不同年级的教学中多次重复出现，这是一种逐渐提升教学的方法。直线式就是指相同的教学内容不会反复出现。

上述的编排方式具有很强的实用性，因为它不但迎合了新课标的教学要求，而且很好地结合了当前教学中的各类情况。此外，教学编排也有加以创新的元素。

2.体育教学内容编排的注意事项

在教学内容的编排工作中，需要加以衡量、需要注意的还有很多，具体可归纳为以下两大方面。

（1）要对学生的基础与实际需要进行充分考虑。

众所周知，体育教学的目标群体是学生，所以，以学生为核心是前提。在教学内容的编排过程中要以学生的实际情况和需求为基础，教育工作者不能单一地对运动项目的难易程度进行衡量，要特别注重学生的身体素质、运动基础等方面，只有这样，才能更好地符合学生需求，提升教学质量，确保教学工作顺利开展。

（2）要对不同的体育运动和身体练习的特征加以重视。

在体育教学内容的布局上，要重视对各项体育技能的学习、改进、整合和应用。教师的课程安排，不要把传授理论知识作为教学目标，更重要的是教会学生懂得如何加以运用。

（二）体育教学内容的选择

1.体育教学内容选择的依据

体育教学内容不能凭空产生，需要有一定的选择依据，具体可概括为以下四大依据。

（1）按照体育课程目标进行选择。

体育课程内容在实现体育课程目标过程中是以手段的形式存在的，而非目的。体育课程目标多样、丰富，体育课程和体育锻炼也具有可替代的特点，促使体育课程内容的选择更加灵活、多样。

教学内容选取的首要依据就是课程目标，原因在于课程目标是教学内容的指导和方向，是各方专家和学者加以认真衡量和仔细验证过的。所以，教学内容的选取必须遵照教学目标，不同的体育课程目标都有与之相对应的教学内容。

（2）按照学生的需要及身心发展规律进行选择。

除了教学目标外，另一个比较重要的衡量因素就是学生的需求。体育教学的目标是强化学生体质，促进其身心健康发展，因此，学生对于体育课程的需求和兴趣是十分重要的，这远超于学习的效率性。一般而言，学生面对自己感兴趣的东西一定会加大参与度，学习效率也会有所提升。一位教学专家曾说过，如果学生进行学习是被动的而非自身的主动参与，那么学习的意义就不大。相关的调研结果也表明，尽管很多大学生都热爱体育课程，喜爱体育项目，但是在实际课程中他们的参与度并不高，兴致比较低，究其原因，主要是课程比较死板，灵活性和娱乐性不强。

学生的身心发展特点和规律影响着他们所能接受的程度，所以，体育教学内容的出发点一定是学生易于接受并且感兴趣的。因此，教学内容的选取一定不能忽视学生需求这一因素。

（3）按照社会发展的需要进行选择。

学生的个体发展离不开社会的发展。因此，体育可以为学生在健康方面奠定良好的基础。所以，在选择体育教育内容时，也要考虑社会发展的需要。体育内容的选择不能忽略学生进入社会后需要发展的体育素质。因此，体育教学内容必须满足学生社会发展各方面的需求。另外，体育教学的内容必须与社会生活和学生生活息息相关。只有这样，学生才能理解它的作用，才能实现其功能。因此，体育内容的选择必须符合实际的社会状况。

（4）按照体育教学素材的特性进行选择。

体育教学素材对于教学内容的选择也是十分重要的，体育素材的主要特点主要表现在以下几个方面。

①内在逻辑关系性不强。

体育教学素材最大的特点就是内部逻辑性并不是特别强烈，也是由于这一特点导致体育教学内容无法按照难易程度、繁杂程度进行编排。所以，一般情况下，都以运动项目作为划分依据。

②具有"一项多能"和"多项一能"的特点。

"一项多能"指的是借助一个体育项目，可以实现多种目的。例如，健美操，既可以增强体质，又具有表演性。也就是说，学生学习了一项运动，可以促进多种目标的实现。"多项一能"指的是教学内容的可替代性。例如，练习投掷，不但可以推铅球，也可以扔沙袋。也就是说，并不是只有一个运动项目可以促进目标的完成和实现，多种运动项目都可以做到。这一特点，也导致教学内容无明确的规定性。

③数量庞大。

数量繁多也会导致教学内容复杂多样，这在一定程度上造成了分类的困难。自人类诞生以来，就创造了不胜枚举的项目，每一个项目都对体育锻炼者有着不同的要求。所以，体育教师不可能做到对所有项目的掌握和了解，体育课程的设计人员也不可能设计出所有地区都通用的教材。

④不同项目乐趣的关注点不同。

每种运动都会带来不同的乐趣，所以教材的选择不能脱离娱乐性这一元素，这既是快乐体育存在的基础，也会对体育改革进程产生关键性的作用。

2. 体育教学内容选择的原则

体育教学内容只选择单一的参考依据是不行的，同样还要遵循以下五大原则。

（1）科学性原则。

科学性是首要遵循的原则，对于科学性可以从内容本身的科学化、促进学生身心健康发展以及让学生了解、掌握科学的练习方法和原理等方面入手。

（2）趣味性原则。

俗话说，兴趣是最好的教师，学生感兴趣，他们就会积极地参与其中，所以，教学内容要注重学生学习的兴趣点，选择他们喜欢的、感兴趣的，并且当前比较流行、受欢迎度比较高的内容。在日常教学工作中，大多数的教师会把更多的关注点放到教学体系的完整性方面，对日常教学采用培养专业运动员的方法，最终导致学生产生抵抗情绪，产生适得其反的效果。

（3）教育性原则。

体育教学内容的选择还要遵循教育性原则，对体育教材不但要进行社会价值观的分析，还要衡量是否有助于学生的身心健康发展。

（4）实效性原则。

实效性，顾名思义，就是考虑教材的实用性程度，是否有利于学生的健康发展，使用起来是不是方便。我国针对教材改革也出台了相应的文件，文件中也不断强调，教材内容要与社会进步相融合，添加新鲜的东西，吸引学生的兴致，教材讲授的知识一定要有助于学生终身学习。因此，教材选择方面一定要尽量添加一些学生感兴趣的、受欢迎程度比较高、符合时代发展的内容。与此同时，还要特别注重乐趣，为健康体育、快乐体育、终身体育做好铺垫工作。

（5）民族性与世界性相结合的原则。

体育教学内容的选择除了遵循上述原则外，还要遵循民族性与世界性相结合的原则，不但要吸收我国民族文化的精髓，而且还要引进和吸收国外的先进思想。当然，不能一味地固守民族思想，但是也不能一味地认为国外的就一定比我们自己民族的好。教育内容要与时代发展相适应，展现民族思想、民族特色。

3. 体育教学内容选择的过程

体育教学内容的选择是一项非常繁杂且重要的工作，除了参照相关依据、遵守原则外，工作的开展也有相应的规范流程，主要有以下四大程序。

（1）对体育素材的价值进行分析评估。

在开展体育教学内容的选择工作前，体育教学工作者要对当前的社会给予极高的重视，从社会生活、科技教育等角度入手，考虑社会的发展对人的影响与要求，并基于此开展对体育教材的分析以及评估，要对选择的内容是否有助于学生强身健体，能否引导学生积极主动参加锻炼，是否有助于品质的提升等方面展开评估，最终选出适宜的教材。

（2）对运动项目与练习进行充分的整合。

在体育教学中，不同的体育活动和体育锻炼形式会对学生的身心产生不同的影响。因此，在选择体育内容时，要以学校的体育目标为基本前提，认真分析各种体育项目如何促进学生身体机能各方面的发展。然后，我们将各种体育项目与身体锻炼相结合，并对其进行适当处理，使其成为体育内容。

（3）选择的体育运动项目要有效。

其实任何一个体育项目都可以作为教学的基本素材，另外，体育运动以及体育联系的多功能性也导致了它们有很强的替代性。这也在一定程度上表明教学内容选择的多样性。然而，受到教学时长的限制，若要完成所有的运动项目是不可能的。这也对教材的选择提出了更高的要求，一定要以当前社会实际为基础，衡量各个时期、不同阶段学生的不同特点，进行有针对性的教材选择。

（4）对所选内容进行可行性分析。

选择体育内容后，有必要分析体育教育内容的可行性，分析当地的制约因素和影响、气候与学校的场地、设备等条件，充分考虑这些特殊环境下教学计划的可行性，并确保地方和学校实施的灵活性，为教师留下足够的空间来实施体育内容。

六、高校体育教学内容的发展与改革

（一）高校体育教学内容的发展

1. 高校体育教学内容的发展现状

综观我国当前的体育内容发展情况，可以归纳为以下四个方面。

（1）教学内容在进行精简化处理，但是难度系数有所提高，技术含量不断提升，这就对体育教师提出了更高、更严格的要求，需要他们能力与素质兼具。

（2）乐趣性越来越少，学生在体育课中的实际练习和"锻炼"的因素则有一定程度的增加。

（3）竞技体育的发展势头迅猛，日益成为每个国家和地区体育发展的重中之重。综观当前现状，传统体育教学内容日益被正规化、科学化的竞技体育所取代，竞技体育一跃成为新型化的教学内容。

（4）教学过程中使用到的器材越来越正规化，这足以表明，高校给体育课程的安全问题以极高的关注度。

2. 高校体育教学内容的发展趋势

高校体育教学内容的发展状况可以总结为以下五点。

（1）对终身体育目标的要求进行充分衡量。

在高校体育中，大学生终身体育观念的建立和形成占据主导地位。学生参加体育运动所需的技能、知识和态度对体育目标的实现起着决定性的作用。因此，教学内容应该给予健身、体育文化和娱乐更多的关注，并在适应价值和终身运动的体育活动中进行选择。

（2）更加注重体育运动的规律性。

在之前，体育教学内容的选择都是以运动项目中的逻辑关系为基础的，但是，实质上，各个运动项目之间是毫无逻辑可循的，因此，这种方法缺乏科学性，不适合继续用。在日后的教学内容选择工作中，我们要从学科内部之间找寻规律，内容的选择也要遵循学生喜爱、感兴趣且带有时代特征的原则。另外，也要根据学生年龄和学年的差异化，对教学内容的选择也同样要有所差别。

（3）学生价值主体受到的重视程度越来越高。

体育教学内容的选择是一项非常繁杂的工作，并非轻而易举就可以完成的，因为它的影响因素非常多，所以对每个层面都要仔细、认真地衡量。在之前的教学课程中，教师对教学内容的价值取向占据主导地位，更加侧重教师的教，但是伴随着体育教学改革工作的大力推行，这种主导地位也发生了转移，更为注重学生对教学内容的价值取向。因此，教学内容的选择也将侧重点转移到学生的学这一层面。

（4）更加注重教学主体发展的全面性。

传统的体育教学思想和形式可以理解为是一种体能课程，因为把所有关注点都放在学生的跑、跳等身体体能层面。在国家推行教学改革之后，素质教育被提上日程，学校承担着学生素质全面发展的重任。所以，在教学选择上，更要注重学生的全面发展。

（5）不断引进民族特色项目。

在一般情况下，学生更喜爱有趣和新颖的体育活动。所以，在选择和确定体育课程内容时，还要注意一些体育项目的创新、改革和发展。此外，中国多民族的特点决定了各民族都有优秀的民族特色体育项目，这些民族项目有自己的特点和良好的使用价值，在选择体育内容时应适当选择它们。

（二）高校体育教学内容的改革

1. 高校体育教学内容改革中存在的问题

从当前情况来看，体育教学改革中需要特别关注以下几个问题。

（1）体育教学内容繁多且较为杂乱。

综观我国当前的教学现状，我们不难发现，体育教学内容十分厚重且多样。从表面上看好像是为了更好地促进学生的全方位发展，实则不然，如此繁多的教学内容要在有限的课时内讲授完毕可能性并不大，就算讲授完毕，学生掌握的效果也不会理想，他们只能对浅表层面的理论有所了解，深层次的知识并不能很好地掌握。

（2）体育文化知识含量少，缺少以健康为主题的教学内容。

高校体育教学内容涵盖了奥运、体育人文、体育文化等方面的内容。然而，符合学生的理论体系缺乏完整性和系统性，有的内容也并没有添加到实际教学中。另外，教学内容没有针对性，实用性也比较差，在一定程度上影响了学生的学习和认知。

（3）体育教学内容过于陈旧和单一。

一直以来，我国的体育教学总是关注教学体系的系统性、完整性，对富有时代特征的内容并没有给予关注，这样一来，运动项目以及相关知识就有些陈旧，没有与时代的发展相适应，学生自然而然就会感到无聊，缺乏兴致。

虽然目前的教学内容中添加了一些娱乐性的元素，但是教育理念仍然故步自封，并没有从根本上放开和做出改变，教师也很难进行教学内容的重新选择，所以，学生热衷的、喜爱的教学内容一直都没有获得学习的机会。

2. 高校体育教学内容改革的思路

综观当前教学内容的发展态势和教学改革中遇到的问题，我们需要从以下几方面入手，推动教学内容日趋完善。

（1）遵循以人为本的理念，符合学生的需求。

（2）对隐性体育教学内容给予更高的关注度。

（3）把添加健康教育的内容提上日程。

第三节　体育教育的本质、结构与功能

一、体育教育的本质

本质是指事物本身所固有的根本属性。从根本上讲，体育教育的性质是由体育的性质决定的，体育的本质属性是"增强体质、增进健康"，而身心健康是人全面发展的重要内容，体育在促进人的全面发展中起着非常重要的作用。我们对组成体育教育的教育部分来做一个详细的认识，广义的教育泛指一切有目的地影响人的身心发展的社会实践活动。狭义的教育是指专门组织的教育，即学校教育，它不仅包括全日制的学校教育，而且包括非全日制的学校教育、函授教育、成人教育等，它是根据一定社会的现实和未来的需要，遵循青年身心发展的规律，有目的、有计划、有组织、系统地引导受教育者获得知识技能，陶冶思想品德，发展智力和体力的一种活动，以便把受教育者培养成为适应一定社会需要并促进社会发展的人。

下面就主要探讨一下体育教育的本质。

（一）体育教育促进人全面发展的特性

根据马克思主义教育观的原理，体育是全面发展教育的重要组成部分。体育教育是全面发展人的教育中的一部分，是以学生身体活动（运动）为根本特征，区别于学校中的德育过程和智育过程，它主要以身体教育或透过身体教育的角度来实现马克思历史观念中的人的全面发展。

（二）体育教育的社会制约性和服务性

从体育教育的产生与发展过程来看，可以明显地看出体育教育受一定社会政治经济的影响和制约，并为一定社会的政治经济服务。

现代体育教育更是引起世界各国的重视。近年来，很多国家都修改和补充了体育教学大纲，加强与改革体育教育，提高体育教育的地位，加强体育师资队伍的建设，投入一定的物力和财力，促进体育教育事业的发展。我国也非常重视体育教育，特别是近 20 年来，国家出台了一系列的政策文件来加强青少年的体育教育工作，1999 年，中共中央、国务院颁布了《关于深化教育改革、全面推进素质教育的决定》，明确指出了实施素质教育不仅要抓好智育，还要加强体育，促进学生的全面发展和健康成长。切实加强学校体育工作，使学生养成体育锻炼的习惯。2007 年，中共中央、国务院颁布了《关于加强青少年体育增强青少年体质的意见》。2011 年，教育部颁布了新版的《体育与健康课程标准》，教育部、发展改革委、财政部、体育总局于 2012 年联合出台了《关于进一步加强学校体育工作的若干意见》。2016 年，国务院办公厅颁发了《关于强化学校体育促进学生身心健康全面发展的意见》，文件指出要不断改革创新体制机制，全面提升体育教育质量。健全学生人格品质，切实发挥体育在培育和践行社会主义核心价值观、推进素质教育中的综合作用。从以上我国近 20 年来不断出台的加强学校体育的政策文件来看，体育教育已经深受我国政府和社会的关注和支持，体育教育事业在我国迎来了发展的良机。

综上所述，社会经济的发展会在一定程度上制约体育教育的发展，但是良好的社会经济发展，会为体育教育的发展提供良好的土壤，促进其健康发展。而体育教育事业的不断推进，也会为社会培养一批德、智、体、美全面发展的人才，从而为社会的经济发展提供优质的服务。因此，两者是相辅相成、不可或缺的。

（三）体育教育研究的多维体育观和方法论

随着现代社会的快速发展，人与人之间的竞争越来越激烈。因此，在学校教育中，必须提高体育教育的质量。通过体育教育的方式，培养身体强健、意志力顽强、能适应现代社会竞争的、具有综合素质的现代人才。因此，体育教育就必须承担这份责任，而且体育教育也是非常有效的一个手段。那么就要求我们必须从多方面，并且用多种方法去研究体育教育，从而提供一定的理论支撑。

体育教育的本质，应该从生物学、社会学、心理学、人体科学等多维角度去探究，其本质的理论应该是全面的、系统的、多维的、立体的。现代体育教育的发展，已经充分显示出它的多种功能。人们认识和研究体育教育已经从单一的体育教育观转向多维的体育观，从社会学、心理学、生物学、人体科学等多个学科层面，去多方位、多层次地研究体育教育的本质。随着社会的进步和不断发展，还需要不断更新观念，不断提高研究的方法技能，并从多角度去分析和研究体育教育，这样才能使体育教育不断适应社会发展的需求，并促进体育教育的改革与发展。

二、体育教育的结构

体育教育是通过体育手段和方法，为了实现一定的体育教学目标，有组织、有计划地向受教育者传授体育知识、运动技能和卫生保健知识，并使受教育者接受体育行为和体育道德的教学活动过程。

（一）体育教育结构的基本要素

体育教育的结构可以通过体育教育过程的基本要素来体现。体育教育过程的基本要素包括体育施教者、体育受教者、体育教材和媒介。

1. 体育施教者

体育施教者是体育教学的指导者和组织者，在体育教育过程中起着主导性作用。体育施教者不仅包括体育教师、体育教练员等专职工作者，还包括社会体育指导员、健身教练等社会人士，他们都是体育教育的施教者。他们通过认真备课，合理利用一定的体育手段和方法，通过体育媒介、自身的运动动作及语言来指导受教者进行运动技能的学习。体育施教者是体育教育过程的主导要素，往往会对体育教育的成效产生重要的影响。因此，应充分发挥施教者的导向与组织作用，从而保证体育教育能够沿着正确的轨道进行。

2. 体育受教者

体育受教者既是体育教育的对象，又是体育教育学习的主体，因此，应该积极发挥他们的能动性，促进他们积极参加体育教育。受教者和施教者应该相互配合，默契协作，共同完成整体的体育教育过程。

3. 体育教材和媒介

体育教材，是施教者授课的内容，是体育学习者知识的源泉。施教者应该根据教材大纲、内容和目标来设计体育教育的教学过程。而体育教育过程，需要借助一定的媒介才能完成，是体育教育不可分割的一部分，这种媒介除了一定的体育手段和方法外，还包括施教者自身的人格、情感、意志等。

综上所述，体育教育过程的三个要素是紧密结合在一起、融为一体的，而且体育教育过程并不是三者的简单组合，还必须通过施教者和受教者的互动，使各要素之间进行有机的动态结合，构成统一的整体活动，促进体育教育过程的顺利进行。

（二）体育教育结构的基本规律

1. 体育技能的学习规律

体育技能的学习是从不会到会，从不熟练到熟练的一个过程，是人体动作技能形成和提高的过程，其主要包括以下三个阶段。

（1）大致粗略地掌握动作技能阶段；

（2）不断改进和提高动作技能阶段；

（3）动作的整合定型阶段。

通过这三个阶段的学习，体育技能基本形成。

2. 运动负荷的变化规律

在体育教育过程中，必须注意运动中的生理负荷，既要合理地运用人体的生理负荷，也要注意合理地控制生理负荷，遵循人体运动规律，才能更好地学习体育技能。

3. 提高运动认知能力的规律

要注意帮助学生学会协调和控制自己的身体，熟练操作体育器材，培养学生的空间和距离感知能力，提高学生的运动认知能力。

4. 集体性学习的规律

在体育教育过程中，要注意通过一些集体项目，如足球、篮球、棒球等，培养学生的团队精神和凝聚力，让学生在比赛中感受集体性的教育，学会集体性行为，认同这个集体。此外，每场国家队比赛前的唱国歌仪式总能唤醒人们的集体意识，奥运会上的奏国歌仪式也能唤醒人们的集体荣誉感和国家荣誉感。因此，通过体育教育过程，可以帮助人们形成一定的集体性。

（三）高等体育教育结构的一般特征

1. 整体性

高等体育教育结构是一套复杂的系统结构，其中，离不开教育部大学生体育协会、国家体育总局、各省教育厅和体育局的督促和指导，也离不开各高校的配合和执行，更离不开大学体育教师和大学生的积极参与。总之，高等体育教育的结构是一个完整的系统，需要各个成员之间密切配合，共同执行，才能完成高等体育教育的任务，为培养全面发展的高等教育人才做出应有的贡献。

2. 开放性

高等体育教育结构具有一定的开放性，这里的开放性是指，高等体育教育需要不断地从外界补充自身运行所需要的人员、信息、资源、能量等，也需要将自身在运行过程中产生的多余资源、废旧信息排除在外，不断完善和更新自己的运行机制和系统，从而顺利地运行和发展。

3. 稳定性

首先，一个系统要想正常运行，必须具备一定的稳定性。系统的稳定性是指在外界环境影响下，系统具有一定的自我稳定能力，能够在一定范围内自我调节，从而保持和恢复原来的有序状态或达到新的有序状态。从高等体育教育结构的构成要素来看，教育部、学校主管部门、学校体育部或体育院系、大学体育教师、大学生、大学体育场馆等共同构成了高等体育教育结构系统中相对稳定的存在的要素。教育部通过制定一些政策文件来要求各个大学的体育教育内容，如制定国家体质健康标准，各个大学通过要求体育教师来教导学生参与体育活动，大学生必须通过积极的锻炼和运动，才能达到体质健康的标准。因此，这个系统是相互联系的，具有一定的稳定性，保障了体育教育活动的顺利进行。

三、体育教育的功能

（一）体育教育的本质功能

根据体育教育的本质特征，体育教育的本质功能包括健身功能、健心功能、教育功能。

1. 体育教育的健身功能

（1）提高人体心血管系统的机能。

参加体育运动，可以使心肌细胞内的蛋白质合成增加，心肌纤维变粗，从而使心肌收缩力量增强，进而使心脏的脉搏输出量增加，心脏的供血能力就会增强。

参加体育运动，可以增加血管壁的弹性，从而预防或缓解因血管壁退化所引起的疾病，如退行性高血压等。

参加体育运动，可以加大人体毛细血管的开放程度，从而加快血液与组织液的交换，提高机体新陈代谢的水平。

参加体育运动，可以显著降低血液中的血脂含量（胆固醇、蛋白质、三酰甘油等），从而有效地预防冠心病、高血压和动脉粥样硬化等疾病。

经常参加体育运动，还可以使人在安静时的脉搏和血压降低。

（2）增强人体呼吸系统的机能。

经常参加体育运动，特别是做一些有氧耐力运动，如长跑、游泳等运动项目，可以使呼吸肌的力量增加，促进肺组织的生长发育和肺的扩张，从而增加肺活量。此外，经常性地进行深呼吸运动，也可以提高人的肺活量。

参加体育运动后，由于增大了呼吸肌的力量，使呼吸深度增加，提高了肺的通气效率，从而提高了氧从肺进入血液的能力。

（3）促进人体骨骼和肌肉的生长发育。

人从出生到成人，是一个不断生长和发育的过程，而人的生长和发育主要体现在骨骼和肌肉的生长和发育方面。通过参加体育活动，可以促进骨骼和肌肉的生长发育。人身高的不断增长，主要是因为人长骨的骺骨不断增生，直到其骨化的完成，身高将不再增长。在青少年时期，通过让青少年接受一定的体育教育，参加一些体育运动，特别是一些跳跃类、牵拉类的运动可以刺激骨骼中骺软骨的增生和分裂，从而促进青少年身高的增长。此外，参加体育运动还可以使人的骨骼变粗、骨密度增厚，并且可以增加骨骼的抗压和抗弯折能力。相关医学研究表明，经常参加体育运动，可以增加人体内氧化酶的浓度和线粒体的数量，从而提高人体肌肉的有氧代谢水平，提高肌肉的能量利用能力，从而更好地为机体供能。总之，青少年通过参加体育运动，可以促进骨骼和肌肉的生长发育，从而健康地成长。成年人通过参与体育运动，可以保持骨骼的硬度和韧度，保持肌肉的力量和柔韧，从而健康地生活。

2. 体育教育的健心功能

这里所说的健心功能主要是指，通过参与体育运动，可以调节人的心理状态，促进人保持心理健康。

现代社会极大地丰富了人们的物质生活，但是精神生活却不能很好地得到满足，快节奏的生活，高压力的竞争，使生活在城市中的人们在精神上和心理上出现了一定的问题，出现了诸如抑郁、焦虑、感情淡漠等心理症状。而在青少年群体中，如恋爱受挫、考试升学的压力、大学生就业的压力等都给他们带来了不同的心理问题，而心理健康对人的整体健康具有重要意义。

通过参加体育运动，能够调节人的心理状态，促进人的心理健康。主要体现在以下方面：参加体育运动，可以刺激人体产生一定的内啡肽，而内啡肽具有调节体温、心血管和呼吸的功能，调节人体不良的情绪，振奋精神，缓解抑郁，使人的身心能够保持轻松愉悦的状态。此外，通过参加体育活动，可以增加人与人之间的情感交流，特别是一些集体运动，可以培养人的团结协作精神，化解人的孤独感和抑郁感。通过参加体育活动还可以让人获得自信，比如，在比赛场上的制胜一击，球场上的关键角色的扮演等，都可以让人对自己进行一个重新的认识，在现实生活中的失败，或许可以在赛场上获得认可，从而增加自己对生活的信心。总之，参与体育运动是一项非常有效的调节人心理的活动，可以促进人的心理健康。

3. 体育教育的教育功能

作为一种教育活动，体育教育对人的教育功能是其本质功能之一，主要体现在以下四个方面。

（1）教会人基本的生活能力。

人刚生下来时，缺乏生存需要的基本能力，如走、跑、跳等，这些都需要后天加以学习和训练，而体育教育是最好的途径。体育教师从小就教我们站立、走路、跑步的正确姿势，为我们日后生活打下了坚实的基础，这是人最初始的需求，从这个角度来讲，体育教育不可或缺。

（2）传递体育知识和文化。

体育是人类生产生活中不断形成的文化活动，是一项宝贵的文化遗产，因此，必须通过一定的活动来传递这种文化。体育教育，就是承担这个职责的最好助手。通过体育教育，人们可以学习体育知识，掌握锻炼身体的办法，并且可以让人认识到体育对人的健康的价值，促使人们形成一定的体育意识，养成体育运动的习惯，从而形成健康的生活方式。通过引导青少年参加体育比赛，观看体育比赛，对体育规则和文化有进一步的认识和了解，从而起到传递体育文化的作用。

（3）促进人的社会化。

每个人都不仅仅是一个自然人，更是一个社会人，具有很强的社会性。人从出生开始，只有生物属性，后来在家庭教育、学校教育、社会教育的共同作用下，人的生物属性逐渐被社会属性所取代，逐渐完成个人的社会化。每个人只有完成社会化，才能不断适应社会的需要，如果一个人不能充分地、完善地完成社会化，那么他就可能会对社会产生一定的负面作用，因此必须努力促进人的社会化。

很多学者都提出了通过体育教育、体育运动来促进人的社会化。这是因为，人在参加体育运动或者体育比赛时，都需要遵守项目的规则和要求。而遵守规则放到社会领域便是遵守法律法规、遵守纪律等。体育比赛中强调的公平公正，如果延伸到生活中，就是追求社会的平等和公正。在参与体育比赛的过程中，需要跟不同的人交往。例如，队友、裁判、观众等，这些都可以帮助人适应社会中的角色，通过参与和体验，不断修正自己的行为。体育教育是一项非常有效地促进人社会化的活动。

（4）进行爱国主义教育。

在体育教育活动中，通过体育比赛等活动，可以激发人们的爱国热情，是一项非常有效地进行爱国主义教育的手段。我们时常能在奥运会、世界杯等世界性大赛的舞台上看到运动员在取得胜利后披着国旗绕场一周的画面，这些都能很好地给观看比赛的青少年传递极大的爱国热情，进行良好的爱国主义教育。国际比赛前的奏国歌仪式，总能激发人们爱国的热情，让人们接受一次爱国主义的洗礼。各种形式的体育活动和比赛，有助于加强国人的爱国主义教育。

（二）体育教育的延伸功能

体育教育除了本质功能以外，还有一些延伸功能，其延伸功能主要包括娱乐功能和经济功能。

1. 娱乐功能

在进行体育教育的过程中，可以感受到体育活动与娱乐的天然联系。体育运动中，本身就包含娱乐的元素。体育教育过程中，为学生安排的体育游戏，里面就含有娱乐的成分。现代的体育教育，已经不单单是传统意义上的体育课了。人们在闲暇时间参加一定的体育教育活动，如参加体育培训班，接受健身指导等，都可以缓解人紧张的情绪，让人产生快乐的情绪，从而起到娱乐人的作用。

2. 经济功能

体育教育的经济功能主要体现在以下几个方面。一是通过让人学会体育技能，参加体育运动，促进人的身心健康，从而可以为国家和社会健康工作，就像那句口号"每天锻炼 1 小时，健康工作 50 年"。一个人只有拥有健康的体魄，才能为社会创造出价值，创造出经济效益和社会效益。这是体育教育经济功能的间接体现。二是现代社会已经拥有了很多体育教育培训机构，通过培养青少年的体育技能来产生经济效益，这是体育教育的经济功能之一。三是通过体育教育可以培养一批竞技运动员，而优秀的竞技运动员可以成为体育明星。体育明星具有很强的吸金能力，如一些足球运动员的代言收入可以达到几千万美元，这是他们产生的经济效益，也是体育教育产生的经济效果。

第四节　当前体育教育的热点问题

目前，在我国体育教育领域，有很多值得研究的热点问题，本节讨论的是当前我国高校体育教育中需要研究的热点问题，主要包括以下几个方面。

一、大学生体质健康下降的问题

近年来，社会上对大学生体质健康的问题越来越关注，主要是因为我国大学生的体质不断下降，虽然国家采取了一系列措施来扭转这种局面，但情况还是不容乐观。因此，高等学校的体育教育必须成为扭转这种被动局面的助推器。通过了解大学生体质健康的现状，分析影响大学生体质健康的因素等问题，根据分析的结果，调整大学体育教育的结构。从研究的结果来看，影响大学生体质健康的因素有很多，其中高校体育教育过程中存在的问题如下。

（一）高校体育教学目标的单一化

目前，我国高校体育虽然进行了改革，但普遍存在盲目追求体育教育目标的近期效益，过分强调学生的现实锻炼，片面地将教育目标与增强学生体质集中在一、二年级学生上，缺乏对学生从事体育活动的兴趣、爱好、意识、习惯及独立进行自觉锻炼，从而提高体质健康方面的培养等问题。

（二）高校体育教学过程的技术化

在一些高校体育教学过程中，过高的技术要求削弱了学生参与体育教学的热情和欲望，而大部分学生由于偏重于文化学习造成他们运动能力的不足，不切实际的过高技术要求，必然会使他们产生畏难心理，失去积极参与体育学习的热情和欲望。

（三）高校体育教学组织的机械化

现在有的大学，在体育教学中，仍然沿袭以课堂为主、书本知识为主、教师主导作用为主的"三为主"教学方式，教学形式多数是命令式、模仿式、检查式的"三式"教学过程，给学生独立学习的机会仍然较少，过分强调服从命令、听从指挥、遵守纪律，与体育活动所具有的特征相悖。

（四）可选的体育运动项目偏少

在高校的体育教育过程中，有必修和选修两类形式的体育课。其中，在选修课的教学中，由于某些运动项目选择的学生人数过多，导致教师与学生比例不均衡，加之场地受限，部分学生选不到自己喜欢的项目，学习效果必然受影响。这是大学体育教育必须加强的一个环节，高校应该尽可能地开设不同的运动项目，为满足大学生的多元化体育需求而服务。

（五）在体育教育中只重视技术教学

目前的大学体育教育中，存在只重视体育技术的教学，而忽略了对大学生的体质健康教育，忽视了对学生进行终身体育教育的现象。大学生在校期间，一、二年级体育课成绩及格才能拿到学分，准予毕业。在此要求下，大学生较重视体育课及课外体育锻炼，上体育课和参加课外体育锻炼的积极性高，身体素质提高较为明显。但到了三、四年级，体育课只是选修课（部分高校甚至在此阶段根本不开设体育选修课），于是体育锻炼明显成为学生的个人行为，由于缺乏管理及约束机制，体育锻炼更显得微不足道，这使得许多学生渐渐放弃自觉锻炼，进而造成体质健康状况下降。高校应该积极构建立体化的体育教学体系，只有做到课内与课外的有机结合，才能更好地实现体育教育的目标。

（六）大学体育场地的匮乏

高校体育场地器材的缺乏，也是造成大学生体质下降的一个重要因素。

随着中国高等教育大众化进程的加快，越来越多的学生敲开了"象牙塔"的进门砖。正因如此，也造成了高校教学资源的匮乏。虽说国家这些年来不断提升高等教育经费的总额，但远不能满足高校发展的需求，并且高校这些有限的经费投入，首先用于满足学生的住宿、重点学科教学科研等方面的建设，对于高校体育教学所需场地、器材的经费投入少之又少。特别是在一些中西部高校，由于经费紧张，学校会把钱用在其他地方，而不是大学体育场地的建设。在缺乏必要体育场地设施进行体育锻炼的情况下，大学生自然也就没有参与体育锻炼的欲望，体质也就随之下降。

二、高校体育教育思想的研究

随着我国体育教育的改革和发展，我国高校的体育教育思想也随之不断变化。从最初的"自然体育"教育思想，到现在的"全脑"体育教育思想，高校体育教育思想发生了一定的演进，并不断走向完善和成熟。学者近年来还进行了对体育教育思想历史回顾的研究，主要是对近代以来的体育教育思想进行了回顾，对这些思想变化出现的原因进行了探索。此外，还有很多关于各个教育家的体育教育思想的比较研究，如杜威与陶行知的体育教育思想研究，夸美纽斯的体育教育思想研究，蔡元培的体育教育思想研究，吴蕴瑞的体育教育思想及其历史贡献等，还包括通过研究卢梭的健康教育思想对我国体育教育的启示等，这些研究成果都极大地丰富了体育教育的思想内涵，也为高校体育教育思想的研究提供了一定的理论基础，为高校体育教育事业的发展提供了思想上的指导。

三、高校体育教育体制改革的研究

当前，我国的社会改革已经进入各个领域，体育改革也进入了深水区。2017年，为了加强对体育改革的研究、统筹、实施，国家体育总局成立了全面深化改革领导小组（简称"改革领导小组"）及改革领导小组办公室（简称"改革办"），将全面围绕体育改革发展中的突出问题，渐次、深入推进四梁八柱性质的改革，确保各项改革取得实效，用改革带动和推动各项体育工作的开展。而高校体育教育在我国的体育事业中，占据一定的地位，关于这方面的改革问题应该被列入研究当中。目前，关于高校体育教育体制改革的问题主要包括以下几个方面。

（一）高校体育教育发展战略研究

战略，是对事物发展全局的考虑和规划，是事物发展的根本指导。目前，我国的高校体育教育已经呈现一些稳步发展的态势，但是由于一些顶层设计的问题，发展还是遇到了一些"瓶颈"。因此，应该继续努力研究我国高等体育教育的发展战略问题，做好顶层设计，为进一步促进高校体育教育改革提供一定的思想指导。

（二）高校体育教育管理体制研究

目前在我国，高校体育教育的管理体制显现出一定的弊端，存在一些亟待解决的问题。例如，我国高校体育教育仍属于教育部门和学校来管理、规定和执行大学生的体育活动。我国也有专门的大学生体育协会来组织和管理大学生的体育活动。但是，由于缺乏体育部门和相关体育协会的参与和支持，从专业性、科学性上，不能给大学生参与体育运动以很好的指导和建议。虽然这些年来，我国在竞技体育领域不断取得进步和突破，但是由大学生群体走出的高水平运动员却非常少，这在一定程度上也反映了我国高校体育教育的相关问题。因此，应该梳理一下高校体育教育的领导主体、协助主体以及参与者之间的关系，确立一套合理的高校体育教育管理体制，为高校体育教育的发展广开门路。

四、高校体育教育专业改革的研究

目前，在我国高等院校培养的体育人才中，体育教育人才是其中最重要的一类人才，他们在毕业以后承担着各级各类学校的体育教学任务，为中国的体育教育事业做出了很大的贡献。但是这些年来，体育教育专业就业率低的问题屡见报端，一方面是因为大学生数量增多，就业压力大，另一方面与我们培养的人才质量也有很大的关系。因此，我们应该积极探索体育教育专业改革的问题，为培养出符合当今社会需求的体育教育人才做出应有的贡献。为此，应从以下几个方面进行探索。

（一）确立体育教育专业的发展战略和目标

根据国家体育事业的发展需求和健康规划，确立我国体育教育专业的发展战略和目标，不断调整培养的思路和目的，改变过去只为培养中小学体育教师的传统目标。随着社会的发展和需求，现阶段，体育市场对体育教育人才的需求除教会体育技能外，还需要懂得健康和心理学知识，此外还要具备培养优秀的运动员的能力，为国家的竞技体育服务。

（二）合理规划和布局体育教育人才的培养

根据社会需要，合理规划布局和设置调整体育教育专业的招生院校。根据高等体育教育种类、地区、层次和形式结构状况，设置调整专业规模、层次和口径，使体育教育人才的培养种类、数量、水平与体育事业发展需要相契合。

（三）依托社会力量协助体育教育专业的培养

目前在我国，体育已经受到社会各个层面很大的关注和支持，体育在人们生活中的地位也越来越重要。市场上也出现了很多规模很大的体育教育培训机构，因此，可以借助社会上的力量来帮助高校进行体育教育人才的培养，一方面可以提高培养的质量，另一方面可以根据市场的需求进行培养，做到人尽其才。

（四）引进国外先进的体育教育理念和方法

当今社会是一个全球化的社会，各个国家的体育教育理念和方法存在很大的差别，特别是在一些西方发达国家，它们拥有先进的体育教育理念和方法，比如美国、英国等。我们应该积极拓展这方面的研究，引进和吸收这方面的经验，为我国体育教育专业的培养提供一定的理论支撑。

五、高校体育教育中性别不平等的研究

在我国的高校体育教育中，存在着男女在参与体育教育方面不平等的问题，主要表现在体育资源的占有不平等，教学内容和方法主要针对男生设计的不平等，男女体育教师配备的不平等。造成这种现象的原因有很多，有外部因素，也有内部因素，应该加强这方面的研究和探讨，促进女生在参与体育教育上的平等化。

六、高校体育教学模式的发展与改革

（一）高校体育教学模式的发展

随着我国高校体育教学的不断发展，高校体育教学模式也呈现新的发展趋势，具体介绍如下。

1. 教学目标越来越情意化

教学理论和教学实践的研究显示，不管是学生的智力因素还是非智力因素，都对学生的体育学习产生了非常重要的影响。因此，现代教学模式的构建，改变了传统模式重智力因素、轻非智力因素的情况，教学模式不能单一地局限于学生知识学习、能力培养的框架中，还要注重人格教育、情感教育等多方面的内容。近年来，人道主义心理学备受重视，在这样的思想观念下，教学目标也逐渐转移到情感层面，情感活动就等同于心理活动，所以，这种教学模式对学生独立性、自主性、情感性的培养起到了促进作用。体育教学

的发展趋势逐渐带有一定的情意色彩。

2. 教学形式越来越综合化

综合发展教学模式的形式意味着体育教学模式的发展注重课内课外活动的整合。由于课堂上的课时等因素，因此培养学生的运动技能和促进他们的体育习惯非常重要，他们还可以积极准备终身体育。但是单一地依靠课内的学习是完全不够的，所以，要搞清楚对课内和课外所要学习的内容，课内主要是新知识的学习和动作的纠正，课外主要侧重于训练，对知识的加深和强化，增强运动技能的熟练性。但是，当前的情况不是特别理想，虽然体育课程备受重视，但是课外活动没有大范围推广。

因为课外体育活动没有受到极高的关注，因此，对这种教学方法的研究也比较少，并且没有足够的说服力，虽然"课内外一体化教学模式"涵盖了课内和课外教学，并将二者融合，但是并没有得到实践的检验，具体的操作模式也不清楚，因此，并没有纳入当前的教学体系。只有该模式慢慢发展起来之后，才能被接受、被使用。

3. 实现条件越来越现代化

目前的课程改革强调了计算机纳入教学工作的必要性，所以，有必要整合信息技术和学科课程，以便改变教学内容、学生学习、教师教学和师生互动的表达方式，实现信息技术优势的最大化，为学生的学习提供更加丰富多彩的教学环境和有效的学习工具。现代信息技术在课堂教学中的广泛应用必将使教学模式逐步实现现代化。运用现代化的教学方法结合体育教学使学生实现了视觉和听觉学习的结合，获得理想的教学效果。

4. 评价标准越来越多元化

每种教学模式都需要有一个与之相对应的评价准则。伴随着教学理论、教学目标的变化和发展，教学模式的评估准则也势必要有所改变。原有单一的评估标准已然无法满足需求，评估准则的多样化、多元化势在必行。

（二）高校体育教学模式的改革

当前，常用的体育教学模式并不是很多，但是伴随着教学改革的深入，新的教学模式肯定会日益增多，并得到大范围的推广和普及。未来教学模式的改革，其重点和趋势主要体现在以下三大层面。

1. 重视学生的主体性

传统的教学模式更注重教师的主导地位。它将教学过程等同于教师的教学，并未注重学生的学习。这就造成了学生的被动性，不利于学生自主能力的培养。

传统意义上的师生关系随着以学为中心教学理论的发展发生了很大变化，并且其地位和作用也发生了变化。"教师主导学生主体论"的地位日益高于"教师中心论"。这种全新的教学思想，也推动了教学模式的革新。这种改革主要是强化学生的主体地位，激发学习热情，培养他们的自主能力、创新能力等，这也是现代人才所必须具备的。所以，它也是教学模式改革的核心方向。

2. 保留演绎型教学模式

归纳总结法和演绎法是教学模式形成的两大方法。演绎法主要指从一种观念或是假设出发，设计而成的教学模式，1950 年以后的教学模式基本都是演绎法。

演绎教学模式的这一特点不仅为人们提供了有意识地运用科学理论为指导的可能性，而且为积极设计和构建某种教学模式以达到预期目的奠定了基础。我们可以意识到，演绎体育教学模式的发展是教学模式发展的一个重要趋势，这符合教学理论的发展和研究方向。因此，我们必须重视并留存体育教学模式的演绎。

3. 注重学生能力的培养

时代的发展，科技的进步，新知识增速迅猛，终身学习思想的推广，社会竞争压力的与日俱增，都在一定程度上要求人们有更高的能力、更丰富的知识。所以，教学模式势必要革新和优化，只有这样，才有助于提升学生各方面的能力和身心的全面发展。

此外，在九年义务教育普及之初，就已开始强调要使学生充分发展道德、体育、艺术和劳动等，通过众多实践活动，人们也了解了能力的重要性。基于这样的条件和环境，逐渐从强调知识的教学转向培养能力，这已成为体育教学模式改革的重要方向。这将使学生在参与实践活动中有更全面的认识，进而挖掘并发展自己的能力。

七、我国高校体育教育理念的改革与创新

(一) 现代体育教育理念改革发展的突破点

1. 正视多元体育教育理念的存在与发展

在人类社会的发展过程中，随着人的认知不断深入与发展，许多新的观点和理念也被不断提出，在包括体育在内的教育领域，教育理念、教育观点的发展也是如此。在体育教学的发展过程中，有多种体育教育理念出现过，不同的体育教育理念之间既有相同之处，又有相互对立和矛盾的地方，但正

是因为有这些争论与矛盾的存在，才使得体育教育理念能够不断发展，不断突破，并更具活力。

不同的体育教育理念提出的教育背景不同，具有不同的侧重点，关注不同的体育教育问题，在不同的体育教育理念同时存在的情况下，这些思想的代表者会相互指出对方的弱点和不足，并展示自己的优点与可取之处，这样这些理论之间就会相互借鉴与吸收对方的优点，并对自己的弱点和不足进行改善，对于体育教育教学实践的全面完善均起着重要的指导作用。

现阶段，我国体育教育理念的改革与突破应建立在充分借鉴多元体育教育理念的基础上，同时将不科学的、没有实际意义的理论淘汰，更加突出具有现实意义的思想理论的重要性，使这部分理论进一步发展壮大，以不断丰富当前适合我国高校体育教育国情的体育教育理念体系的完善。

2. 结合体育教育理念的特点、规律和趋势来推动其改革与发展

一般来说，当一个教育现象和问题出现之后，会引起相关学者的关注与研究，并据此提出一些观点与看法，最终形成一种新的观念，从这一思想发展规律可以充分认定，体育教育理念具有一定的滞后性，因此要对社会的需求及时加以预测，及早对高校体育教育理念进行改善。

现阶段，我国经济发展迅速，人们的生活条件在不断改善，因此逐渐拥有更高层次的需求。随着社会的不断进步与发展，人越来越受到重视，教育对人的关注也成为一种必然。

随着我国高校体育教育改革的日益深入，越来越多的人逐渐认识到不能再单纯地将教育结果、知识传授看作教育的一切，不再单纯对社会和集体进行高度关注，而开始将关注焦点转移到"人"身上，我们要提倡一种能够服务于人的全面发展的、有价值的教育理念，而且应该关注社会上每个个体的发展。

现阶段，我国教学改革的重要方向之一，就是对人性化教育、人本化教育与教育的意义及价值方面的改革。"人本"教育理念不会将人分成不同的等级，不会歧视任何一个人，不会在培养人的过程中把人当成工具，它对每个人都是尊重的，强调人的全面发展和自我实现，它对学生的自我体验是高度重视的。体育的过程是培养学生社会性活动的过程，在这一过程中，人既是教育的出发点，也是最终的归宿。如果教育缺少了对人的社会性的培养，就失去了其所具有的独立存在的价值和本质特征。

体育教育理念在不同的时期会表现出不同的特点，这与人的认知和社会客观发展环境有关。确切地说，理念是一定历史时期的产物，不同的历史因素必然会对其产生、发展及变化造成影响。

体育的发展受到各方面因素的影响，在体育文化现象发展基础之上的体育理念也受到这些因素的影响。首先，体育受制于政治因素的影响，在一定时期，由于社会政治的需要，政治因素制约着体育的发展。以竞技体育运动的发展为例，其作为塑造和再现民族形象的重要手段，能在很大程度上体现一个民族的威望，乃至一个国家的国际地位。其次，体育文化与社会经济的发展也具有密切关系，并受社会经济发展的影响，体育最初是只有贵族才能接受和参与的教育形式和活动形式。相比之下，穷人为生计奔波，没有机会也没有金钱去接受体育教育和观赏体育活动。而在现代，经济比较落后的国家的运动员只能在简陋的条件下进行训练，其训练效果是不可能与经济发达国家的运动员相比的。最后，科学技术的发展也对体育的发展产生极为重要的影响。从某种意义上说，现代体育尤其是竞技体育运动的发展，已经逐渐演变成为一场"科技战争"。体育运动发展过程中每一次纪录的产生，都包含诸多科技要素。

在政治、经济、科技对体育发展产生重要影响的大背景下，必须及时防止体育教育理念受到上述这些因素的不良影响，同时将这些影响因素中的有利因素充分利用起来，使其推动体育教育理念的发展。体育教育理念的发展会受到社会因素的影响，所以我们要不断地对新的社会需求进行探索与分析，并据此来加强对教学思想的改善，同时进一步引导社会的健康发展。例如，科学贯彻落实体育教育理念等。

此外，除了上述几个影响因素外，理论发展因素也会影响体育教育理念的发展，针对这一点，必须对体育学科理论进行不断研究，使体育理论不断丰富和完善，从而推进体育教育理念的发展。同时，还应对相关学科和国外体育理论的发展予以关注，将有益的思想积极引进高校体育教育中来，以不断促进我国体育教育理念与教育事业的发展。

（二）现代体育教育理念改革发展的方向

1. 层次性和延续性方向发展

新时期，各种体育教育理念与体育教学思想不断涌现，这些不同的教育理念与教学思想在不同程度上都推动了体育教学的发展，如为体育教学的改革指明了方向，使体育教学改革步伐不断加快，促进了体育教学质量的提高。

就体育教育教学实践来说，教学对象是体育教育发展改革应该重点关注的对象，而不同年龄段的学生，他们之间在很多方面都存在显著的差异，所以，从教学指导思想在教学实践中的运用可以看出，体育教育理念缺乏系统性、连贯性，具体表现在各年龄阶段体育教学重点倾向性相似，教材的处理、教法的选用和组织安排不符合学生的身心特点及地区特点等，这些都对高校体育教育改革进程造成了一定程度的制约。

新时期的体育教育改革应该重视学生的长期、可持续发展，在教育理念上，要重视教育的层次性与各阶段的延续性，通过体育教学的科学组织与实施，以不同年龄段学生的特点为依据，对相应的体育教学指导思想进行构建，使之具有鲜明的层次性，以科学把握教学改革目标和教学改革方向，进一步优化教学改革进程，不断促进高校体育教育育人的效果。

2. 人文教育和科学发展观方向发展

在我国素质教育改革的推动下，我国高校体育教育理念从唯"生物体育观"转向了"三维体育观"（由生物、心理、社会因素构成），这就使得体育在健身、竞技、娱乐、文化和社会等方面的功能得到了进一步拓展，使我国体育教学在传授"三基"、增强学生体质的同时朝着多元化的目标和功能方向发展。

在充分借鉴和引进西方体育强国的休闲体育思想、快乐体育思想、终身体育思想等的基础上，我国体育教育理念得到了进一步发展。此外，在2008年北京奥运会成功举办后，人文奥运理念已深入人心，在一定程度上，奥林匹克运动也对我国学校体育的发展产生了重大影响，未来学校体育会向着以人为本的方向迈进和发展，会更加重视学生的需求和全面发展，以"人文体育观"为核心的教学思想将会在体育教学中发挥更大的价值。

现代体育教育教学的发展离不开对人的关注，其重要的一点在于关注人的全面、可持续发展。

结合我国素质教育与国外人本体育，新时期的高校体育教育理念应将重点放在"重视学生综合素质教育"和"培养优质人才和促进人才的科学发展"两个方面。一方面，在现代学校体育教学改革发展形势下，体育教育只有改变以往的"知识型"人才的培养，转而走向"创造型"人才培养的道路，树立全面育人的教育观念和意识，着重培养和提高学生的综合素质和能力，才能最终实现素质教育的目标。另一方面，应不断强调教育的育人作用，通过体育教育促进现代人才的培养与科学、持续发展，使学生在校期间能接受正确的体育观念的教育，使学生得到锻炼身体能力的培养，使他们对体育运动对人体短期、长期的各种影响有一个深刻认识，在观念上使学生把参与体育作为一种自觉的行为，作为成为现代社会人才的一种基本素质进行培养与提高。

3. 教育理念的综合化方向发展

21世纪以来，我国学校教育迅速发展，高校体育教育也要适应新时代的发展潮流，不断革新观念，以科学的、合理的、人性化的教育观念促进学校体育的发展，让学生在第一思想的指导下，获得身心的全面健康发展。

当前，素质教育是一种发展中的新的教育理念，它具有非常丰富的内涵。现阶段，我国素质教育还处于发展探索阶段，人们试图通过不同的途径，采用不同的教育理念对体育教学实践进行指导，以使体育素质教育获得新的发展。

随着素质教育的不断推进，迫切需要从其他相关理论中对"合理内核"加以汲取和吸收，以不断丰富和完善素质教育理论体系。体育是教育的重要组成部分，其服务于人的全面教育，所以在学校体育教学中，应顺应素质教育的潮流，确立"健康第一""终身体育"与素质教育相结合的体育教育理念，在体育教学中，要始终将"健康第一""终身体育"的指导地位放在首位，这两个教育理念的作用和价值是不可轻易动摇的。只有充分认识到这一点，才能进一步深化素质教育改革。

总体来讲，素质教育离不开"健康第一""终身体育"，前者是后者的发展基础，后者是前者的发展要求。

（三）现代体育教育理念的科学创新策略

思想对个体的行为具有重要影响。传统体育要想在学校体育教学中获得根本上的进步必须转变教学思想与教育理念。实践表明，只有在思想理念上做出创新，才能推动传统体育教学的改革，转变教学中不利于体育运动发展的一切困难与阻力因素。随着我国素质教育的深入发展，创新我国高校体育教育的理性思考是学生及时掌握运动技巧和运动技能的重要途径，也是培养学生积极向上的人生观、价值观的重要策略。

现阶段，实现体育教育理念的科学创新，应从以下几方面着手进行。

1. 更新传统体育教育理念

我国体育教育具有悠久的历史，在漫长的发展过程中，教育理念的发展几经变化与发展，在不同的时期都对体育教学的发展起到了重要作用。在传统体育教学发展和改革的过程中，生物体育观是其基础。在新的历史时期，我国在人文体育观念的影响下，在教学改革中出现了"学习领域目标""课程目标"等一些新的概念。在教学过程中，对教学目标也进行了多方面的层次和类别划分，确立了"身体健康""运动技能""心理健康"和"社会适应"等立体化的多维健康的教育教学目标。

新时期，我们对体育教育理念应有所转变，应以终身体育观作为出发点，对体育教育的认识从低级走向高级，由封闭走向开放，由单一走向多元，由局部走向整体。在创新教育理念的指导下，应充分强调教育理念的创新性和时代性，从提高创新素质、塑造创新人格、培养创新人才出发，对体育教育规律及特征进行理性的认识与判断，使体育教育理念与思想更具系统性、指导性、时代性和创新性。

2. 融合多元体育教育理念

在体育教育的发展过程中，诸多体育教育理念被先后提出，这些体育教育理念并非都是先进的教育理念，有些教育理念只在特定的历史时期对体育教育起到重要的推动作用。全球化背景下，各种思想文化处在不断的发展和融合之中，教育思想也呈现这一发展趋势，随着我国改革开放的深化进行，我国的学校体育教学思想呈现多元化的发展趋势。随着社会和时代的变革，不同教育理念对体育教育的指导作用也会表现出不同的促进或者阻碍作用，对此应科学分析、批判继承与发展。

从我国教育理念的发展来看，如我国早期的国民体育思想，在内忧外患的特殊时期对我国体育教育发展起到一定的推动作用，其中有关磨炼学生意志的训练模式，应该继承，我们应该摒弃那些苛刻的不符合人性化思想的东西；自然主义体育教育理念中那些顺应自然规律的教育理念，有利于人性发展的观点值得我们继承，而可能造成"放羊式"教学的内容，应坚决摒弃；运动技术技能教学思想中有利于知识技能传授，促进学生体质增强的东西，要努力学习，但同时要注意体育课不等于技能训练课，不能一味强调技能学习与训练。

从国外教育理念的发展来看，以科学主义教育思想与人本主义教育思想发展为例，科学主义教育思想对经济社会的发展具有重要的促进作用，符合社会发展的主流趋势，随着教育价值多元化逐渐被人们深刻地认识，人本主义教育思想逐渐呈现与科学主义教育思想相融合的趋势，现代人本主义教育思想得以确立，其关注学生的健康全面发展，值得在新时期的高校体育教育改革与发展过程中进行思考与科学教育实践指导。

从国内外教育理念的不同来看，受多方面因素的影响，国外与我国体育教学思想之间存在较大的差异性。因此，比较与融合中外不同的体育教学思想，指出二者之间的差异性非常有必要。通过对比，我们既要吸收国外体育教学思想中优秀的部分，又要摒弃其糟粕，既要总结我国体育教学优秀的思想，也要放弃不合时代的内容，同时还要比较中外文化背景差异性，比较中外体育教学思想的共性与差异性，从共性中寻找结合点，从差异性中寻觅不同的功能，把中外体育教学思想有效地整合起来，进一步完善我国体育教育理念的内容，从而促进我国高校体育教学的不断发展。

3. 体育知识（技能）教育与文化（人文）教育的整合

体育知识（技能）教育是以体育知识（技能）为本或为中心的体育教育；体育文化（人文）教育是一种从内容到层次都很丰富的体育教育。

现代体育教育理念关注学生的全面、科学、可持续发展，关注高校体育教育教学的全面、科学、可持续发展。在具体的高校体育教育实践中，不仅要向学生传授体育知识（技能），更要传承体育文化（人文）的精髓，使学生在学习和参与体育的过程中，产生对体育与体育文化的认同，提升体育与体育文化的自觉、自信，把体育融入日常生活，成为一种"新常态"，并进一步实现"终身教育"。

第二章
高校体育教学的现状分析及改革探索研究

第一节　高校体育教学的现状分析与优化

一、我国高校体育教育现状

我国的高校体育教育从一开始走到今天，可谓吸收了众家之所长，许多有益的教学方法和手段不断涌现，并且体育教育理念也在不断更新。然而，与理想中的体育教育成果相比，实际中教学的效果一般。在一组大学毕业生的调查数据中显示，毕业后仍旧坚持一定周期频率体育健身的人仅占54.25％，而处于"亚健康"状态下的大学毕业生则占比较大。诚然，造成这个结果的因素有很多，但高校阶段的体育教育出现偏差总是不能被回避的问题。而为了能够解决这个问题，对于我国高校体育教育的现状及出现的问题进行客观分析和诊断就显得很有必要。

（一）我国高校体育教育的现状

近年来，学校体育教育已经成为体育教育领域重点关注的问题，许多专家学者都将研究的目光锁定在这个领域，而高校体育教育更是成为其中的关键。一时间，许多关于改革高校体育教育的理念和方案被提出来。然而在经过更加深入的论证和实践的尝试后发现，其中许多方案的实施存在问题，不能如预期那样给体育教育带来效益上的明显改变。为此，要想提出最恰当和符合我国教育情况的方案，就应该先从最基本的高校体育教育现状开始分析。

通过对大量相关文献的研究，目前国内外的教育形式可归纳为以下几种类型。

（1）传统守旧的体育教育。

（2）基于学生体育的体育教育。

（3）基于竞技体育的体育教育。

（4）快乐体育教育。

（5）基于个性特征的体育教育。

（6）基于传统项目的体育教育。

（7）基于发展能力的体育教育。

（8）注重体能的体育教育。

（9）基于终身教育的俱乐部体育教育。

目前来看，我国绝大多数的高校体育教学的形式更多采用传统的体育教学模式。这种模式把走、跑、跳、投等基础运动作为主要教学内容，为了确保教学模式的统一性，追求教学程序循序渐进的结果，会侧重于某一层面，而不能照顾到更加全面的需求。这就是体育教育改革的着手点，但是目前的改革并不理想，改革只是盛行一时，没有推动改革浪潮的兴起。

目前，伴随着中国高校体育教育的重要性日益增加，教学目标和教学需求也随之增加。对教育进行改革的同时，也要把素质教育作为教育改革和发展的主题，并与科学技术、经济、文化、社会相结合。因此，高校体育不再是提高学生体质的一种简单方法，而是一种全面的素质教育方式，使大学体育充分发挥个人才智，促进个体发展。基于这样的环境背景，高校体育教育应该具备的功能如下。

（1）增设"野外生存体验""攀岩登山"等新课程，在课程开展过程中，适时地增加难度和阻碍，使学生在扫除阻碍的过程中，多想办法，借助团体的力量，共同面对困难并想办法解决，提升他们的适应能力，培养吃苦耐劳的精神，强化团队意识。

（2）课程的设置要以学生的兴趣、喜好为基础，添加一些时代元素，要吸引他们参与其中，在体验的过程中感受快乐，要让他们有成就感，培养他们自信、自强、乐观的心态。

（3）提升他们的沟通交流能力、组织能力等，促进身心的健康发展。

（二）我国高校体育教育发展中存在的问题研究

我国长期沿袭的体育教学尽管在一段时间内对青少年人才的身心发展带来不小的帮助，但随着时代的发展和社会对新型人才的需求，这种较为传统的高校体育教学已经显现出诸多不足，其理念和实践方法均已不适应新时期高校体育教学的目标和要求。为此，对我国高校体育教育发展中存在的问题进行总结与分析，以期通过对问题的分析与了解为高校体育教育更好发展扫清障碍，探寻合适的发展之道。

1. 对于学生的主体性认识不足

在教学过程中，可以展现学生主导性的包括两方面内容：一方面，学生为体育教学的实际需求和要求给教学活动提供了方向；另一方面，在教学过程中，学生的主动性和独立性得以提升。

一直以来，我们都在提倡教育方式的转变，强化素质教育的主导性，弱化应试教育，但是这种理念一直都是纸上谈兵，并没有切实地贯彻到教学实际中，导致高校教学出现缺乏对学生主体性的认知。从理论层面来看，教育理念没有更新，一直都是守旧、缺乏创新性的教学方法，带给学生的也是被动接受知识；从运动层面来看，尽管一些学校对教学模式进行了革新，开展了小群体教学、俱乐部等方式，试图对教学方法进行修正，但是碍于思想保守，对教学本质、教学内容和教学需要的了解不透彻，使得这种形式只停留在表面化，没有深入地贯彻"学生主导地位"的实施。在体育教学中，我们要培养能力与文化兼具的高素质人才，以终身体育、健康体育为教学重点，注重教学方法的多元化，提高学生的参与度，力求将以学生为主体的兴趣教学同"自主体育能力"的培育有机地结合起来。

2. 课程结构与内容安排的缺陷

大多数高校在教学结构方面没有对不同年龄学生的身心特点、所展现出的学习特点的不同加以衡量，没有注重课内和课外活动的有效结合，不注重学生体育意识的培养，没有做好教学和运动教学的平衡工作，导致学生出现对体育理解的不完整性，给终身体育和健康体育的贯彻和开展带来了消极的影响，阻碍了教学工作的顺利开展。

3. 对于教学考评的实质认识不足

教学考评作为保证教学双方实际投入的管理措施，以及教学效果客观检验的具体方法、手段、标准，是十分现实和必要的。体育教学是一项非常严谨、科学的学科，因此，对于该学科的教学成果也是需要进行考评的。然而，许多人对于体育教学的考评工作看法不一，给予的重视程度也各不相同。实际上，如果对体育教学的考评工作的实质认识不清，则可能会给体育教学的总体发展带来阻碍。

4. 对于创造积极的教学情境和学习环境的意义认识不足

受传统体育思想和教学习惯的影响，在部分高校体育教学中，仍然重视教学组织、纪律，强调"教"的合理性、合法性和"学习"的有序性、统一性等。尽管这种教学方式严谨、规范，但也在一定程度上容易引起紧张的氛围。

新时代的高校体育教学要求教学工作的开展要注重人的社会属性和自然属性两大层面。但是，一直以来，我们一直都主张体育隶属于教育，体育的作用就是增强体质，它的根本属性是教育性和国家性。所以，高校的体育教学一直关注人的社会属性层面，强化体育的社会功能和政治功能。这种理解的不全面性，必然造成对人的自然属性的忽略，进而导致对创造积极的教学情境和学习环境建设意义的认知严重不足。所以，营造积极、健康、向上的教学环境与学习氛围，是教学改革中应该重点关注的。

5. 对于体育教学如何结合课后体育需要的认识不足

新时期高校体育教学改革不仅为高校体育教学指引了方向，而且要求高校重视传统教学的方式方法。尽管目前出现很多新的教育模式，体育项目的种类也日益丰富，调动了学生参加体育运动的积极性和热情，但是只单一地凭借这一措施很难确保课后体育行为乃至终身体育行为的开展。培养运动兴趣、提升运动技能，只能在某一层面满足终身体育的需求，还要以此为基础，强化对身体技能、运动规律、动手效果的了解和认知，掌握对身体的自我分析、自我调整的能力。只有这样，才能真正把体育教育的实际需要与高等体育教育的实际需要结合起来，才能保证新时期高校体育的价值。

二、我国高校体育教学现状

（一）我国高校现行的体育教学指导思想

目前，我国高校体育教学采用的指导思想，主要是针对提高全民的素质健康状况而制定的。"学校教育要树立健康第一的指导思想，切实加强体育工作。"它指明了学校体育工作的核心已落实到面向全体学生、提高学生身心健康水平的轨道上来。因此，每位体育教育工作者应义不容辞地将学生现在和将来的健康放到体育教学工作的首位。近年来，我国高校体育改革虽然取得了较大成就，但是许多学校和体育工作者对于健康的理解仍然存在认识偏差。世界卫生组织明确定义："健康实质是在身体、心理和社会方面都完美的状态，而不仅是没有疾病和虚弱。"

（二）目前我国高校的体育教学模式

《中华人民共和国国民经济和社会发展"九五"计划和 2010 年远景目标纲要》指出："改革人才培养模式，由应试教育向全面素质教育转化。"这个目标的提出标志着我国新时期的教育观念已经转化到了与新世纪我国发展目标相适应的教育模式。近年来，高校体育教育工作者基于"面向全体学生"，牢固树立"健康第一"的指导思想，在为终身体育打下良好基础等方面进行了全方位的探索，涌现出"愉快体育""成功体育""俱乐部体育"等体育教学模式，使高校体育教学改革取得了成功经验。但是，也正是由于这些模式的制定，才在某种程度上制约了学校体育多样化的进程。

（三）我国高校体育教材内容体系的现状

教育的指导思想决定了所开设课程的教学，从而导致其教育状况和结果。随着全球性教育改革浪潮一浪高过一浪，广大体育工作者积极探索和制定适应新世纪高校发展的体育教学和课程体系，并取得了显著的成果，但仍滞后于其他学科的发展。而且，在体育课程设计及教学内容上，由于受竞技体育思想的束缚，仍没有摆脱过去单一的、以竞技为主的教学模式，没有把素质教育和健康教育落实到体育教学之中，只是一味地追求教学内容的变化和教学形式的变更。同时，由于当代大学生在身体形态、技能、爱好、观念等方面发生了许多变化，不少教学内容已不能满足他们自身发展的需要，使他们不愿意自觉参加体育锻炼，这一点应引起广大体育教学、训练工作者极大的关注。

（四）我国高校体育教学方法、体育教学手段的现状

21 世纪，世界教育变革的一个重要趋势是由单纯重视"教"转为同时重视"学""教法"是关键，"学法"是核心，而探索"学习"问题成了现代教育的核心问题之一。因此，正确处理教与学、学与用的关系，是实现教学目标的主要途径。没有教育的学习，只能是盲目的失误；没有学习的教育，只能是独断的强制。只有教育与学习的统一互动，多方面、深层次上理解"教学相长"的内涵，才能体现人类学习的自由本质。目前，在高校的体育教学过程中，虽然认识到了二者的关系及其重要性，但在具体的教学实践过程中，往往忽略学生的个性发展，陷入教师教什么学生就学什么，严重制约了对学生创新意识和创新能力的培养。

（五）体育教学评价体系的现状

当前，体育教学中学生的身体素质与体育课成绩的评价，虽然经过体育教育工作者的不断改革、完善，取得了一定的成绩，但是普遍存在一些问题：考试的指导思想、考试的形式、考试的内容等与素质教育理念极不相符，实行一个标准、一个内容、一个要求，不能充分满足学生的个性需求，也不能客观、公正地反映学生的能力和水平，制约了学生的全面发展和个性需求。

为使我国体育教学能更好地促进大学生全面、健康发展，高校体育教学需要不断地探索、改革。

三、当前我国高校体育教学改革对策

（一）加强对学生综合能力的培养，重视科研能力的提高

培养"终身体育"的思想，提高学生的综合能力，应列为我国高校体育

教学改革的重点内容之一。着重构建高校体育教学目标体系，转变、解放思想，树立"以人为本"的现代教育思想，并在营造宽松的育人环境、发展大学生的个性、提高学生综合实力等方面进行改革，从而培养出适应时代发展、符合社会需求的高素质人才。另外，还应当加强对学生科研方法与实践的培训，抓好毕业论文、设计的指导工作，切实提高学生的科研能力，为他们走上工作岗位打好科研基础。

（二）从学生兴趣出发，建立合理的体育教学课程体系

首先，应切实结合学生的学习兴趣及社会发展的实际情况，突出健美操、乒乓球、排球、羽毛球等适合休闲运动类项目的教学，提高学生对体育课的学习兴趣。

其次，应建立科学、合理的体育教学课程体系，将素质教育和健康教育作为构建高校体育教学课程体系的基本要求，可将现行的课程体系组合为基础理论部分、娱乐健身部分、技术技能部分、竞技训练部分四大块，让学生根据自己的兴趣、爱好及自身条件自由选择。这样既能满足大学生的生理、心理需求，又能引导其掌握运动技能，为终身体育打下坚实的基础。

（三）加强法制观念教育，增强保护意识

在大学学习阶段，除了开设《公共法律基础》课程外，还应加强对《体育法》及《学校体育工作条例》等法律法规的学习，并结合实际提高学生对学习法律知识重要性的认识。因为，体育课在众多课程当中，几乎是最有可能遇到伤害事故的学科。除去在教学过程中人为的主观因素外，体育运动本身在客观上也决定了易造成运动损伤的可能。人的主观行为只能把这种可能降到最低限度，却无法绝对地把它消除。

（四）增加经费投入，改善体育教学的物质条件

加大经费的投入，改善体育教学的物质条件是高校体育教学适应社会进步、未来高等教育和科学技术飞速发展，以及当代大学生健康需求的重要因素，应当引起各级政府部门和办学单位的高度重视。

（五）加强体育法治化和科学管理水平，依法治体

管理水平的科学与否直接影响着高校体育的发展速度。加强体育法治化和科学管理水平，依法治体是高校体育持续健康发展的根本保证。在我国已初步形成体育法规的基础上，各高校可以根据自身的实际情况，制定合理的规章制度，完善和提高科学管理水平，促进我国高校体育事业的发展。

（六）建立健全学生体育课成绩的动态评价体系

应建立健全学生体育课成绩的动态评价体系，考试内容应加大体育锻炼

的过程性评价，考试形式也应打破传统教学中单一化的情况，应采取如技术、技能测试、体质测试、比赛实践测试，技、战术理论测试等多种形式。在评价过程中，也可采取学生自评、学生互评、小组评价、教师评价等多种形式相结合，以此促进学生的开放个性和创新精神的形成。

（七）加强师资队伍建设，全面提高体育教师的综合素质

教师素质的高低直接影响学生的发展以及对所学知识掌握程度的好坏。加强师资队伍建设，全面提高体育教师的综合素质，不但是实施素质教育的关键，而且是我国高校体育教学改革的根本要求。高校体育教师应加强对自身专业理论知识、技术水平及教学能力的培养与提高。教师能力不仅包括教学能力、组织能力和训练能力，还包括较强的自学能力、创造能力、科研能力和审美能力。只有具备上述综合能力，才能使教师在素质教育中真正发挥主导作用，促进我国高校体育教学的发展。

21世纪人们对体育教学的任务、目标有一个全新的认识，终身体育的指导思想将贯穿教学过程的始终。教学形式的改革将进一步培养学生的情感，提高教师的自身素质，改变目前体育教学中"以我为主"的教学方法，注重培养学生的创新精神、创造能力和"个性发展"，构筑新的体育教育思想体系，适应新世纪科学技术的迅猛发展，积极探索和推进新形势下教学与科研、生产者的结合。

体育教学应改革传统体育教学思想，使其更加符合学生的具体实际和未来教育发展的需要，使高校体育教学改革面向社会、面向学生、面向未来。

第二节　影响高校体育教学发展的因素及对策分析

近年来，随着我国体育运动的不断发展，高校体育无论是教学环境、教学设备还是教师的素质都得到了明显的改善和提高。但是却仍然存在一些有待解决的问题，随着高校对体育教学目标要求的不断提高，这些问题必然会在一定程度上对其教学的发展产生影响。因此，相关工作人员必须对目前高校体育教学过程中存在的问题进行全面、系统的分析，并在此基础上采取有效的处理措施，确保我国高校体育教学的发展水平能够不断提升，从而充分实现教学目标。

一、影响我国高校体育教学发展的因素

体育与其他科目的教学不同，由于其涉及的环节和因素较多，而且教学

还会受到一些因素的限制，所以在教学过程中，产生的影响因素也比较多。比如，教学模式、教学内容的设置、教师的素质水平、教学环境以及相应的考核和评价体系等，这些都会在一定程度上影响我国高校体育教学的发展。

1. 高校体育教学改革工作没有注重理论联系实际

我国传统高校的体育教学中心往往是围绕向学生传授体育知识、理念以及技能来展开的课堂教学，将提高学生的身体素质作为主要任务，却忽视了对学生体育意识、能力以及习惯的培养，从而导致这种教学理念的教学结果只能是教会学生获得动作的模仿能力，而不能使其充分了解体育运动的内涵，不能培养学生体育锻炼的能力，使得学生在脱离课堂后，便无法正确地开展体育锻炼。虽然这种教学理念在经过几次体育教学改革之后已经有所改善，但是传统的教学理念仍然会对实际教学产生影响，从而导致学生轻视体育课，使他们走向社会之后仍然不能长期坚持进行体育锻炼，身体素质也在逐渐下滑。

2. 高校体育的课程设置与模式缺乏创新

从我国目前高校体育的课程设置与教学模式来看，仍然受到传统课程体系基本框架的影响，在教学内容和形式上缺乏创新，而且重复累赘，导致学生对体育课的学习缺乏兴趣。虽然通过多次改革探索已经有所改善，但是由于体育课受到场地、器材、师资等多方面因素的限制，一些现代健体的体育活动内容依旧无法充分融入现代体育教学。此外，目前高校体育教学的课程设置和模式受传统思想教学的影响也较大，导致其教学的学科化较浓，而且教学模式基本上还处于"注入式"和"填鸭式"阶段，不能充分体现以学生为本。

3. 体育教学设施的配置仍有待完善

体育教学设施是开展体育教学的一项基本条件，没有体育教学设施，即使教师的理论再怎么生动形象，也无法让学生充分体会体育运动的乐趣。目前，体育教学设施的缺乏已经成为诸多高校面临的一项重大课题。据统计，从我国诸多高校的体育设施拥有现状来看，除了少数国家的重点高校外，大部分高校在体育设施方面都存在配备严重不足的情况，场地也较为紧张，这种情况不仅影响了教师对教学的积极性，也无法满足学生身心发展的需要，体育教学质量也深受其影响。由此可见，在未来的体育教学发展过程中，教学设施配置的完善工作已经成了一项重点工作。

4. 高校体育教师的综合素质有待提高

受到传统思想观念的影响，体育教学仍然没有受到高度重视，因此，学校领导在选择体育教师的时候也相应地降低了标准，导致高校体育教师普遍存在综合素质不足的情况，其主要体现在教学思想、能力和教学研究三个方面。在我国目前的体育教学发展过程中，教学思想观念正在由传统观念向现代观念转变，这已经成为高校体育教学的根本任务。但是通过调查发现，仍然有大部分教师的观念停留在促进学生身体健康以及掌握运动技能的传统阶段。教学模式也较为单一，让原本活泼有趣的体育课变得枯燥乏味，使学生丧失了学习体育的兴趣，不利于学生的身心发展。在许多高校中，体育教学研究方面的工作往往被安排在其他学科之后，是被忽略和冷落的一门学科，这样必然制约体育教师创新能力的发挥，使许多教师安于现状，在实际教学过程中，仍墨守成规，使教学工作与日益快速发展的社会相脱节。

5. 体育教学评价的内容与标准过于单一

体育教学评价的内容与标准过于单一，也是我国高校体育教学发展中存在的一项重要问题。学校将传统的跑得快、跳得高、跳得远等内容作为体育评价的标准，忽略了体育本身所具有的健康性和社会效能。体育成绩的评定也只是注重学生的身体素质和运动能力，忽略了一些缺乏体育天赋的学生在学习过程中所付出的努力。这样的评价方式不仅不科学，还会扼杀很多学生参与体育运动的热情，对未来教学发展的负面影响是不言而喻的。

二、促进我国高校体育教学发展的研究对策

随着新形势的不断发展以及信息量的不断增加，知识更新必然越来越快。在这种形势下，高校体育教学发展中存在的问题对其影响程度必然会不断增加。为此，相关部门必须针对以上问题采取有效的解决措施，以期实现高校体育教学的发展目标。

1. 提高我国高校体育教学的管理水平

目前，在我国高校体育教学过程中，某些问题的产生原因与学校对体育教学的管理是分不开的。为了有效解决问题，提高我国高校体育教学的管理水平是不容忽视的。体育教学管理作为一门综合性很强的管理工作，对管理人员的要求也比较高，其不仅要有效解决教学过程中出现的问题，还要确保教学的顺利开展所需要的环境和条件。一般来说，体育教学管理的内容主要包括教学计划管理、教学质量管理、教学档案管理以及教学秩序管理等几方面。管理人员将这些工作充分做到位，才能确保教学系统正常运转，才能为体育教学营造良好的环境和活动氛围，从而促进体育教学的发展。

2. 重视体育课程的更新与教学模式的创新

重视体育课程的更新与教学模式的创新应该从两个方面进行考虑。一方面是课程的建设和教材体系的构建要符合终身体育的理念。课程建设与教材

体系构建是体育教学开展的两个基本条件：在课程建设方面，应该立足于系统设计、科学选择和整体推进，在追求普遍意义的基础上，推崇教材建设的不同特色；在教材体系设置方面，应该为学生加入一些新鲜的项目，比如，高尔夫、攀岩、保龄球等。另一方面是教学模式的创新。随着体育教学目标的不断变化，传统的教学形式已经无法满足学生的需求，因此必须不断地对教学模式进行创新，使学生能够在体育学习中不断感受体育的魅力。

3. 优化学校体育教学环境

由于体育教学本身存在一定的特殊性，所以体育教学环境的优化是不容忽视的，其不仅是体育教学活动不可缺少的客观条件，还是保证高校体育教学活动顺利进行的一刻也离不开的环境依托。其中，体育教学的硬环境即教学所需要的场馆、器材等，是影响教学的一大重要环境因素。"工欲善其事，必先利其器。"为了能够满足目前高校体育教学的发展需要，在学校体育教学中要根据教学的规模和学生人数的需要，加大对体育经费的投入，加强硬件设施的建设是必不可少的一项工作。尤其是在目前高校扩大招生的情况下，为了保证教学的质量，必须加强场地、器材的建设，营造良好的教学环境，以满足教学的需要。

4. 加强高校体育教师综合素质的培养

教师作为教学活动中的一个重要主体，其综合素质的优劣直接关系到教学的整体质量，因此，加强高校体育教师综合素质的培养也是不容忽视的。首先，学校领导选拔教师的时候，必须重视高校体育的教学发展，提高选拔教师的标准。其次，体育教师必须随着社会形势的发展不断转变自己的教学观念，同时要不断创新教学模式，使体育教学能够始终保持趣味性和愉悦性。最后，学校和教师都应该高度重视体育教学的科研情况，将其定位在合理的位置上，以此来促进我国高校体育教学的不断发展。

5. 科学实施考核评价方式

考核评价在体育教学发展过程中占据重要的地位，其不仅有利于教学的稳定发展，促进教学目标的有效实现，还能起到对教学目标进行不断完善的作用。然而，要想让考核评价体系的作用充分发挥出来，如何选择考核的评价方式是非常重要的。恰当的考核不仅是一种评价方法，还是一种激励因素。因此，考核评价方式的构建已经将学生在课堂中的能力程度、进步的幅度以及提高的难度等内容放在评价的第一位。只有这样，才能激发学生对体育运动的学习热情，也才能让学生真正理解体育运动的含义，使其在体育课堂上能够充分感受体育学习的乐趣。

综上所述，随着我国体育运动的不断发展，高校对于体育教学的要求必然会不断提高。因此，相关工作人员必须提高对目前高校体育教学发展中影响因素的重视程度，并对其进行全面的分析，在此基础上提出相应的改革策略，全面培养学生的德、智、体素质，促进我国体育运动的可持续发展，为向社会输送高素质的人才做出贡献。

三、我国高校体育教育的发展前景与策略

（一）高校体育教育改革的几个侧重点

1. 教育理念的转变

要想做好高校体育教育改革工作，首先要改变的就是体育教育的理念。理念转变在先，才能以其作为指导实践的基础。在新型体育教育理念的指导下，要求体育教育不仅是运动技能或体育知识的传授，还应该把体育教育作为部分社会、人文科学、自然科学等知识内容的教育场合，使学生在体育教学中所能学到的东西更加广博，学会多样化的学习方法。其中，特别要注意培养学生学以致用的能力，努力创造学生动脑、观察、练习、创造的机会，充分发挥体育多功能的作用，为提高学生的全面素质服务。而这恰恰是体育教育区别于其他学科教学的最大特征，是体育教育在素质教育中得天独厚的优势。

2. 教师素质的提高

在高校体育教育改革中，身处体育教育一线的教师是非常关键的一个环节。为此，在实施素质教育时，要充分认识到教师的作用。由于教师是体育教育中直接知识与技能的传授者，因此，教师所掌握的知识和言行将直接影响到学生对体育教学的认可度和满意度。如此一来，过往对教师的要求要进行提升，对他们的知识结构不能只满足于"学科知识＋教育学知识"的传统模式，而是应该形成多层复合结构，并且要注重体育教育中的"软性"教育，即善于理解学生心理，捕捉学生内心的感受，培养学生健康良好的个性与情操，以及他们对体育教育表现出的良好情感态度与价值观。另外，要对自身的综合素质和工作能力有进一步的要求，增强知识储备量，提升自身的教学能力，提高专业素养，同时，还要注重自身心理品质的培养，在政治、品德、能力、水平等方面全面提升自己，争做全面型、创新型并且符合时代发展的人民教师。

3. 教材内容的转变

21 世纪所需要的是综合型、全面型人才，这是我国社会各方面、各领域保持可以持续发展的核心要务。为此，作为素质教育的主要培养形式，体育

教育自然就承担了更多责任。而教育的转变会在体育教学内容中获得直观展现。

首先，体育教学内容的载体是教材，现代体育教育要求体育教材应与培养学生能力和未来实际需要相结合，并且随着体育运动的发展不断获得完善和补充，教学内容也要吸纳一下实用性比较强且符合社会发展的内容，这样才能让体育更贴近生活，教材更容易展现新的时代成果，学生也可以学习到新的知识、新的理论、新的技术，激发学习热情。

其次，体育教材应实现与体育相关学科的联系，这是体育教育内容的延伸，可以引导学生进行更深层面的思考。

再次，教材的多元化。除了必须学习的科目外，要适当地开展选修科目的学习，拓展学生的知识领域，构建恰当的知识结构。

最后，要在教材中添加更多娱乐性元素，增添一些教学和训练方面的案例、评价方法等内容，这样一来，不但强化了学生的专业知识，还有助于激发体育学习的兴致，为今后的教学活动提供参考价值。

总而言之，教材的制定要尽可能地实现现代化、多元化、娱乐化；教学内容要涉及理论层面、技能层面、心理情感层面等内容。而一套好的体育教材的最终成形需要较为严谨的科学理论与实践检验，其中许多过程较为繁杂枯燥却不能忽略，否则对体育教学内容的改革就只能是一种流于形式的行为，这是对体育教学改革工作以及对学生的不负责任。

（二）课堂教学观的转变

当前的体育课堂教学中存在几个问题，这些问题如果不能很好地得到解决，会在很大程度上影响体育课堂教学的总体质量，这些问题具体介绍如下。

（1）体育教学的内容较多，然而总体来看体育课的总课时偏少，因此压缩体育教学的过程就是不可避免的事情，长此以往就会造成每课时的教学任务无法完成。因此，应对体育教学观念进行调整，并且提供各种保障措施，确保教学工作的有序进行。

（2）在传统体育教学课堂中，对于运动技术的教学更多的是采用枯燥的练习方式来进行的。这种单一的教学方式不会引起学生的学习兴趣，只会加深他们的厌恶感，并且他们也感受不到运动带来的乐趣。内容的空洞性，会导致出现"游戏化"和"活动化"倾向，在大多数时候，只是让学生参与活动。

（3）传统意义上的教学方法，都是教师讲授，学生学习和模仿，这种知识的传递和沟通都是单方面的，这种教学模式显然无法满足当代的需求，也无法实现教学目标，完成教学任务。满足当代需求的教学是将教师的"教"与学生的"学"相结合的模式，打破传统体育教学单一模式即教师向学生灌输知识或技能的模式，由此能够使体育教学课程的氛围更好，学生更乐于接受体育学习，进而从体育教学过程中获得更多启发。

（三）我国高校体育教育在未来的发展策略

1. 注重对民族传统体育项目的引入

我国的民族传统体育应该成为高校体育教育的构成部分，原因在于它是民族品格、民族精神的体现。除此之外，也有助于传承和弘扬民族文化。在大学生科学文化素质、思想品德素质、身心素质的培养方面也发挥着巨大作用。

（1）民族传统体育与素质教育。

在素质教育中实施和加强民族传统体育是根据个人和社会发展的需要，结合项目本身的各种有利条件，并通过在活动过程中采用具体方式引导学生主动参与，最大限度地发挥自身潜力，提高自身价值和综合素质，促进民族文化，培养高尚情操，促进人的身心健康得到充分发展和提高。

（2）民族传统体育教育与科学文化素质。

民族体育在强化素质教育与科学文化教育方面起着非常重要的作用。民族体育蕴藏着深厚的东方哲学和理念，并且含有美学、医学、文学等方面的知识，通过对民族体育开展学习，可以拓展学生的视野和知识领域，强化体育意识，同时，有助于文化素养的提升，推动全民健身的开展，为体育强国的形成起到积极的促进作用。

（3）民族传统体育教育与思想道德素质。

民族传统体育在丰富学生学识的同时，也给学生传递了一种意识、一种理念、一种精神。民族文化的内涵是宽阔的，传统伦理所要求的"道德、正义、礼貌、智慧、信念"也贯穿于体育活动过程中。作为道德文化的规范性和具体化体现，它对人们有着微妙的影响。因此，传统民族体育的发展可以帮助学生树立正确的伦理道德观念，提高各种品德和素养，使其充分、系统地掌握中华民族精髓，并转化为自己的意识和行为。这与在学校教育中强调"德育第一"是实现教育总体目标的必要条件是一致的。

（4）民族传统体育教育与专业、身心素质。

民族传统体育以人为本。围绕如何提高人的身心健康水平，通过体育活动锻炼身体修养和道德修养。因此，学生通过学习，不但可以获得丰富的专业知识和特殊技能，还能深刻理解和领会中国传统文化的内涵，有助于他们表达情感，陶冶情操，在素质教育中发挥重要作用。

（5）民族传统体育教育与个性的培养。

个性教育有助于促进学生的个性获得全面发展。对于学生个性的发展来说，民族传统体育也起着积极的促进作用，在促进身心健康发展，特别是个性心理发展方面，扮演着指路人的角色，在复杂的环境中有助于培养人的良好的心理适应性。同时，也有助于学生形成正确的人生观，树立正确的社会角色定位，彰显民族体育的风范，最终实现个性化的发展。

2. 高校体育教育"地方化"

我国幅员辽阔，不同地区的人由于受到不同地理环境和人文环境的影响会形成不同的意识，当然这也包括不同地区的人对体育教学的理解和认识深度的不同。经济相对落后、人口素质基础差，导致了大众对体育生活价值的认识起点低。因此，鉴于这种实际情况的体现，为了发展高校体育教育，使之成为可持续发展的教学内容，就需要高校体育教育更应该着重突出地方性。

首先，我国教育经费投入比例的失调，在严重不足的教育投入中，用于体育教育的经费微乎其微，因此用地方经济扶持高校体育教育有重要意义。

其次，让学生认识到锻炼无处不在，运动就在身边，无论教育环境、教学手段如何，追求健康始终是体育教育唯一的最终目的，只有正确认识这个目的，体育教育才有助于个体的发展、群体的参与。

最后，我们应采取分析的态度，从国情出发，从实际出发，学习引进和传播国外的新思想、新理论，使高校体育教育的视野更加开阔。更新观念，为体育教育改革提供借鉴，注入活力，真正体现体育教育的地方化特色。

3. 丰富高校体育教育功能

高校体育教育具有多样化的功能，这些功能是保证高校体育教育富有重要意义的关键因素。而如何才能发挥这些功能，并为学生的全面发展服务就成了专家学者们研究的内容。在人们的印象当中，体育教学的最大功能就是强健身心，但实际上它的功能远远不止这些，于是最大化地开发出高校体育教育的功能就成为未来高校体育教育的发展趋势之一，这也适应了当代大学生的培养目标。这里主要对高校体育教育中的美育功能以及其在不同体育形式间的助推功能进行分析。

（1）高校体育教育中的美育功能。

美育在现代所提倡的素质教育中起着不可替代的作用，这是指导人们如何发现美、感受美和欣赏美的教育内容，美育的目标是养成人格美，即培养成丰富的具有完美个性的人。美育的中心任务是使受教育者掌握美的规律，养成感觉美、鉴赏美、创造美的能力。体育运动中充满了许多种类的美，在体育教育中，贯彻美育原则可以使死板的记忆化为主动想象，可以把枯燥乏味的技术动作等化为生动美好的艺术形象，把师生之间单方面的灌输关系变成平等的相互交流的关系。这种将美育功能融入体育教学的教育行为不同于一般的教育，它对于美育的最大功效主要表现在以下几个方面。

①对美的教育更加直接和明显。体育教育的美育功能主要是通过欣赏或身体力行参与其中，感受到身体运动带来的美的塑造。在体育运动中不仅可使人体各种潜在的生理机能得以充分展现，并且能促使人们的体格变得更加强壮与健美，从而最终使人成为"健、力、美"的有机结合体。

②体育的审美教育。通过这种教育，引导受教育者自觉参与体育活动过程，并在这个过程中遵循美的规律，塑造出自己完美、和谐、健康的形体并造就人的优良品质，塑造人的心灵。

③培养美的情操、美的灵魂。体育教育在塑造人格美方面的教育功效更为直接和显著。学生在参加体育教学及其相关活动时得以亲身感受体育运动带给他们身心双重的健康效益。其中，对于心理方面的调适作用可使他们获得良好的心情，再加上体育运动中的一些项目需要团队配合进行等原因，这些都可以培养学生美的情操，感悟美的灵魂。

由此，高校体育教育的美育有更深层次的意义，以体育美育为途径追求德育、智育的目的。

（2）基础体育、高校体育及终身体育的互动作用。

基础体育是以身体练习为主要手段，通过合理、科学的体育教育和锻炼手段，达到增强体质与健康的目的。基础体育的范围包括学校体育与社会体育。高校体育实际上也是学校体育的一种，只是它的级别更高，内容更丰富，目的性更强。高校体育的最大意义在于培养学生的终身体育意识并掌握正确的运动方法，可谓起到承上启下的重要作用。但是即便如此，也不能单纯地就认为高校体育是基础体育的继续，两者之间实际上还是有差别的，只不过是基础体育的发展为高校体育教育提供了高起点，推动了高校体育的改革。

终身体育教育与高校体育存在互动作用，因此，高校体育应该把终身体育作为体育教育的终极目标，以培养学生的体育意识为己任，如此才能发挥高校体育在终身体育教育中的"桥梁"作用，这种"桥梁"作用的具体表现如下。

①高校体育是最高级别的学校体育，是学生身体教育的最后一站，是学校到社会的转折点和学与用的衔接点。在高校体育中，加强学生终身体育意识和技能的培养有利于学生获得终身体育带给他们的健康效益，并且通过意识与行为的传播，成为根植于社会之中的社会体育辐射源，成为大众健身的示范者和践行者。

②大学生处于身心发育较为成熟的时期，是接受教育、完善自我、实现个体社会化的最佳阶段。由于文化层次较高，理性及自主能力较强，在此期间，结合学生自身的兴趣、爱好及身体状况和专业特点，学习自我锻炼身体的知识、发展自我身体锻炼的能力、培养终身体育锻炼的习惯，必能收到事半功倍的效果。

4. 多元化高校体育教学方式

多元化的高校体育教学方式应秉承求真务实的态度，一切从实际出发，因地制宜、因人而异地开展体育教学活动，保证体育教学除了传授最基本的体育知识与技能外，还能对学生产生激励作用，满足学生不同兴趣、爱好的需要，使不同层次的学生都能提高，都能体验到运动的乐趣并产生成就感。多元化教学方式可以摆正以学生为主体、教师为主导的位置关系，将传统的教师一味地向学生灌输知识转变过来，切实将过去的"要我学"转变为"我要学"，从"学会"到"会学"，教师从单一的知识传授者变成了知识的引导者和启发者，这样可以让学生在教学中投入更多的智力与体力，促使身心健康发展。由于对所学的项目具有较强的兴趣，学生上体育课，感受到的是一种快乐，能在娱乐中学习。高校体育教育方式向多元化发展在培养学生技术技能方面成效明显，同时在潜意识中培养了学生的品德、自觉的行为规范，并促进其个性的发展。

第三节 高校体育教学改革应适应全民健身发展需要

高校体育教学承载着为国家输送身心全面发展的高素质人才的重担，同时作为我国体育事业的重要组成部分，是向社会体育过渡的衔接点。高校体育教学活动应当将实现全民健身作为最高要求来看待。然而，传统意义上的高校体育教学活动存在严重不足，主要表现为无视学生的实际需要，只按照既定的教学任务上课，将考试考核作为检测学生学习效果的唯一标准。《全民健身计划纲要》第七条明确指出："全民健身计划以个体国民为实施对象，以青少年和儿童为重点。"基于此，我国高校体育改革要不断冲破旧思想的牢笼，改变体育教学观念，以全民健身计划为切入点，以期取得更大的成效。

高校在为改革开放和社会主义现代化培养人才的同时，也要不断地更新教育理念，改变教学方法，与时代变迁和人们思想的转变相适应，特别是高校体育教学，应该将自身的价值发挥到极限。随着全民健身计划的深入开展，我国的体育事业也将迎来快速发展的新时期，在此基础上加大高校体育教学改革力度有着深远的意义。

一、全民健身计划要求下高校体育改革面临的问题

（一）高校学生缺乏自觉进行体育锻炼的观念

社会的快速发展，使得人们的经济生活水平有了很大提升，生活方式也发生了改变，贪图享乐、追求安逸已经成为人们的一种习惯，这也影响了高校学生对体育教学活动的看法。另外，从体制层面上看，高校体育教学活动仍然是在教师的带领下被动地进行体育锻炼，只要学生能够参加就能完成教学任务，这根本无法培养学生树立正确的体育观念。除了体育课、运动会，学生参加体育锻炼的机会非常少，而且多数学生也只是本着应付过去的心理，并不认真对待，体育锻炼的效果更是无从谈起。唯有让学生充分认识到体育锻炼的重要性，形成正确的体育锻炼意识，才能对全民健身计划的实行起到推动作用。

（二）高校学生体育锻炼的延续性与终身体育的阶段性

我国在推广全民健身计划方面遭遇的主要问题就是实际参与体育锻炼的人们缺乏延续性和终身体育方面出现阶段性。就高校学生而言，也同样如此。在校期间，学生的业余时间比较多，有进行体育锻炼的时间与精力，如果对其加以认真引导，会有很大的改善。但是一旦进入社会，走上工作岗位，进行体育锻炼的机会将减少很多，心有余而力不足的情况时有发生。工作和生活中的不如意和无可奈何将会消磨很多人的体育锻炼意识，即使工作单位配备了相应的体育锻炼器材和场地，但真正能加以利用的则寥寥无几，体育锻炼的延续性严重缺乏，更谈不上实现终身体育的要求。很多人都要等到退休之后再继续体育锻炼，在不知不觉间浪费了人生的黄金时间。因此，高校体育教学改革要注重对学生终身体育理念的培养，不要把进行体育锻炼当作一种负担，可以随时扛起或放下，而是要终身伴随左右。这不只是高校体育教学改革的重点，更是实施全民健身计划所要解决的问题。

（三）高校体育教学内容与全民健身内容的不相符合

高校体育教学内容多年来一成不变，跟不上时代发展的要求，不仅使高校体育的发展具有明显的滞后性，还让高校学生对体育锻炼失去了兴趣，对于全民健身计划的开展也起到了阻碍的作用。因此，高校体育改革要把体育教学内容的更新作为重点，使其以新的面貌与全民健身计划顺利接轨。

二、全民健身计划要求下的高校体育教学改革内容

（一）增加体育教材的实用性

高校是学生接受正规体育教育的最终阶段，按照全民健身计划的要求，高校在进行体育教学活动时，不能单纯以学生在校学习期间的教材选取为基准，还要考虑学生的未来和社会发展的趋势，要努力把学生打造成有着体育健身追求，面临社会生活的各种挑战都能积极面对的合格人才，并且能够成为全民健身的中坚力量。

因此，要根据现实需求，在体育教材选取方面增加实用性，使学生所学的知识、技能广泛应用于现实社会，让他们在心理上得到满足，在精神上得到慰藉，为终身体育理念的形成奠定良好的基础，推动全民健身计划的顺利完成。

（二）提高教学内容的娱乐性

高校体育教学活动可以完全摒弃过去那种复杂、难懂的教学内容，选择一些简单、容易、娱乐性强的体育知识和运动技巧，将学生带进体育锻炼中，根据不同学生的兴趣爱好，加入滑板、攀岩、登山等休闲体育项目，寓教于乐的同时既增强了学生的自信心，也促使学生领悟到勇敢、无畏的体育精神，为学生终身坚持体育锻炼找准方向。

（三）调整体育课程设置

高校体育教学活动中要改变以往只注重锻炼方法和技巧的讲授，要加入一些理论知识和健康知识以及体育鉴赏方面的课程学习，使学生不仅能掌握体育技能，还能通过体育课程的学习认识自己、感悟生活，为全民健身计划和终身体育提供理论指导。

（四）创设优良的教学环境

在高校体育教学活动中，对于教学环境和教学设备的要求也很高，这对学生进行体育锻炼有着很强的吸引力。因此，高校体育教学改革要为学生创设优良的教学环境，增添体育器材，激发学生对体育锻炼的浓厚兴趣，以满

足全民健身计划的需求。

三、全民健身对高校体育教学改革的意义

（一）学生进行体育锻炼的积极性有了明显的提升

全民健身计划引起了很多人的关注和响应，这种普及程度也必然会引起高校学生的关注和思考，尤其是那些对体育锻炼一直热衷的学生，他们会将自己在体育锻炼中的收获向他人讲述，以自己的实际行动去影响和带动他人。这是比机械地说服教育更有效的方法，能够有效地增加参与体育锻炼的人数，激发学生对体育学习的积极性。高校体育教学改革应该充分发挥全民健身所具有的促进作用，传播体育锻炼的知识，丰富学生的文化生活，使学生养成积极进行体育锻炼的好习惯。

（二）学生进行体育锻炼活动的内容变得丰富多彩

高校体育教学改革配合全民健身计划把增设体育场馆、扩大体育锻炼场地的要求作为一项重要任务，给予了高度的重视。新建的体育场馆配套设施齐备，而且每个体育项目都有专职的教师对学生进行指导，学生可以依据自己的喜好进行选择。户外体育锻炼场地，除了指导教师外，避免学生受伤的保护措施也完善了许多，使学生可以放心地进行体育锻炼，满足身心发展的需要。

（三）学生进行体育健身的意识不断增强

高校体育教学改革让学生体验到了体育锻炼的魅力所在，有了战胜困难的决心和勇气。社会发展产生的激烈竞争不仅会带来生存的压力，也会使身心的素质和承受能力下降。体育锻炼作为缓解压力、改善心境的一种方式逐渐被高校学生所接受，尤其是全民健身计划实施以来，他们的思想观念也有了一些转变，不再只将体育锻炼当作一种生活方式，而是一种对于健康来说不可缺少的投资，是学生未来生活中必备的一部分。

第四节　素质教育与高校体育教学改革

素质教育下的高校体育教学总目标是由新时期、新理念下国家对人才的最新要求决定的。当前，我国高校体育的总目标基本是围绕增强学生体质、培养学生体育运动的兴趣和学习意识，让学生充分具备良好的运动能力和思想道德品质，从而促进学生的身心健康全面发展，让学生成为具有现代发展精神的新一代社会主义建设者和接班人。

一、高校体育素质教育的内涵意义

高校体育素质教育的主要目的在于重点培养学生体育方面的内在素养和与体育相关的综合品质，始终以培养学生的身心健康和谐发展为主要教学目标，着重以强调高校体育知识的内化性和促进学生身心健康发展为主要教学理念。很多学者认为，高校体育素质教育是一种新型的教学模式，但高校体育素质教育是一种新的教学观，它的存在是为了弥补传统高校体育教学的不足。高校体育素质教育是一种促进学生全面发展的教育，它在一定程度上揭示了我国高校体育教学的终极目标，其深刻的内涵意义是非常值得广大体育教学工作者深入思考的。高校体育素质教育的主要内容是以培养学生的创新精神和创新实践能力为主旨，从而培养学生的体育综合能力。素质教育，可以说是一种前卫性的教学体系。它主要以强调教育的未来为主，通过一系列的教学教会学生进行自主学习，并将学到的知识运用到社会中去，而高校体育素质教育简单地说就是帮助学生从根本上得到质的提升。很多高校体育教学工作者估计都会有类似的体会，传统的示范性或者是传输性的体育教学模式已经不能很好地适应现在的教育，教师与学生之间的简单、草率的体育知识传递已经满足不了现代社会的要求。因此，打破常规体育教育，为学生创建适应时代发展且具有前瞻性的新的教学模式——高校体育素质教育融合模式，已是迫在眉睫的教学任务了，其现实意义和价值意义也不可估量。

二、当前高校体育教学的特点

高校体育教学虽说不同于中小学体育教学，有着其本身固有的教学特点，但是很多东西还是值得广大体育教学工作者思考的。目前，高校体育教学的特点如下。

（一）体育教学必须满足学生生理特点和心理特点的需求

正处于青春期发育关键时期的高校学生，他们的身体可塑性以及骨骼发育、体形变化、内脏等方面都较之前有了很大变化。除此之外，学生的心理也变得极其敏感。根据学生的这些特点，高校体育教学工作者就必须在日常教学过程中，为学生合理安排适宜的运动量。不仅如此，对学生的早操以及与体育相关的教学活动都要有合理的安排。与此同时，高校体育教学工作者在体育教学过程中还应注重学生个性的养成。针对学生的个性教育，体育教学工作者可以将学生思想品德方面的教育融入体育教学过程中，加强学生在体育知识和体育技能学习过程中的挫折教育。这样不仅可以更好地培养学生的鉴赏力、创造力，而且可以培养学生的责任感和团体合作精神，从而帮助学生树立良好的、积极向上的健康心理。

（二）高校体育教学必须满足不同专业学生的特点需求

高校教育是与社会相挂钩的，因此高校体育教学在为社会培养优秀人才的时候，就应该根据不同的专业特性为学生设置相应合理的体育教学内容，从而帮助学生增强对自身专业能力提升的适应性。例如，文秘、计算机、国贸等办公型专业的学生，他们大多长时间地伏案于办公桌或者电脑旁，这类学生的精神警觉性一般比其他专业的学生要高，体育教学工作者可以根据这类专业学生的特点对学生进行网球、健美操等辅助性的体育锻炼项目训练。而建筑、医疗、通信等直立型专业的学生，这个专业的特点基本都是以长时间的含胸站立为主，时间一长很容易导致各个器官的负担加重、血流不顺畅，因此对这类专业的学生，要在日常教学过程中为他们增加游泳、乒乓球等项目的训练，从而帮助他们减轻痛苦。而旅游、报关、营销等运动型专业的学生，他们大多以高强度的劳动为主，时间久了会导致心脉等功能产生负压。针对此专业学生的特点，教师可增加提高他们耐力的运动项目，如武术、长跑、游泳等。

三、素质教育下的高校体育教学改革定位策略分析

（一）确立教师与学生的角色定位

要想更好地促进素质教育的融入，只有通过对素质教育的再认识，才能更好地发挥素质教育在高校体育教学过程中的最真实效果。那么怎样对素质教育进行更好的再认识呢？首先，高校体育教学虽然与其他学科有着很大的差异性，但是任何学科都是相通的，任何学科都存在两个教学主体——教师与学生。在体育日常教学过程中，我们大都将教师称为教学的主导，而学生则是教学的主体，两者之间有着紧密的联系。要想让每节课都能达到预期的教学效果，就要求教师与学生在课堂教学过程中始终保持相互信任、相互帮助、相互尊重的关系。那么如何与学生保持这种似近非近、似远非远的关系呢？这就要求体育教师要在不断提升自身专业技能的同时，去帮助爱护每一位学生。这样一来，学生在教师情感的熏陶下就会很容易接受这位教师给学生制订的一些教学计划和教学任务，那么教师教学的主导性作用就被体现得淋漓尽致。其次，高校体育教学工作者还要始终坚持将现代体育教育的思想作为教学工作开展的主旨。通过现代体育教育知识的熏陶，在教学过程中不断寻找新的教学方法和新的教学突破口，确立教师在教学过程中的主导性作

用和学生的主体性作用，从而为学生构建良好的体育学习环境，为学生组织科学的体育教学活动，逐步构建新型的学生主体性高校体育教学模式。

（二）改进高校体育教学方法，全面贯彻素质教育

1. 为学生创设良好的体育教学情境

我国素质教育的核心就是让学生在快乐的学习中获得成功的经验，但是大多数学生对体育教学训练项目的单一性和体育动作的危险性产生了惧怕心理。对此，需要体育教学工作者为学生创设一种自由的、良好的学习环境，然后以自身完美的师范为表率，消除学生的畏惧心理，让学生可以亲身体验到体育运动带给他们的快乐。

2. 减轻学生的体育教学负担

我国体育教育的主体性保证了来自教师通过教学让固有的知识点变成学生渴望得到的知识点，让体育课堂教学与课外延伸教育可以紧密地联系在一起。要想更好地将素质教育融入高校体育教学过程，就要求体育教师在一定程度上为学生制造一种挫败感，打破学生的心理平衡，从而让学生寻求一种新型的平衡。这样一来，就可以让学生的学习注意力更加集中，真正起到牵一发而动全身的积极作用。

（三）改革高校体育结构体系，营造良好的素质教育氛围

目前，我国高校学生的基本素质不容乐观，加之高校现有的体育设备设施还不算完善，实施选择性的体育项目教学已着手开展起来。虽说是选择性的项目教学，高校也应努力强化学校体育方面的师资力量。只有这样，才能保证每位学生都能很好地参加学校组织的公共体育教学活动。除此之外，还要满足学生个人喜好的特殊要求，帮助学生掌握一种或者更多种体育项目，从而促进学生个性的全面发展。虽说选择性的教学对学生的体育专业知识学习有很大帮助，但是为了可以更好地将素质教育融入高校体育教学过程，学校开展多种形式的教学活动也是不可或缺的，如体育学术交流、体育项目比赛等。只有将课内和课外的体育活动紧密地联系在一起，才能真正提高学生对体育专业知识和技能的接受能力。

（四）注重高校体育教学的实用性

高校体育教学是学校更好贯彻素质教育的重要渠道之一，高校素质教育的实施与高校全面实施素质教育的关系相对较大。目前，我国高校体育教学改革的主要目标就是在坚持竞技体育为主的教学内容下，多为学生增加娱乐、休闲型的体育项目，让学生在上学期间可以通过体育教学活动更好地认识自己，为学生的终身教育打下良好的基础。与此同时，教师还要对传统的体育

教学模式进行突破，逐步为学生创设愉快的体育教学模式，以便提高学生的身心健康水平，从而更好地在体育教学过程中贯彻素质教育。因此，高校体育教学要注重教学的实用性，因为只有让学生通过自身的探索真正喜欢上体育，才能提高学生的体育综合素质。不仅如此，在教学过程中还要让学生从事的体育活动可以更好地适应社会对人才的需求，从而更好地完成工作任务。这不仅是高校体育教改亟须解决的问题，也是高校体育素质教育实施的必然要求。

高校体育教学是大学教学阶段中的重要组成部分，其主要教学任务就是让学生通过自身的努力更好地掌握体育的专业知识和技能，提高学生生理和心理的承受能力，培养学生吃苦耐劳的精神，从而使学生身心健康，养成终身教育的良好习惯。高校体育教改虽是一项艰难的任务，需要广大体育教学工作者不断地探索创新才能有所突破，但是素质教育下的高校体育教学改革前景却是一片光明的。

第三章
大学生体育教学方法的改革研究

第一节　传统高校体育教学方法的弊端

一、传统体育教学方法概述

所谓传统体育教学方法模式，是指向学生传授体育的基本知识、基本技术和基本技能为指导思想，以此来达到增强学生体质、增长学生体育健身理论知识的教学目标，教学组织形式采用以行政教学班为主，上课时间、内容和教师相对固定的教学过程结构和教学方法体系的教学程序。传统体育教学方法模式也有其自身的优点：能注重发挥教师的主导作用，使学生能够较为扎实地掌握体育的基本知识、基本技术和基本技能，对促进教学规范化，培养学生的意志品质和集体主义精神等也能起到积极的作用，然而这种教学模式的弊端在教学过程中也是显而易见的。

二、传统的高校体育教学方法的弊端

（一）经验化教学思想

体育教师自身的习惯使其在多年的教学实践过程中，在不自觉中形成一种符合自己特点的教学模式。虽然在一定程度上能够促使教学活动顺利进行，但是却束缚了体育教师的思维方式，使教师陷入条框之中，容易影响体育教学方法的改革和创新，并限制了学生的思维和想象力，使其失去了对体育课的兴趣，没有达到体育教学方法所要求的多种教育目的。传统教学模式在学校教育中几十年不变，容易影响体育教学方法的改革和创新。在学校教育正朝着素质教育全面推进的过程中，学校体育教育需要总结过去，放眼未来，转变观念，勇于创新，在实践工作中找到突破口，完成素质教育赋予我们的重任。

（二）过分强调课堂结构

受传统习惯的影响，体育教师在上课时一般采用"四部分"的结构模式：

开始部分—准备部分—基本部分—结束部分。这种结构从形式和内容上过分突出基本部分的作用，而忽视了其他部分的教育和培养作用。教师在实际操作中也被限制了手脚，一味地追求时间在各个部分的合理分配，以达到整节课在结构上的平衡，从而影响教学质量。

（三）传统的模式不适应现代大学生的心理和生理的发展需要

高校大学生的心理和生理都已经接近成熟，好奇心强，对新鲜事物易产生兴趣，思维敏捷，有自己独特的见解，对教师的教学等方面都提出了较高的要求。我们本来可以利用这些因素有针对性地加以突破，但是传统教学模式的条条框框，无形中影响了教师的创造性，使得课的形式单调，同时也把学生的主动性和创造性限制住，影响学生的个性发展。

（四）传统的授课模式不能和素质教育所要求的教学目标相适应

现代教育注重学生的个性发展，而我们的任务不仅是要让学生的身体好，更重要的是把学习和锻炼的方法教给他们。面向全体学生，让他们掌握方法，通过正确的身心教育培养良好的道德品质，养成良好的行为规范，发展人际关系，开发学生认识事物的能力，掌握对美的认识和理解。

传统型体育教学方法的主要特征是以教师为核心，忽视了学生的主体性。在体育教学方法的价值上，表现为重视功利性价值，忽视非功利性价值，学生主体性发展受到了限制；在体育教学方法目标上，表现为"模型化"，试图用一个模子把所有学生制造成标准件，这从根本上否定了学生的独立性和创造性；在体育教学方法的任务上，表现为重视知识传授，忽视个性发展，这种教学任务观的核心是"唯书""唯知"；在体育教学方法上，表现为注入式教学，赶任务、赶进度，教师强行灌输，学生被动接受，学生毫无乐趣可言，学生的主动性和积极性被压抑了；在体育课程上，表现为课程结构统一化。必修课多，选修课少，课程设置又受场地、器材和设备的极大限制，难以满足学生的实际需求。

三、传统体育教学方法的发展趋势

随着时代的发展，传统体育教学方法已经在某些方面限制了高校体育教育的发展。要适应社会需求，满足学生的健身、娱乐需要，对高校体育教学方法进行改革已迫在眉睫。

（一）现代体育教学方法要引进激励机制

体育教学方法模式即体现一定的体育教学方法思想，并具有相对稳定结构和功能的体育教学方法的活动策略或简化的操作模型。传统的教学方法已经逐步被发展学生自主能力和乐趣为主的新方法所取代，要彻底改变学生喜欢体育而不喜欢体育课的不良局面，使教师有更多的主动权去选择教材教法。近年来，随着新思想的不断涌现，传统教学模式也将随着时代发展被新的教学方式所代替。

体育课教学以"健康第一"为指导思想，应从培养学生的兴趣着手，有了兴趣才能使学生有体育爱好。有了爱好就能培养学生运动的特长，有了爱好与特长就能使学生养成自觉参加体育锻炼的习惯，才能真正使学校体育起到"终身体育"的作用。

（二）体育教学方法模式将朝着多样化的方向发展

建立体育教学方法模式是体育教学方法的需要，从发展的角度来看，突破课堂教学模式，也是教学的需要。我国现有的体育教学方法有"发现式教学""快乐式教学""小集体式教学""成功式教学"等模式，发展趋势也由单一性教学模式向多样化教学模式、由以"教"为主体向以"学"为主体教学模式、由简单罗列教学模式向着演绎法与归纳法并举的教学模式、由短期行为向终身体育能力教学模式发展。我们建立的模式不是体育教学方法改革的"终极"模式，它还应随着我们对素质教育改革理解的深入不断发展。因此，从发展的角度来看，突破教学模式，也是教学和研究的需要，"建模"是为了"无模"，说的就是这个道理。

新理念指导下的体育课堂教学给予了教师更多发挥的潜能、探索创造的空间。"情境教学""游戏化教学"的运用，"合作学习""探究式学习"方法的尝试，给体育课带来了新的生机与活力，充分体现了以人为本、以学生发展为中心的教育理念，学生的综合能力得到了提高。但是，在课程改革过程中，尤其是在一些评优课、观摩课中出现了一些让人困惑的问题，如过于宽松的学习环境使学生遵守纪律的意识淡薄化，过分追求形式化的体育课造成学生体能下降等。有一些体育课甚至出现了"走偏"的现象，背离了体育课程改革的初衷，值得广大的体育教师深刻反思。

第二节　体育教学方法改革的意义

对于任何学科的教学来说，教学方法都不可或缺，其直接决定着教学的最终成效。体育教学方法是体育教师为学生上课的重要条件，是将体育知识与技能传达给学生的载体，也是教学改革的最佳切入点。伴随着教育的现代化以及教学改革程度的不断加深，过去的教学方法已经不合时宜，不但无法满足学生的真正需求，也与时代发展严重脱节。基于这种情况，对体育教学方法进行改革已经是大势所趋，所有体育教师都应该积极摸索与尝试，寻求更加科学高效，同时具有现代感的教学方法，从而真正实现体育教学方法的改革。

一、改革教学方法的必要性

教学方法对教学成效的影响很大，所以教学改革的最重要切入点就是教学方法。在国家大力提倡素质教育的大环境下，教育注重的是培养学生的创新精神以及训练，并提升他们的实践能力，而且强调学生在教学过程中的主体性。其实，教学方法只是教师教学的直接表现形式，决定教学方法的是教学理念，只有教师摒弃原来守旧的教学理念，接纳现代化的教学理念，才能改革自己的教学方法。实际上，虽然素质教育推行已久，但是在教学过程中仍然有很多体育教师还是沿用以教会学生知识、技能为核心，以课本为基础的"一言堂"式教学法，完全没有体现出学生的主体性，将学生摆在被动知识接受者的位置上，严重限制了他们的创新思维发展。假设不改变这种教学方法，那么体育教学方法就不可能脱胎换骨，不可能激起学生学习的兴趣，不可能达到现代教育的要求，最重要的是，培养出来的学生也不具备社会需要的优秀素质。但是，毕竟原有的教育理念已经深深植根于广大体育教师心中，所以想要改革教学方法一点也不容易，可这是教育进步的必然选择，因此必须不遗余力地推进。

（一）改革教学方法的途径

1. 改变教学理念

理念是人所有行为的指引，由此可见理念的重要性。教学理念也是一样，其直接决定教师的教学方法，指引着教师的教学方向。所以，需要借助改变体育教学的方法理念，来促进教师改革教学方法。体育教师应该改变自己的教学理念，挣脱原有教学理念的枷锁。在强化现代体育教学方法理念之后，改革自己的教学方法。也就是由过去的那种以教师、课本为基础的教学理念，改变成以突出学生主体性为基础的教学理念，把过去那种以教会学生知识、技能为核心的教学理念，改变成注重学生创新能力培养的教学理念。

2. 营造平等融洽的师生关系

教学是一个双向过程，是教师和学生的互动过程，教师引导学生了解与掌握教学内容中的知识，学生则依照教师的指引理解与消化知识。换句话说，成功的教学方法必须能够完美地协调教师教学与学生学习之间的关系。可是，在实际教学过程中，很多教师都认为自己是权威的知识传授者，是课堂的主体，学生则是被动的接受者，必须接受教师的安排，按照教师布置的方式学习与思考。这种错误的认知不但剥夺了学生的主体地位，而且严重打击了他们学习的主动性，让他们更加被动拘束，为良好的师生情感交流设下障碍，从而降低教学成效。只有教师真正认识到学生的主体性，并在教学过程中突出学生的主体性，和他们平等地交流与探讨时，学生才会感受到学习的乐趣、提升学习的主动性、充分发挥潜能。这种平等、融洽的师生关系，能够让教师和学生处在对等的位置上，从而最大限度地发挥教学方法的作用，改善教学效果。

3. 注重学生创新能力的培养

现代教育注重的是培养学生的创新能力，也就是通过学习充分激发出他们的创造潜能。社会发展虽然为我们带来了更加富足的生活，但同时让就业竞争变得更加激烈。今天社会需要的是专业知识过硬的创新型人才，因为他们不但能够胜任日常的工作，还能够在遇到问题时通过分析与思考，找出最佳的解决办法，从而不会因为一时的困难而影响了工作效率，甚至还有可能通过创新完善现有的工作流程以及方法。这就要求学校在教学过程中，一定要重视对学生创新能力的培养。

可是，当前很多体育教师在教学的时候，还是会有限制学生创新思维发展的情况，他们往往只关注学生的考试成绩，而不重视学生发现、分析以及解决问题的创新能力培养，导致教出来的学生"高分低能"。这样的学生将来走向社会要怎样在激烈的竞争中生存和发展呢？所以，体育教师应该改变过去那种僵化刻板的教学方法，从过去的知识传播者转变为学习引导者，将枯燥的课堂转变为快乐的课堂，构建能够激发学生学习兴趣与主动性的教学情境。体育教师需要积极采取具有启发性的教学方法，引导学生独立思考，让他们带着目的去学习，并在学习过程中训练创新思维能力，从而在分析问题的时候能够从多角度出发，创造性地解决这些问题。

4. 吸收原有教学方法的精华

原有的体育教学方法也是通过教学实践以及经验总结出来的，所以必定有其精华的部分。进行教学方法改革绝不代表将它们都一并否定了，相反，还要吸收这些教学方法中的精华。每个社会发展阶段都有最适合自己的教学方法，随着时间的推移，这些方法中的一部分会被淘汰，再有新的内容加进来，然后不断重复这样的过程。可是，不管是哪种教学方法都有其存在的理由，所以体育教师在改革教学方法的时候，应该取其精华、弃其糟粕。这样不但有助于实现教学目标，还能推动素质教育的全面发展。教师一定要注意进行教学方法改革，应符合时代发展以及素质教育的要求，并在教学实践过程中对教学方法进行微调，让其与教学的终极目标完全贴合，从而提升教学成效。

综上所述，为了更好地响应素质教育的号召，体育教师应该积极转变自身的教学理念，注重营造融洽平等的师生关系，积极汲取原有教学方法中的精华，寻求改革自身教学方法的途径。同时，还要在教学过程中注重对学生创新能力的培养。只有这样，才能提升学生的综合素质，为社会培养出满足发展需要的创新型人才。

（二）体育教学方法改革的意义

《体育与健康课程标准》（以下简称《标准》）为全国的体育课程教学改革提供了指导思想，同时也为每位体育教师对体育课程的教学改革及课程开发提供了绝好的机会。有许多体育教师都在探索新《标准》发展思路的手段和方法，但是，也会有一些人在体育课程教学改革《标准》的理解上有这样、那样的问题，从而导致《标准》不能正常地发挥作用。

1. 以"健康第一"为指导思想，促进学生的健康成长。加大体育教学方法改革的力度，不流于形式

《标准》以促进学生的整体健康水平的提高为目标，即身体、心理、社会的三维健康观，融入了诸多学科领域的有关知识，如心理、生理、环境、社会、安全、营养、保健等，构建了技能、认知、情感、行为等领域并行推进的新课程结构。

《标准》的正确实施就是要真正关注学生健康、锻炼和卫生习惯的养成，把增进学生身心健康始终贯穿于课程实施的整个过程。目前，在学校教学过程中应试教育还比较严重，体育也不例外，学校体育大部分还以身体素质达标和竞技体育为主。

有的学校为了提高升学率，减少体育课时量，甚至牺牲学生的课外体育活动时间，占为他用，导致满足不了学生每天一小时的体育活动需求。还有的学生为了考取高级学校，明知自己的身体素质不行，还要刻苦练习，严重摧残了自己的身心。学校体育教学不单单是通过练习增强身体健康，还要起到调节学生心理的作用，增强学生对陌生环境的适应能力。在体育教学过程中，让学生感到体育课是快乐的，而不是一种负担。我们要把学生的健康放在第一位，下大力气使教学改革不流于形式。

2. 打破旧的体育教学方法模式，建立新的体育评价体系

以往的体育教学方法模式单一，过于强调体育教师的主导地位，而忽略

了学生的主体地位，压榨了学生的发展空间，着重于身体素质和竞技体育，侧重运动技术，忽视了其他方面，如心理、社会适应、学生的创新、不同需求、个别学生的身体体能等诸多方面。

在学生的体育考核中不能区别对待，如个体差异、先天条件、兴趣爱好等，且容易造成差生的心理波动，如抑郁、自卑、害怕、沮丧，甚至对体育失去兴趣，影响同学间的交往及终身体育习惯的养成。

《标准》的实施对教学做了很多具体的说明，把学生健康发展放在了首位，提高学生自学、自练的能力，营造一个师生互相学习、互相观察、互相帮助的体育氛围，为学生提供机会突出创新教学，突出学生的个性，培养创造力和竞争力的尝试学习。发挥信息技术的优势，让学生收集综合社会信息、体育信息，培养学生的锻炼习惯和社会健康问题的责任感。发扬民主，鼓励大胆创新，听取学生的意见，改进教学，提高兴趣，把"要我学"转变为"我要学"。

另外，还要建立新的体育评价体系，做到客观公正地评价学生，让每个学生都受益。在建立评价体系的过程中，要侧重于学生学习成绩评定形式的研究。在评价学生的成绩时，除了身体素质外，还要考虑学生的出勤、态度、创新、自我锻炼的能力、进步的速度等因素，让每个学生都能看到自己的闪光点，确保每个学生受益。可以采用体育理论和实践相结合的方法和教师观察、测验、自我评价、互相评价的综合方法来评定。

3. 以学生为主体，教师为主导，引导学生发挥自身的优势，激发学习的潜能，做到师生互动

"学生为主体，教师为主导"，并不是在教学过程中学生想做什么就做什么，而是在教师发挥主导作用的同时，要特别突出学生的学习主体地位。在教学过程中，不要过于统一标准，因为学生与学生之间是有个性差异的，要多给学生动脑、动手、动嘴的机会，鼓励自主学习和尝试创新学习，同时教师要积极参与，善于启发诱导学生发现问题、解决问题，激励学生前进，体验到收获的喜悦，使其增强自信。例如，在课上的准备活动中，教师可以提出要求，让其在规定的时间内自行活动，并且教师要积极地全面参与，与学生互动，既可以拉近师生关系，又可以更好地完成教学。

4. 深化教学及课程结构和内容，利用各种因素、手段，为体育教学方法改革服务

体育与健康课程是对原有体育课程进行深化改革，突出健康目标的一门课程。也就是说，要打破传统的单一教学，结合教学改革精神，树立"健康第一"的指导思想，从关注个体差异和不同需求出发，制定出符合教学改革，

符合学生成长的有特色的教学体系。新大纲加大了选修课的比例，必修课程与选修课程各占 50％，其中选修课程分为限选和任选两个部分。再说一下选修课程，选修教学有较大的灵活性，应根据确定的体育教学方法内容、本校情况以及教育性和安全性，从实际出发，有针对性地选用。在教学计划中还要注重某单个项目的层次性。在体育与健康课程实施过程中，光靠体育教师是远远不够的，要发挥最大的能量，注重人力、设施资源的开发。我们可以动员班主任，有体育特长的教师、学生、校医及当地校外的体育名人为教学改革服务，起到督促、帮助、榜样的作用。设施资源是加强素质教育、提高教学质量、增进学生健康成长的重要保证，体育教师要与领导多沟通，结合实际，有计划、有步骤地配齐体育器材，并使其发挥应有的作用。

5. 在教学过程中，注重学生心理和社会适应能力的培养，并且把这一点作为重中之重

体育活动对增进学生的心理健康、发展学生的社会适应能力都有独特的作用，并且《标准》把这两个方面都作为重点。在教学过程中，体育教师不能只传授运动技能，忽视心理和社会适应这两个方面，要有意识地创造一些专门的情景，采用一些特别的手段来促进学生的心理和社会适应的发展。

在注重学生心理的同时，还要提高学生的自信、意志品质，更要教会学生如何调控自己的情绪，了解体验体育活动对心理状态的影响，并且学会运用。在社会适应方面，包括合作、竞争意识、交往能力、对集体和社会的关心和责任感等。这些还不是最主要的，最主要的是这些能力的迁移，把这些能力运用到生活、学习当中去，使学生终身受益。

二、体育教学方法改革措施

1. 利用游戏比赛形式培养健康心态

游戏比赛在小学体育教材中占有相当的分量，通过游戏教学能培养学生的创新精神、竞争意识、团结合作、热爱集体和遵纪守法等优良品质。而这些优良品质正是一个人健康心态的集中体现。游戏深受学生的喜爱，也为教师开展心理健康教育提供了良机。例如，在游戏比赛中一些个性较强的学生因不服输而与对方发生了争执，甚至"动武"，也有失利组的学生互相埋怨，导致受指责的学生委屈难过而退出比赛。这样一来，不仅影响了游戏教学的正常进行，还伤了同学之间的和气。这时，教师要抓住这一契机，耐心地教导学生特别是有偏激倾向的学生认识游戏比赛的意义，正确看待比赛的成败，批评有碍团结的不良倾向。同时，还要与学生一道分析造成失败的原因，找出制胜的有利因素，最终使学生化"沮丧"为"振奋"，以积极的心态迎接新

的挑战。

2. 培养善于接受意外事实的能力

任何人从事任何事情都不可能一帆风顺、事事如意。同样，学生在体育学习中，也难免遇到挫折。比如，在一场班级拔河比赛中，因教师发现一名外班的学生参与了某班的比赛，故大声斥责，结果使该班的学生转移了注意力而导致失败。这种由于外在因素造成的失利使学生难以接受，情绪非常激动。对于这种意外事情的发生，教师要主动向学生说明真相，讲清道理，充分肯定他们的实力，保护他们的自尊心，并提供再赛的机会。同时，还可以通过我国运动员参加世界大赛出师不利的典型事例来教育学生，使学生了解任何比赛都可能存在一定的意外，包括裁判不公等，培养学生接受意外事实的能力。

3. 利用小组活动的形式，培养乐于合群的性格

性格是个性的核心要素。良好的性格对于学习具有重大的影响，与人际关系和心理健康有着密切联系。小学阶段是性格的形成期，我们应当通过体育教学方法培养学生良好的性格，使他们乐于交往、兴趣广泛，与人和谐相处和积极进取。如在体育分组活动中，常会发现个别学生不愿意参加活动，只是坐在一旁观看或四处走走，询问为何，大家都强调客观原因。经深入调查才得知是因为性格孤僻而导致不合群。针对这一情况，教师可亲自出马，带领不合群的学生一起参加小组活动，指导小组活动方法，并在巡视中不时地过问该小组中每个成员的活动情况，及时表扬小组成员取得的成绩，使不合群的学生增强信心、融入群体。此外，还可创设两人合作的游戏比赛，让这类学生在愉快的气氛中与同伴打成一片。这样日积月累，持之以恒，就能帮助学生培养良好的性格。

4. 培养创新精神和实践能力

创新精神和实践能力是衡量学生心理健康的一项重要指标。因为一项创新活动的完成，必须具有充沛的体力、饱满的精神和乐观的情绪。为此，体育教师在教学中应通过多种手段培养学生活跃的思维、丰富的想象力及运用知识的实践能力等。比如，教材的安排要体现健身性、趣味性和实用性，以促进学生生理、心理和精神等方面的提升，获得成功和愉快的体验，使他们热爱体育，增强自尊心和自信心。此外，还可通过教学方法的创新，开发学生的潜能和完善人格，培养学生自学、自练的能力，并给学生营造合作学习的氛围。同时，为学生提供机会，培养他们的创造力、竞争力。

第三节 体育教学方法改革的影响

一、体育教学方法改革对终身体育的影响

在我国，一般的普通体育教学方法每周仅两学时。如果只是依靠每周一个半小时的体育课，而没有其他课外时间进行自我有效的锻炼，也不能有效保证学生增强体质，促进体质的健康发展。在校期间如果不能养成良好的锻炼习惯，不能建立真正的终身体育思想，就更不能谈及将来走上社会之后的自我锻炼了。因此，培养学生终身体育的能力和习惯，树立终身体育的观念具有重要意义。终身体育教育，能够影响到学生今后的发展，这些影响可以从以下三个方面进行分析和阐述。

（一）体育教学方法改革影响到了教学的思想观念

体育教育作为教学的出发点，在具体实施过程中，表现出很强的统一性和规范性。在传统的体育教育中，为学生所提供的服务管理是被动的、僵化的、有限的，而现代体育运动教学要求为学生提供的服务管理，是主动的、开放的、适应时代发展需求的。正是由于两者之间具有的差异，才为体育教育提供了整合的契机。传统的体育教学方法思想观念和现代体育教学方法的不同思想观念，是实行和推进终身体育教学方法改革的基础。

只有在体育教育实践中形成一种新的体育教学方法思想观念，才能在运行的管理机制上为体育教育服务管理填充进更多新颖的核心内容，进而从根本上解决体育教育发展中存在的很多问题，让更多学生在接受终身体育的思想观念中改变自己的思维模式，进而在终身体育教学方法改革中得到更多的益处。

（二）体育教学方法改革为学生提供了发展的平台

学生的终身体育，是现代社会的一种自主体育意识和观念，为学生的体育教育发展提供了一个相应开放性和时代性的平台，让学生能够充分地享受最新的科技发展并学习到最新的资讯，让学生的终身体育教育成为一个具有引领体育文化发展潮流的自由开放的体系。这个体育平台所具有的广泛性和包容性，可以为每个学生提供体育选择的权利，认清自己在体育上发展的目标和方向。通过这个体育平台，可以让每位学生的体育潜能和才华都得以展现。这个平台具有的可持续发展的广阔空间，能够让每个学生通过几年的大学体育学习，找到一把开发自己终身体育健康发展的钥匙，充分满足学生适

应时代体育活动变化的要求。

通过这个体育平台的教育，可以让学生和教师共同参与、执行、制订适合自己的健身方案、运动训练计划，在不断地摸索和实践过程中，形成各自不同层次和不同需求的体育健身训练计划。这也是学生在不断自我体育教育和接受体育教育的过程中，培养体育锻炼习惯、增强自主体育意识和能力形成的过程，同时也是学生增强体质、增进健康、储存体能的过程。因此，体育运动平台是培养学生保证终身体育，促进健康发展的重要方法和措施，是对体育教育能够顺利持续下去的一种保障。

（三）体育教学方法改革改变创新模式

体育教育改革发展，可供学生选择的内容变得多样，途径快捷、形式灵活、自主性高、手段先进是体育教育改革发展中普遍存在的事实。这种事实显示了学校体育运动的创新理念，是以强化学生的体质作为根本教学目标，说明了体育运动形式的开放性是构成体育教育理论的基础。体育教育理念的开放性和时代性，能够通过体育运动教学的形式实现与现代体育教育的圆满融合，进而形成终身的创新模式。这种创新模式改变了体育教育的职能，改变了以往传授的教学为导向，变成了以服务和管理为导向的职能模式的转变。

体育教育的职能不是为了完成任务，不是为了向学生传授更多的体育知识，而是有针对性地对学生的体育需求和发展前景提供更丰富的内容。服务管理是大学体育终身教育模式的核心，这种模式的转变是大学体育终身体育的必然要求，也是体育教育现阶段发展的特点。它改变了大学体育以往的管理模式，从体育教育封闭、机械、行政集权式的管理模式，转变成为一种开放、灵活、无边界的管理模式，并实现了网络化管理模式，通过网络建立起一系列的管理平台，如教学平台、监督平台、信息反馈平台、信息发布平台、体育资源平台等。这种网络管理的特点是打破了各种壁垒障碍，使体育教育的各个环节变得公开，学校里的体育资源和社会体育资源之间都可以互通互用，建立资源共享的关系，各个学院之间、各个体育职能部门之间、教师和教师之间、教师和学生之间都可以通过网络平台实现沟通和联系，让体育通过这种创新的网络模式真正丰富起来。

因此，体育教学方法的改革方向应该是以学生终身体育为宗旨，有针对性地对学生进行终身体育教育，不断增强和培养学生体育锻炼的意识、技能和习惯，逐步养成与掌握终身体育锻炼的习惯和方法，使之在体育教学方法中终身受益。因此，高等学校的体育教育，应以终身体育作为教学目标，让学生在体验体育运动中感受运动的乐趣，影响学生终身热爱体育活动。以

"终身化"的观念，在高等学校体育教学方法中为终身体育打基础，让体育运动在国内教育中深入人心，为学生未来的生活开创出更加美好的前景。

二、体育教学方法改革的未来

（一）构建完整的体育教学方法模式

包括教学思想、教学目标、教学结构和教学方法等诸多方面。实质上就是对体育教学方法过程的重新整合，其结构是否合理主要看教学的组织形式和方法是否适合学生的需要，是否最大限度地实现教学目标。体育教学方法明确应遵循和坚持指导思想，依据指导思想改革体育教学方法的内容与教材，改革体育教学方法的组成方式，让学生在不同的学段选择参加不同项目组合的教学班。

（二）树立"健康第一"的指导思想

学校教育要树立"健康第一"的指导思想，其实质就是"以学生为本""以培养和塑造学生的健康素质"作为实施体育教学方法的具体目标。体育教学方法要以培养和塑造学生的健康素质为主导，改变体育教育中以竞技体育为主的教学模式，培养学生长期坚持体育锻炼的兴趣和习惯，使其掌握体育健身的科学知识、方法和手段，提高他们的体育实践能力，为他们实现自身的持续发展打好坚实的基础。

（三）建立"以人为本"的体育观

"以人为本"的体育观是体育教学方法改革的重要理念。传统的体育教学方法单纯追求社会的本位目标，应强调社会的本位目标与学生的本位目标相统一。社会本位要求教学以社会为价值主体，满足社会的需要，把学生培养成社会所需要的人。学生本位要求教学应满足学生个体的需要，教学应以学生的兴趣、需要为出发点，让学生自由、自然地发展。只有二者有机结合才能真正达到实现教学目标的目的。

（四）丰富教学内容，提高学生对体育的兴趣

为了避免与学校体育的教学内容重复，体育教学方法的目标和任务应随着现代学生的体育需求而变化。学校体育的教学内容应把一些难度较大、技术比较复杂的体育项目进行简化，可以把几个体育项目综合成一个项目进行教学。在选修体育教学方法的内容上，学校应继续加强传统的篮球、排球、足球、田径、游泳等竞技体育项目的教学，羽毛球、网球、武术、健美运动、体育舞蹈等竞技体育项目也应充实到体育教学方法中。

第四节 高校体育教学方法的优化与创新

我国的高校体育教学长期以来一直是以技术、技能的培养为主导思想，以提高运动成绩为要求。到目前为止，这种传统教学方法已经不再适应学生的需要。高校体育如何适应新时期人才培养的模式，是大学体育教学发展的关键。

一、目前高校体育教学中存在的问题

（一）教育方法单一

当前，由于受到传统教育观念和思想影响的制约，很多高校的体育教师在开展教学活动过程中，往往存在着教学方法比较单一的问题。在教学过程中，依然以把体育技术传授给学生作为主要教育目的，在教学方法上依然表现为讲解、示范、练习等传统方式。

在这样的教学模式下，高校体育课程的教学效果可想而知。必须清楚地认识到，面对新的形势，高校体育教育的目标和形式已经发生了改变，原来那套传统的教学方法和教学形式已经不再适应新形势下的高校体育教学的要求。因此，广大高校体育教师的思想观念必须进一步转变，要在继承发扬传统体育教育模式长处的前提下，不断创新高校体育教学的方式，更好地为高校体育教学的开展和学生身心的全面健康而服务。

（二）实际效果不明显

如今的高校体育课的教学纲要，其实主要来自对原有体育课的深化与改革。所以，创新必然是高校体育课程的重点内容和任务。我们了解到，由于传统体育教学把规范化技能教学作为唯一的任务，因此很多教师都会选择学生可以在短时间内就能掌握的技能来开展教学。还有的教师在教学过程中过于追求技能的传授，对学生准确地完成体育动作和掌握体育技能过于重视，而忽视了学生观察、创新和自学的能力，这就使高校体育教学的目标发生了偏差，使得学生的学习效果不够理想。

此外，有很多体育教师在开展体育教学过程中，立足于创新的基础之上，采取了很多非常有效的教学方式和手段，对高校体育教学方法的改革起到了重要的推动作用。但是，同时也有很多高校体育教师过分强调课程的形式，在教学过程中并未注意到课程的实际效果，导致教学的实际效果并不明显，甚至有的教师为了彰显全新的教学理念，而在课堂中运用了一些高科技的体育教学，这样虽然能让学生觉得耳目一新，但是由于操作不便等缘故，实际效果也大打折扣。

（三）学生自我学习意识不强

由于传统意识的原因，很多高校体育教师习惯以教为主的教学模式。这种教学模式虽然在某些环节上有一定的效果，然而在培养学生主动学习、积极创新等方面存在很大的不足。直到今天，这样老旧的教学模式依然随处可见。在这种教学方法下，教师只会倾向于"大锅饭"式的教学，对学生的个体差异不够重视。然而事实证明，学生的个性特征既是他们心理健康发展的需要，也是现代社会中人才素质的基本要求。所以，高校体育教师应针对每个学生的实际情况，给予支持和鼓励。

二、影响创新的原因

（一）教师素质的原因

高校体育教师在教学素质上的高低，是影响体育教学创新的重要因素。学生固然是高校体育教学活动中创新的主体，但是作为调动学生积极性和帮助指导学生发挥自己能力的引领者，教师的作用依然是不可忽视的。教师能力的高低，可直接对学生的创造能力是否得到了充分的发挥造成影响。所以高校体育教师必须善于指导和帮助学生学习，善于掌握学生的学习与心理情况，不断诱导学生自身潜在的想象力和创造力，最终实现对体育教学方法的创新。

当前，我国大部分高校在体育教学方面的方法比较单一，体育教师的教学素质和教学理论不足，导致很多学生对体育教学活动的兴趣不高，创造想象力逐渐下降。针对这种情况，教师要给学生留出广阔的学习和参与体育活动的空间，使学生根据自己的爱好选择参与体育活动，这样才有利于发挥和培养学生在体育教学活动方面的想象力和创造力。

（二）学生自身的原因

影响高校体育在教学方法上有所创新的最主要因素，是学生自身的原因。学生对体育活动参与的积极程度、对某些体育活动的水平和兴趣、对体育活动是否有想象力等，都直接影响着高校体育教学活动的实际效果。就算学生拥有再好的天赋，如果不积极地参与体育活动，那么其天赋也就不能在高校体育教学中得到发展。

其中，学生对体育活动的兴趣是关键的一点，兴趣是最好的教师，其不仅是学生参加体育活动的动机，也是学生能够积极学习并进行创新的重要前提。如果学生对体育活动的兴趣得到了激发，他就会全神贯注地进行学习和锻炼，其意志力就能得到提高。如果在高校体育教学活动中学生善于思考，其能力就会在某些具体情况下表现出来，从而不断地开拓新的形象和思维。

三、创新高校体育教学方法的探讨

（一）学生创新意识的培养

实现高校体育教学的创新，重要策略之一就是对学生创新意识的培养。当前，高校体育教学的根本任务是发展娱乐与健身两种体育之间的有机结合。所以教师要培养学生积极自主学习的习惯，提高学生对体育活动的兴趣，使学生根据自己的爱好、能力来积极参加体育活动，这样才能促进高校体育教学方法的不断创新。

（二）改革教学方法

教师应该追求教学方法的实用性、新颖性和可操作性，改变一成不变的教学倾向，以激发学生的求知欲望。传统的以讲解示范和重复练习为主的体育教学方法已经不再适合当前的高校体育教学，教师应该摒弃传统的教学方式方法，结合学生的兴趣爱好，选择有利于学生身心健康和全面发展的教学手段。

（三）教学活动的有机统一

体育教学活动是一项教与学互相影响的活动，所以教与学的有机统一是对于高校体育活动进行创新过程中的必然要求。在体育教学活动中，如果只有教师的教学，而没有学生的参与，就不是完整的体育教学活动，反之亦然。在良好的体育活动中，教师必须把自己、学生、内容、方式等因素融合起来，在结合学生实际需要的前提下对教学方法进行创新。这就要求师生都必须积极地参与到体育的教学中来，以达到教与学的良好统一。

（四）关注学生的全面发展

关注学生的全面发展，是新形势下对体育教学活动进行创新的必然要求。所以，高校体育教师要努力让学生真正从教学活动中满足全面发展的需要，让学生看到希望。教师应当针对学生的不同情况，立足实际，着眼未来，努力让学生把基础打牢，寻找对学生最为适合的发展方向，力求使每个学生都在体育教学中得到发展和收获。并且要注重培养学生的价值观，学会将求知、健体、娱乐、审美结合起来看待，把理论和实际、课内教育和课外活动有机地结合起来，促进学生的全面发展。

（五）应用现代信息技术

在当今社会，计算机的普及与应用正在带来一场空前的发展，也给教育带来了历史性的飞跃。教学手段的现代化是教育现代化的重要标志，各个学科都在自己的教学活动中采用现代化的信息技术。体育是集身体锻炼和技能培养为一体的学科，信息技术在课堂实践教学中的作用和地位越来越重要。

四、高校体育教学新方法的运用

良好的教学方法有助于教学内容的顺利开展，有助于师生之间的良性互动，有助于培养学生的学习热情。所以，为了适应新课程改革的需要，高校体育教师要善于在教学过程中熟练运用各种新教学方法。

（1）自主性教学法的运用。自主性教学法是把积极培养学生的主体意识和创新能力作为目标的新型教学方法，这种方法改变了传统教学中教师占绝对主导地位的教学模式，强调了学生的主体地位，有利于增强学生的进取心。这种方法运用在高校体育教学过程中，就需要教师在向学生传授动作要领时详细讲解各动作相应的技术知识和理论，减少对学生的强制性干预，提高学生的自主性，激发学生的创新能力，从而开拓学生的思维、鼓舞学生的信心。

（2）探究性教学法的运用。探究性教学法即让学生从所学领域或实际生活中自主选择一个主题，然后通过实验、调查等方法进行探索，获得相应的理论知识和实践技能，并养成科学的学习方法。这种方法运用在高校体育教学过程中，就需要教师不拘泥于形式，先积极引导学生自主学习，让学生自由练习动作，引导学生主动探索适合自己的学习方法，最大限度地发挥学生的潜力，然后再灌输理论知识，强化动作的规范性，帮助学生及时发现问题并积极改正，从而形成正确的动作定型。

（3）拓展性教学法的运用。拓展性教学法是对教学内容和课堂设计进行拓展，培养学生的学习兴趣，调动学生的积极性，挖掘学生的潜力，从而提高学生的综合素质。这种方法运用在高校体育教学过程中，就是要教师精心设计教学内容和课堂细节，注重培养学生领导其他同学进行自主活动的能力，锻炼和提高学生的自信心、团队配合意识、沟通能力、交际能力、领导能力、心理承受能力和责任感等方面的素质。

（4）合作型教学法的运用。合作型教学法是改良创新考核内容和方法的新型教学法，其考核的重要标准是学生创新能力的发挥。这种方法更重视对学生团队意识和合作能力的培养，能够促使学生意识到不同观点间的差别，取人之长补己之短，创造性地完成教学任务。这种方法运用在高校体育教学过程中，就是要教师及时给予学生指导和鼓励，让学生自主、创新地解决问题，在考核时将学生自己创编的内容和动作也考虑进去，从而促进学生多向思维的发展。

此外，当前部分高校体育教师已经采用了分层教学法、游戏教学法、"俱乐部式"教学法，这些教学方法也要进一步普及，并与学生的个性特点和时代要求紧密结合。总之，为了适应社会发展的要求，确保大学生能够拥有健康的身心，能成为国家的栋梁之材，高校体育教学工作者必须创新高校体育教学方法，并将其落实在具体的教学过程中。

第五节　大学生体育教学方法改革的路径分析

素质教育是以提高民族素质为根本宗旨的教育。它是依据《教育法》规定的国家教育方针，着眼于受教育者及社会长远发展的要求，以面向全体学生，全面提高学生的基本素质为根本宗旨，以注重培养受教育者的态度、能力，促进他们在德、智、体等方面生动活泼地发展为基本特征的教育。高校体育素质教育是素质教育不可分割的重要组成部分，它以全面提高学生的体育素质、增进身心健康，为社会培养合格人才为根本目的，以体育实践为主要手段，促进学生的生动、活泼发展。随着素质教育的全面实施、高校体育教学改革的不断深入，学校体育对传统的教学方法提出了新的要求。

一、高校体育教学观念的更新

体育教学方法是为实现教学目标和提高教学质量服务的。体育教学方法与其他学科教学方法最大的区别就是体育教学方法是从竞技体育的训练方法演变过来的，是一种带有"训练"为主而不是以教育为主要目标的过程。传统的体育教学方法是以运动技能的形成为中心，以运动技能学习指导为主要内容，研究体育教学局部内容的教学方法。传统的体育教学方法以教材、教师、课堂为中心，以教师为主导，重视教法的单向传递，强调健身功能，统一技术动作规格与标准，教学方法和形式单一枯燥。现代体育教学方法强调人的发展和社会的效应，课堂、社会生活有机结合。现代体育教学方法以教师为主导、学生为主体，教法与学法双向传递，强调学生的创造性、自学和自练能力，社会生活与个体需求相结合，健身与健心相互协调统一，重视学生的个体差异和个性的全面发展，教学方法和形式多样。现代教学方法弥补了传统教法中忽视学生的主体性、忽视学生的个体差异、忽视对知识的理解、忽视与社会的协调等弊端。

第三次全国教育工作会议明确指出，高校教学方法改革要以启发式和讨论式为主。这从宏观上给高校体育教学方法改革阐明了理论依据。观念是行动的灵魂，教学观念对教学起着指导作用。更新教学观念，是高校体育教学方法改革的首要任务。高校体育教育工作者要把教学观念统一到素质教育的要求上来，不断推进体育教学方法改革。

二、进一步明确教学目标

体育教学是一个动态系统，它由多种要素组成，包括体育教学方法。体育教学的各项活动都要紧紧地围绕教学目标来进行，体育教学过程中的各个因素都是为体育教学目标服务的。现如今，我国的高校体育教学目标，尤其是大学一年级的体育教学目标很多都是在中学阶段完成的。其主要是由于中学阶段片面追求升学率，学校体育受到排挤，使得中学体育教学大纲里的很多内容不能完全实施。新时期的高校体育教学目标应通过体育选修课、俱乐部、讲座、协会等多种形式来满足大学生健身、健美、娱乐、竞技的不同需求，进一步提高大学生的综合体育素质，而不应该只是打基础，还要学习和掌握体育方法。高校体育应该向生活体育、娱乐体育、愉快体育、文化性体育发展。除了培养大学生掌握一些常用的、可以作为终身学习的技能之外，还要使他们学会欣赏体育，培养对一些体育的社会问题和价值观进行判断的正确态度。改革高校体育教学方法，就要最大程度地调动学生学练的积极性，引导学生通过最佳学练的途径实现体育教学目标。

三、教学内容改革与教学方法改革要同步进行

辩证法认为，事物的内容决定事物的形式，内容是第一性的，通过形式来表现。体育教学方法的选择应该根据体育教学内容本身的特殊性来确定。当前，在很多高校体育课堂上，体育教师表现在教学方法上的单一性、简单化、形式化等状况，有很大一方面是由于教学指导思想陈旧、教学内容多、学生人数多、教学时数少、场地器材不足等因素造成的。从目前高校体育课程的内容来看，智力因素的内容过多，非智力因素的内容偏少，导致教学中只重视智力开发，而忽视非智力因素的培养，这是造成所培养的人才难以适应社会需要的一个主要原因。

体育教学内容将从"以运动技术为中心"向"以体育方法、体育动机、体育活动、体育经验为中心"转移，但这并不意味着对运动技术教学的否定，而是要相对淡化课堂中的技术教学。不过，具体的教学内容将根据社会体育的发展、学生个体的需求以及学校的教学条件等进行调整。非竞技运动项目、

娱乐体育项目及个人运动项目的内容比例将加大，内容的广度将拓宽，包括理论、技战术、保健、身体素质等方面，呈现多样化的趋势，内容的深度强调可接受性，突出健身性、娱乐性、终身性、实用性，以吸引学生主动地参加体育学习和锻炼。体育教学内容的改变必然会带来教学组织形式和教学方法的改进。

四、综合性地选择教学方法

过去在选择教学方法时，很少考虑到对学生思维力、创造力的培养，基本上只考虑如何实现运动技术教学目标。现在要强调多种教学方法的有机结合，运用现代化的教学手段。比如，在体育课堂上采用多媒体技术进行教学，图文并茂、声像俱佳、动静皆宜的表现形式会加强学生对抽象事物与过程的理解和感受，从而将课堂教学引入全新的境界，达到事半功倍的效果。多媒体教学软件在体育课中的适时应用，不但使学生学到了体育知识，加深了对所学动作技术的理解、记忆和掌握，而且培养了他们主动思考、观察的学习能力，提高了体育课的教学效率。另外，素质教育的突出特点就是学生的主体性问题。它更看重学生的个体差异性，因此因材施教就尤为重要。要因材施教就必须采用小班教学，如果教学条件不允许，则可以采用分组教学。在划分小组时，应考虑到学生不同的体育水平，让学生确定不同的目标，采用不同的方法，提出不同的要求。

自20世纪初江苏优级师范学堂体操科开始培养体育专门人才以来，我国体育专门人才的培养已有百年历程。中华人民共和国成立以后，以专业的形式培养体育专门人才也经历了半个多世纪。如果说专业设置的结构是人才培养模式的标志，一定程度上标志着人才培养的宏观模式，那么，某一专业的课程结构就决定着相应种类专门人才的培养模式，并在相当程度上决定着这类人才的知识和能力结构。不同历史时期社会的发展对体育专门人才的模式和规格都提出了不同要求，中华人民共和国成立以来4次专业目录的调整以及1955年、1960年、1963年、1980年、1986年、1991年、1997年体育专业课程计划的调整，即对社会需求的反应。随着社会的发展，尤其是体育事业的发展，对体育院校进行课程改革以适应社会对体育人才要求的变化，可以说是体育专业教育的一条规律。

当今社会的发展在对高等教育提供支持的同时，也对高等教育提出了更高的要求，对人才培养规格的高标准要求即表现之一。而厚基础、强适应能力、高综合素质等则是当今对人才规格要求的集中体现。对这种高要求的复合型人才的培养必然要通过拓宽专业口径、加强基础知识与技能教学、协调专业课与基础课的关系来实现。由于知识增长是无限的，而课程容量是有限的，因此，在满足社会对人才的多样性、高规格性要求时，往往容易导致课程门类的机械增加或课程内容的增多，进而导致课程体系的膨胀，这一问题在体育院校的课程改革中尤为明显。解决这一问题的有效办法就是进行课程结构优化改革，而课程的综合化是优化课程的有效途径之一。

（一）高等教育课程发展的综合化

1. 课程综合化的背景

课程综合是当今高等教育课程改革的主要趋势之一，是课程优化的重要内容。课程之所以向综合化方向发展，一方面是受当代科学技术发展的高度综合化的影响，另一方面是当代社会重大生产、生活问题的解决需要多学科协作攻关使然。因此，课程综合化是对科学技术综合化趋势的顺应，体现了现代社会对高素质复合型人才的需求。具体来说，推行课程综合化的原因主要表现在以下几方面。

第一，科学技术既分化又综合，而在分化基础上的高度综合已成为当代科学技术发展的主流。这种趋于以综合为主的科技发展趋势，对高等院校人才培养的思想及规格产生了重大影响，而那些以往基于科技高度分化基础上的过细、过窄的专业教育所培养的人才，已难以适应科技发展及社会发展的要求，且过于强调专才的培养思想及相应的专业课程体系也受到了挑战。我们应当清楚地认识到，当今知识界学科门类林立的现状未必是知识本身的发展需求，其中有许多人为的因素，如历史传统、社会习俗、不同社会群体的利益分配等。学科知识的分化未必意味着学科的隔离与封闭，不同学科间要相互开放、相互作用、彼此关联。高等教育不可能囫囵吞枣地进行传授、学习或探索，各种分门别类的教育在一个学生身上最终应该发生整合的作用。追求"博"与"专"相协调的复合型人才的培养思想，已是当前高等教育思想的主流。

第二，科学技术既高度分化又高度综合以及当今社会生产、生活问题的多样化、复杂化，导致许多问题的解决必须依靠多学科知识的综合运用。换句话说，科学知识的产生方式得到了更新，出现了"以问题为中心"的新的产生方式，取代了以往的"以学科为中心"的产生方式，这要求专门人才必须具有丰富的多学科知识及专门的知识与技能，进而又对高等院校的课程提出了综合化的要求。

第三，科学技术的高度分化与综合，使新的研究领域不断出现、新的学科不断形成、新的知识不断涌现，这导致了人类知识的激增。人类的科学技术知识已成为具有"立体结构"的纵横交错的网络系统，形成了一个具有新的、质的、规定性的统一知识整体。自然科学与社会科学等超门类学科之间相互渗透、交叉和融合正在向着深度和广度进军，科学技术化和技术科学化的趋势使两者呈现一体化的趋势。传统的划分"自然科学""社会科学""文科""理科"与"工科"的"柏林墙"正在坍塌，大量交叉性、综合性、横断性、边缘性的新学科正在产生。

第四，社会的发展需要高素质、强适应能力的复合型人才。职业流动性的加快，也要求人才具有适应职业变换的能力。从促进人的发展的角度来看，高等院校的课程改革应有助于学生的未来发展，而高等院校课程的综合化正是对其要求的一种体现。

第五，高等院校的学制有限，学生在校学习的时间是个常数，课程的容量也有限，但知识的发展和增长不仅是迅猛的，而且是无限的，因而在满足社会及学生的多样性需求时往往会导致课程改革的无所适从，而课程本身的综合化则是解决此类问题的有效途径之一。

必须指出的是，课程综合化是相对于学科分化及分科课程而言的，它与分科课程并不对立，而是对过于追求分科课程倾向的纠偏，它着眼于增强学科课程的联系，也强调课程结构的整合，追求课程结构体系的整合性。从本质来看，课程综合化的实质是在系统整体论哲学的指导下，以学科分化为直接基础，对课程组织结构中的各组成要素（学科、社会需求、学习者等）进行协调整合的过程。

2. 课程综合化的实质及意义

课程综合化的实质可以从以下几方面理解：（1）客观世界及人类社会具有不可分割的系统性与整体性，人类的知识也应是一个联系紧密的整体。但由于在一定阶段认识能力的局限性，人类不得不对客观世界及人类社会的问题分别进行研究，从而使知识被分解为各种学科，并由局部、个别的研究领域逐步扩大到对客观世界及社会的整体认识。（2）学科的分化虽然加深了对具体领域的认识，反映在学校的课程里，但由于过于强调知识分化与纵深发展，即过于强调学科的独立性和系统性，而往往会导致以下三方面的分离。首先是课程科目的增多。过于强调单个学科科目的系统性，容易形成缺乏联系的学科部落或课程壁垒，使学科之间彼此隔离。其次是课程与社会要求的分离。社会问题的复杂性、问题解决所需知识的综合性以及职业转换速度的加快，都要求人才知识结构的综合性、复合型，而过于强调专业与学科独立性的思想及做法，往往会导致专业和学科之间的分离，阻碍课程与社会需求的沟通。最后是课程与学习者的分离。人的心理是一个统合的整体，而片面的学科教育在割裂知识的同时，也割裂了学习者的心理。这三方面的分离使培养具有综合素质人才的目标难以实现，而课程综合化理念可以对此进行纠偏。

因此，课程综合化实质的核心是将现实中独立存在的学科知识要素联结成一个结构性知识系统（课程体系），以实现学科、社会和学习者之间关系的平衡。我们必须注意克服教育中常常出现的那种以偏纠偏的思维定式，防止以综合化的优点来反对分科所具有的长处，防止要改掉的恰恰是要继承和发扬的情形的出现。那种动辄以综合课程和分科课程代表不同的教育价值观为借口，不顾学生心理发展的特点和我国教育教学的实际，片面强调综合或分科的优点并试图取代对方的做法是不可取的。

课程综合化的实质及丰富内涵决定了课程综合的意义。进行课程综合改革的意义主要表现在以下几方面。

第一，课程综合化是解决人类知识的无限增长与课程容量有限性矛盾的有效途径之一。综合在一定意义上就是以"知识简约的方式"把原来分立的、相互割裂的知识整合起来，形成统一、整合的课程体系，以删除在课程结构中与其无关或重复、次要的内容，提高学习知识的效率，避免课程的机械膨胀。

第二，课程综合化有助于发展学生的能力及综合素质的形成。课程综合化不仅是知识的综合，而且是思维结构的整合。它能开阔学生的视野，使他们掌握多学科的思维方法，从整体上认识事物及其规律。众所周知，知识是能力的基础，也是素质的根本，合理的知识结构对人的综合能力、综合素质的提高起基础性作用。单一的学科知识不利于合理知识结构的形成，综合能力及综合素质的形成又绝不是多种分科知识的简单相加，而课程的综合化则有助于合理知识结构的形成。

第三，课程综合化有助于对复合型专门人才的培养。课程综合化是对学科分化和课程分科的超越，是学科分化与综合的辩证统一。课程综合化并不排除学科特性和专业特性，相反，它打破了学科或专业界限，突出学生走向社会要解决的具体问题的复杂性、关联性、整体性，使学生更清楚地认识到世界的统一性。因此，对某类学科各专业课程的综合，有助于此类学科各专业课程的浓缩，促进此类学科知识的融合与整合。而综合后的此类学科课程又可为各专业学生的学习提供广阔的综合性知识，从而有助于对复合型专门人才的培养。就体育学类各专业来讲，体育教育专业与运动训练专业是相近专业，但由于对专业性认识的局限，一些原本相同的知识被分裂开来，一些课程也处于隔离状态。但体育实践领域问题的复杂性及解决问题所需知识与能力的综合性，又迫切需要复合型体育教师及初级教练人员。因此，对体育学类各相关专业课程的合理综合，将为复合型体育专门人才的培养提供更广泛的课程支持。

第四，课程的综合化不仅是对学科发展的顺应，也有助于学科的发展。课程的综合化必然涉及相关母体学科内容的整合问题，甚至要打破原有的母体学科体系。这种打破实际上就是对相关母体学科的一种改造，而这种改造往往又会促使相关母体学科向综合化的方向发展，虽然它并不能完全改变相关母体学科的研究逻辑，但至少可在一定程度上促进其研究方向的改变。况且经过综合化的一些课程，其内容本身就是一种新的知识结构体系，从一定程度上来说，就是一种研究结果，而这种新的研究结果往往有可能发展成为新的学科。这也是课程改革对学科发展的贡献，对此我们以往有所忽视。就目前的体育领域来讲，许多新学科的产生就与体育专业教育课程的综合化有关，如体育教育心理学即教育心理学与运动心理学及体育教学论等原有课程综合的结果，运动竞赛学则是对各运动项目课程有关知识综合、提炼和提升的结果。

（二）课程综合化对体育院校课程改革的启示

课程综合化所涵盖的领域不仅在基础教育阶段，它对于高等教育以及职业教育也同样有着很大的指导价值。就从目前的改革情况来看，课程综合化的趋势对我国体育专业教育的课程改革极具意义。

1. 体育科学的综合性决定体育专业课程的综合性

从体育科学体系本身来看，体育科学的特点之一就是，它具有较强的综合性、交叉性和应用性。它虽然起步晚且尚不成熟，但发展迅速。20 世纪 80 年代以前，我国体育科研偏重于运用生物科学理论和教育学理论来研究体育运动，忽视运用社会科学中众多学科的理论和知识，影响了体育科学体系的发展与完善。20 世纪 80 年代以后，由于引入了社会科学中的多学科理论与知识，使体育科学体系不断丰富与完善，提高了体育科学解决当代体育问题的能力。单就体育社会科学领域看，由于各学科的交叉、综合，新的学科不断出现，在中国体育科学学会下设的二级分会和学科专业组的学科就有体育史、学校体育学、社会体育学、体育管理学、体育经济学等十多个学科，还有一些学科，如运动竞赛学、体育文化学等也得到发展和完善。这些新学科多数是体育学科与相关学科交叉、渗透和综合的产物，表明了体育科学的发展实际上是多学科综合的结果。体育社会科学的发展也使体育科学体系结构更趋完善，综合性更为突出，提高了它解决、预测体育运动发展变化的能力。体育科学这种综合性发展的根本原因则是当今体育问题的复杂性使然。可以说，是体育运动问题的综合性及复杂性决定了体育科学的综合性。因此，体育科学的综合性及解决体育问题的复杂性决定了体育专门人才必须具有较综合的知识和能力，而这又要求体育各专业课程必须注意其综合性。

2. 体育教师的复合型要求呼唤体育专业课程的综合化

其实，体育教育专业本身就具有很强的综合性，它不仅是体育类的专业，而且是高等师范教育类的专业。虽然体育教育专业本质上是师范专业，但其师范性（专业性）应通过"专业"课来体现，而在专业基础课及基础课中体现一定的综合性也是时代的要求。由于体育教师的工作领域——学校体育遇到问题的复杂性和综合性更为突出，这就决定了体育教师规格要求的复杂性及综合性，多知识、多能力、高素质成为体育教师规格的集中体现，而培养这种高素质的复合型体育教师，就要求体育教育专业的课程不能忽视综合化，尤其是基础课或专业基础课。不仅体育教育专业的课程如此，运动训练专业、社会体育专业等也同样如此。

我国体育院系课程变迁的历史表明，其课程体系的问题之一就是忽视课程的综合化，按学科设课，甚至按具体运动项目设课是通常的做法（一度曾按项目设置专业），强调各学科课程、各运动项目课程的独立性及各自的系统性、完整性是比较固定的课程设计及实施思维模式，其典型表现就是课程类型的单一，几乎无综合性可言。即使在当前提倡并强调厚基础、宽口径的背景下，一些体育院系新出台的课程计划中也难寻能超越原有分科课程的综合性课程。虽然体育专业设置数目已逐渐减少，专业设置也渐趋规范化，但过于追求基础课及专业基础课专门化的思想仍然存在，各相关专业的基础类课程以"专业"为界的倾向明显。就体育教育专业来说，基础类课程的设置似乎十分忌讳"运动"二字，在具体课程内容的设计上也唯恐涉及与运动训练相关的内容，甚至在一些基础课程名称上也与"运动"不沾边（如体育教育专业被称为人体生理、人体解剖课程，运动训练专业则被称为运动生理和运动解剖）。显然，这种忽视基础课程综合性的倾向，使体育教育专业课程改革难以真正体现培养复合型人才的思想。由于课程设计忽视课程的综合化，在体育科学知识日益增加及运动项目的变式不断出现的情况下，以一一对应的方式设置相应的学科和运动项目课程的做法，难免造成课程门数的剧增而导致一些课程的过于小型化（最小的为 16 学时）。这与我国体育专业初期课程门类较少而导致的课程巨型化形成了鲜明对照（1955 年教育部颁布的体育系课程计划中，体操课程的学时为 406 学时；1960 年教育部和国家体委联合颁布的体育系课程计划中专修课程的学时达 876 学时），从一个极端走向了另一个极端。如果说早期的极端是由于过于专门化教育思想使然，以及体育科学的不够发达、运动项目的不够丰富所致，那么，目前的极端则是在试图体现复合型人才教育思想下对日益丰富的体育科学学科及运动项目变式的一种被动选择。其问题的原因除忽视"学科""运动项目"与"课程"的差异外，主要还在于对课程综合化的忽视。因此，重视课程的综合化是解决当前体育专业课程膨胀问题的出路之一，也是培养具有综合素质复合型体育专门人才最有效的途径之一。

（三）体育专业教育的课程综合化

1. 课程综合化的限制

尽管课程的综合化是当前体育专业课程改革的有效措施之一，但在今天的体育院校教育实践中，课程综合化的理想范例并不多见的现状，说明在体育教育专业课程综合化改革实践中尚存许多限制或问题。综合而言，主要有以下几点。

第一，知识的琐碎化问题。在分科课程中，一位教师只需要处理某一学科领域中的问题。然而，在综合课程中，一位教师必须根据活动或任务的需要而选择许多学科领域中的知识，并将之整合起来，这对许多教师而言是很难适应的。经常出现的情况是东鳞西爪，把许多知识信息机械地，甚至牵强地拼合起来，形成一种简单的"拼盘"，从而导致知识的琐碎化。这样，综合课程原本追求的是整体性和整合化，结果却适得其反，破坏了知识的系统性，导致学习没有条理。

第二，教师的素质问题。如果教师缺乏相关学科领域的知识和技能的话，就不可能将这些知识和技能成功整合起来。长期以来，受传统分科教学的影响，各学科教师之间往往是"泾渭分明，各司其职"，教师只关注本学科内部体系的优化和教学质量的提高，只注重在本学科精耕细作，极少顾及学科之间教学内容的相互交叉、衔接和沟通，忽视学科之间综合的、整体作用的发挥，甚至只强调本学科的重要性而出现学科之间争课时的情况。总体来看，不可能在一夜之间"脱胎换骨"而变成一位新型的、整合型的教师，事实上，目前的分科型教师的确难以适应综合课程教学的需要，他们对课程整合必然有一个由不适应到适应的过程。

第三，学校结构问题。如果教师本人从未体验过综合课程的教学，那他们如何能够成功地实施这种课程呢？师范教育的课程，不论是职前教育还是职后教育，都必须经过重构，以使未来的教师对分科课程和综合课程都具有充分的理论理解和实践体验，这是综合课程实施的必要条件。而要做到这一点，就必须对学校结构进行改造。分科课程在教育中长期占有统治地位的一个重要原因是，大学（以及中等学校）的传统组织都是以系科划分的，而系科划分又是以特定的学术领域为基础的。要使教师从事综合课程的教学，教师的培训机构就需要拆除横亘于各系科之间的障碍，不同学术领域需要展开交往与合作。

第四，评估问题。要想使综合课程在教育实践中成为主流，那么对学生（以及教师）表现的评估方式也必须是学科际的、跨学科的。而当前世界各地的教育实践，对学生学业成绩的评估方式主要还是分科的，这势必阻碍综合课程的推行。

2. 课程综合化的方式

（1）设置综合课程。

这是课程综合化的最主要途径，它的实质是采用各种形式使"学科"中被分裂了的各部分知识之间重新形成有机联系的课程形态。课程形态一旦形成，其存在形式仍是一门学科，因而又具有学科课程的许多优点。学生在大学学习时间的有限性与学习内容的无限性是永恒的矛盾，尤其高等师范教育是双专业教育，在强调创新教育，给学生创新时间和空间的今天，各门课程争学时的现象更加突出。面对复杂的需要，为了避免课程超载，解决的办法不是在现行内容中增添新的因素，而应考虑有关各学科的补充性和计划中的教育目的，把所有因素有机地整合成一个个新的、复合的整体，其中，走设置综合课程的道路是必然的选择。高等师范院校要调动教师教学改革的积极性，大胆进行跨学科形式的综合课程实验，以取得教学内容和课程体系改革的突破。但同时还要避免将课程体系弄成一个纯粹的"杂碎"，要根据培养目标、课程目标精心地进行教学设计。

（2）整合课程结构。

迄今为止，课程改革的一个重要维度就是"使课程的整体结构从分散趋向于整体的改革"，因此，整合被认为是课程综合化的必要途径。这其中包括：①必修课和选修课的整合。课程结构整合理应重视必修课与选修课的整合，从课程制度上摒弃单一的必修课制度，既要考虑社会发展和学科发展的需要，又要充分注意学生的发展需要和主体性，建立必修课和选修课相结合的课程制度。②文科课程与理科课程的整合。通俗地说，就是大家非常关注的文理渗透。③公共课与专业课的整合。这需要管理部门包括国家教育部门、省级教育行政部门、学校教学管理部门以及教师等不同单位和个人跳出各自的领域，从整体的角度认识高等学校的人才培养，进而在有效沟通和协调的基础上实施专业课之间、专业课与公共课之间的综合化改革。

（3）实行教学和研究体制的创新。

长期以来，我国高等院校由于历史原因，文理分家，以系、室建制把从事同一学科科研、教学的教师组织在一起，教学与研究机构基本上按传统的学科专业分工设立，造成了单科独居的局面，它们往往自我封闭、自成一派，缺乏有效联系与沟通的机制和渠道，"隔行如隔山"，这不仅不利于学科之间的交流，也不利于跨学科跨专业课程的设计。为了促进课程综合化，必须进行教学与研究体制的创新。高等院校内部可以通过合并或设立跨学科教学与研究中心、系（所）、学院，创建集教学、科研与应用于一体的实体单位，不但要以学科群建院，将内部逻辑关系密切、互动性强的学科组织在一起，形成人才培养、科学研究、技术开发等多学科有机综合体，由各门学科的"单向作战"转向学科之间互相协作的"立体作战"，在培养学生综合能力方面组成"集团军"，实现学科、教师、课程等资源的优化配置，而且还要跟踪新学科、边缘学科、交叉学科的发展动向，拓宽思路，将有可能形成学科发展、人才培养的新增长点、看起来相去甚远的学科联合起来组成综合体，形成高等院校的后发优势。当然，在现有的系（所）或学院中加强交流与合作，打通课程，在教学研究、科研项目上联合攻关，也是有利于课程综合化的措施之一。

（4）设置宽口径、跨学科专业。

我国20世纪50年代全盘照搬苏联的"窄专业、细学科"的褊狭专业教育模式，整个课程也围绕口径窄小、高度僵化的"专业"而设置。这种专业教育模式下实施课程综合化的空间是非常有限的，所以要设置宽口径、跨学科的专业。这里有两方面的含义：一是拓宽现有专业口径，加强基础，淡化专业，实施课程综合化，培养基础扎实、适应能力强的复合型人才。二是要新申报一些宽口径、跨学科专业，在更高层次上、更广阔的范围内实现课程综合化。高等院校的学科专业设置都是与中学的学科课程设置一一对应的，这样狭窄的专业教育模式培养出来的学生已经不能适应中等教育任务、办学模式、高考改革的要求。当然，申办新的跨学科专业有一定的难度，但首要的任务是以教学与研究体制的创新以及中等教育实践的需要为基础，先开设跨学科的专业方向，逐步形成跨学科专业。

（5）实行分段培养模式。

分段模式是指将普通教育课程与专业教育课程分开教学，分两段加以综合。一般的做法是将本科阶段一分为二，多数为各两年。第一阶段称为普通教育或基础教育阶段，第二阶段称为专业教育阶段。基础教育阶段重在普通文、理课程的开设及教学，强调普通知识的学习，体现厚基础的教育思想。

基础阶段的课程可以多种课程类型进行，也可开设选修课。专业教育阶段重在专业课程开设及专业知识、技能的学习。莫斯科体育大学即属此种模式。该校本科 4 年分前后两段，前一段为基础教育阶段，后一段为专业教育阶段。该校前两年半（5 学期）不分专业，各专业均学习大致相当的基础课程，此阶段较注意普通文、理知识的学习，课时占此段总课时的 44.1％。但此阶段也有专业基础课及专项技术课，因而此阶段并非完全的普通教育。我国也有体育学院实行了分段模式（如广州体院），将各专业基础课打通，使各专业具有共同的公共课及专业基础课，但真正的文、理普通教育不多，因而虽然强调了专业基础课的共通性，但此阶段仍不是真正意义上的普通文、理教育。尽管如此，较之于以往而言，毕竟增加了课程的综合性。

此外，实行主辅修、双专业、双学位培养制度也是高等院校实施课程综合化最广泛的途径，对培养学生一专多能、适应中等教育课程综合化，满足普通高中升学教育、职业教育需要等方面是切实可行的。

3. 体育专业教育的课程综合

就我国体育专业教育来看，体育类各专业的课程几乎全是分科课程，课程类型极为单一。近年来，由于体育科学体系的发展，新的学科不断涌现，运动项目也随大众体育的发展、全民健身活动的推动不断出现新的变式。在给体育专业教育提供丰富课程资源的同时，由于认识不足而往往以对号入座的方式分学科设课、按项目设课，也给专业课程的设置带来了问题，典型的表现就是课程门数的膨胀。课程门类的机械增多不仅给课时总量的控制带来困难，更重要的是分割了学科间的内在联系，也不利于学生综合素质的培养及复合型人才的形成。当然，综合课程的综合要自然、适度，即综合课程强调各学科之间的相互联系并加以学习，并不等于说综合课程中的每一项学习都要联系各个学科综合进行，应该是能综合的就综合，不能综合的也不要在各学科之间进行牵强附会的人为联系。判断一门综合课程综合得合不合适，不全在于其综合程度高不高（其中所包含的综合性学习主题多不多），而在于所设计的综合性学习主题与所涉及的各学科内容之间是否具有自然的（而不是牵强的）联系，所选取的跨学科主题是否具有典型性、代表性，各综合性学习主题所包含的分量、难度是否适当，把各学习主题组织起来的课程组织线索是否清晰可辨等。综合课程反对不恰当地夸大各学科领域之间的区分和界限，反对把各学科孤立起来，反对割裂各领域之间本来固有的自然联系，但并不反对、不否认、不抹杀各学科领域之间适当的区分和界限，不主张夸大各学科之间的联系和一致性，反对进行牵强综合的做法。

（1）文理交融。

现代教育应是科学教育与人文教育交融而形成一个整体的"绿色"教育。科学求真，是立世之基，科学知识、科学思维、科学方法、科学精神各有其作用，又是一个整体。人文求善，是为人之本，是民族存亡之根。人文知识、人文思维、人文方法、人文精神各有其作用。而科学与人文同源共生，互通互动，相异互补，两者交融则生"绿"。由于近代以来我国体育教育受到来自苏联的"专才"教育思想的影响，在高等师范体育教育专业的招生和教学中都严重存在着重"术科"轻"学科"，重专项、单项轻综合素质，偏重生物科学而忽视社会科学等倾向，使得体育教学仅仅局限在知识加技能的层面上，其结果是所培养的学生对事物的认识能力、理解能力以及综合能力始终不如师范类的其他学科，有些学生甚至在语言表达能力、教案编写能力与课堂教学组织能力方面均较差，更谈不上对体育的学科特性进行深层次的文化理解。尽管这些年体育学科的文化气氛已出现一些好的势头，但比起其他人文社会学科仍然较为薄弱。因此，文理渗透、科技与人文相结合，实现体育教师教育的文理交融，应该成为当今体育教师教育关注的焦点。当前在高等师范这个基础教育的"工作母机"中，更应强调文理兼容的公共选修课，开设反映当今科技发展和社会的新兴学科方面的课程，如把外语、计算机和现代教育技术放在重要位置，同时重视如人类学、经济学、伦理学等人文学科课程。

（2）课程结构的综合化。

课程结构是指在课程的设计与开发中将所有课程类型或具体科目组织在一起所形成的课程体系的结构形态，课程结构可以从微观和宏观两个方面来认识。宏观的课程结构是指同一专业或专业方向各门课程之间的有机联系；微观的课程结构则是指一门课程内知识体系的逻辑结构。在专业培养目标确定之后，确立专业的课程结构在很大程度上取决于课程的开发和设计者对课程价值与功能的判断。而课程结构的综合化，简而言之就是使课程转向基础化并突破那种局限的专业化课程模式，使之具有较大的弹性和灵活性。宏观层面的课程综合化，主要是调整课程的板块结构。目前，我国大多数体育院校的学生一进校就确定了专业，采用的是"四年一贯制"的板块课程结构模式，在必修课板块中除公共基础课和实践环节外，基础课还分为专业基础课和专业主干课。这种课程结构是强化专业意识，而课程结构的综合化恰恰是要淡化专业意识，如采用"二二分段制"，对宏观课程结构进行综合性调整，即前两年不分专业，先打好综合性基础，后两年再进入专业学习阶段。微观层面的课程综合化具体表现为设置综合性结构的课程。就现行体育专业教育课程的设置情况来看，课程综合的余地很大。从学科领域看，教育学与学校体育学或体育教学论等学科课程的综合就很有必要，体育统计与体育科研方法的综合就很有可能，而借助"项群"训练理论的思想和方法重新设计技术类课程，可能将是对原有"术科"课程进行综合化改革的有效途径。

（3）课程内容的综合化。

课程内容的综合化也有多种形式。第一种是"拼盘"式设计，或叫作"板块组合"式，如在基本不改变原有篮球、足球、排球课程体系的基础上降低其专业性知识的难度，分别融入社会学、教学法等基础知识而分册编成篮球、足球、排球和"大球"教学法，组合成体育专业"大球教学技能"课。这种综合化方案设计起来比较容易，实际上对分科型的篮球、足球和排球课加以改进、合并即能完成，由于是不同教师上不同内容的同一课程，因而师资也比较容易适应。第二种是综合程度较高的一种方式，有人称之为"彻底改革"式，如不考虑原有"术科"科目的课程体系，而以裁判学的学科体系为主，吸收不同课程中相同或相近的内容，构成一门对其他课程有一定覆盖率的全新课程体系。就技术学科领域而言，将主要课程相关或共同的教学训练的方法、原理及竞赛知识提取出来，形成有关的课程，如"运动技能教学与训练""运动竞赛方法及原理"等就很有必要。第三种设计可以称为"局面融合"式，如以教学论的框架、观点和视角选取和阐述原篮球、足球等课程的基本内容，在科目整体结构上仍然保留不同项目的板块组合，但对原某项目"术科"课程体系进行了实质性的改革和取舍。

（4）课程形式的综合化。

我国高等体育院校的课程组织形式比较单一，"学科"课程以课堂讲授为主，"术科"课程则一直是传统的单向传习式教学，在教学改革和相关研究中，课程的组织形式并未受到足够的重视。课程组织形式的综合化不仅有利于学生掌握全面的综合知识、开启学生的心智、发展学生的能力，同时也对教师的教学技能和课堂组织能力提出了更高的要求。根据体育院校的课程特点和具体的教学内容，在教学实践中可采用多种教学组织形式。

借助不同的教学组织形式实施综合化教学，并非要在一次课中采用多种教学组织形式，其目的是通过教学这一中间环节提高培养人才的综合质量。

总之，体育院系课程综合化是强调将各学科知识、社会、学习者等各种课程要素有机地统一、整合起来，通过学生主体的关联式、研究性、体验式等综合化学习，克服专门化分科课程的局限性，使学生形成广博系统的知识结构，提高综合能力、发展独特的个性品质，实现个性全面和谐发展的课程改革理念和实践方法论。它强调从文到理，从课程结构到课程内容，从课程组织形态到课程实施方式的综合化变革和从实施过程到实施结果的综合化发展。从这一意义上讲，任何课程综合化的形式都应服务于综合化教学，我国体育院校专业结构和课程体系的综合化改革，其实质是一种提高培养体育人才综合质量的教学改革。

五、更新教学评价方法

考试方法的改革是教学内容和方法改革的先导。传统的高校体育教学仅局限于对学生进行运动技术的传授和身体素质的提高，而忽略了对于体育的本质、功能及发展规律的理论知识运动原理、现代体育科学的发展及终身体育意识等方面的教育。考试基本上是以"划一性"地考技术、考"达标"为主的考试方法，师生要花费大量的时间和精力去完成本非教学内容的"达标"等测试工作。这种考试方法较少考虑学生个体的原有水平、经过学习后成绩提高的幅度及个体差异，学生体育学习的情感目标与自身的进步情况被置于标准之外，因此有失公平，也不利于培养学生的体育意识，这始终不能有效地解决学生的学习差异和积极性的问题。

现代体育教学评价应该是一种以提高学生体育能力为中心的，考"结果"和考"过程"相结合的综合性整体考试评价方法。它既考虑到学生原有的体育基础，又注意到经过实践后学生体育水平提高的幅度，同时还注重个体差异，把考技术与查学习锻炼方法、健身养护知识和该项目的未来发展趋势结合起来。这样的考核方法，对参与学习的主体提出了全方位的要求，同时也对教师的教学能力提出了更高的要求。

体育考试既可以检验学生的学习成果，也是提高他们体育素质的重要手段。同时，学生不仅可以掌握体育理论及相关知识，还能发展自身的体育能力，完善体育综合素质，树立健康第一、终身体育的理念，使体育教育走到素质教育的轨道上来。

六、建设高素质的体育师资队伍

未来高校体育事业发展的成败，最终取决于教师的素质。建立一支高素质的体育教师队伍是高校体育素质教育的根本保证。由于历史的原因，目前我国高校体育师资队伍的整体素质与素质教育的要求还不相适应。提高教师队伍的整体素质，一方面要依靠体育院校培养和输送高素质的毕业生补充高校体育教师队伍，另一方面则应重点立足于在岗教师的培养，加强对在岗教师的培训，使其掌握必要的教学理论和教学技能，使教师从单一的"技术型"向"复合素质型"转变，从而推动素质教育的顺利进行。

（一）教师职业的专业属性

师范教育专业化问题起源于如何提高基础教学质量及教师职业的社会地位。当前，一个全球性的教育问题是最优秀的学生不愿上师范专业。出于提高教育质量的目的，努力提高教师的社会地位以增强教师职业的吸引力，是各国惯用的做法。但一种职业社会地位的高低受多方面因素的影响，既有社会的因素、观念的因素，也有职业自身的因素，其中职业自身的因素是最关键的。职业自身的因素对其社会地位的影响取决于该职业的性质，即它是否是一种专门性的、具有不可替代性的职业以及它的专业化程度如何。正如顾明远教授所指出的，社会职业有一条铁的规律，即只有专业化才有社会地位，才能得到社会的尊重。如果一种职业是人人都可以担任的，那么它在社会上是没有地位的。如果一种职业没有一定的专业地位，就难以体现出该职业从业人员劳动价值的优越性，那么在市场经济下也就难以得到与这一专业地位相应的社会地位资源，如权力、工资、晋升机会、发展前途、工作条件等。也就是说，一种职业的专业化程度决定了该职业的专业地位，而一定的专业地位又决定了该专业的社会地位及相应的社会地位资源。同样，教师职业的专业化程度及其专业地位如何，也从根本上决定着教师职业的社会地位。

由于教师职业从性质上，即从其对社会发展的重要性上看，是一种专门性职业，但其专业化程度与医生、律师等专门性职业相比又有逊色之处，因而教师职业还没有获得普遍认可的专业地位。因此，以提高教师的专业地位来提高教师的社会地位，进而提高基础教育教学质量，已是各国普遍的做法。而教师专业地位的提高又有赖于师范教育的改革，于是，如何提高教师教育的专业化程度，进而促进教师专业的发展，已成为发达国家师范教育改革的热点。当然，对此的理解还有赖于对专业及专业化、教师职业的专业属性、教师的专业化、教师专业发展及师范教育专业化取向等问题的认识。

1. 专业及专业化

专业的概念前文已有涉及，但主要是在教育学范畴论及。其实，专业一词有多种含义，从教育学范畴讲，是高校为培养专门人才设置的专业，是培养专门性人才的基本单位，由特定的培养目标和课程体系组成；从社会学范畴讲，专业是指专门性的职业，指必须经过专门化的高等教育后方能从事的复杂职业。在汉语中专业也有"专门从事某种学业或专业和专门的学问"两层意思。教育学范畴的专业与社会学范畴的专业虽有视角的差异，但两者的联系是密切的。高等教育的专业设置必须考虑专业的培养方向，即职业指向，且必须以专门性职业所需要的学科知识、技能作为自己专业课程体系的资源；

而社会分工导致的专门性职业的从业者又必须通过专门性的高等教育来培养。也就是说，社会分工造成的职业种类很多，但并非每一个职业都可被称为专门性的职业，即专业性职业或专业。而从事非专业性的职业人员也不必由高等教育设置的专业来培养，尤其在高等教育还不普及的情况下。那么，怎样的职业才能称为专业，或者说专业或专门性职业的标准是什么？这实际上是怎样理解专业及专业化的问题。

由于国情及研究的出发点不同，到目前为止，对专门性职业即专业的认识也多种多样，对专业所下的定义及特征的描述也不尽一致。又由于职业分化由社会分工所致，因此对社会职业的专业性研究也多从社会学角度进行，并更注重从结构功能主义出发，以特质模式进行分析。早在 20 世纪 30 年代，卡·桑德斯就为这一术语做出了解释："专业是指一群人在从事一种需要专门技术的职业，这种职业需要特殊的智力来培养和完成，其目的在于提供专门性的社会服务。"

经证实的认识（科学或高深知识），具有一定的基础理论的特殊技能，从而按照来自非特定的大多数公民自发表达出来的每个委托者的具体要求，从事具体的服务工作，借以为全体社会利益效力的职业。关于专业性职业的特征或标准，也有不尽一致的认识。英国学者何伊尔（Hoyle）归纳了作为一个"专业"需要的基本条件：（1）专业必须是承担着关键性社会职能的行业；（2）履行这一职能需要相当程度的专门知识和技能；（3）这些知识和技能不是在完全常规化的情景中，而是不断针对新问题、新情况实施的；（4）尽管从经验中获得的知识非常重要，然而仅有这些诀窍似的方法是不够的，从事专业的人必须掌握一门系统的知识；（5）掌握这些知识、发展这些技能需要接受高等教育；（6）这段时间的教育与训练还包括接受和形成专业的价值观念；（7）这些价值观念以保护顾客的利益为中心，并因此扩展为本行业的道德规范；（8）由于以知识为基础的技能必须在非常规的情境中实施，针对具体案例自主地做出专业判断就成为至关重要的准则；（9）有专业组织并且对有关的公共事务拥有专业发言权，对本行业人士的职责和实践具有专业控制权，对社会有较高的专业约束自治权；（10）长期的训练、高度的职责，以顾客为中心的服务应该得到回报，包括受到高度尊重并得到报酬。

美国的学者则认为，专门性的职业应具有以下特点：（1）职业本身具有完善的、高标准的、有竞争力的知识基础；（2）长期复杂的训练过程；（3）职业成员有较多的自主权和为他人服务的责任；（4）具有特定的职业道德观；（5）受过良好的文理教育并不断追求新的知识和技术；（6）职业成员必须具有值得公众敬仰和信任的个人品质；（7）经济上的保障和较高的社会地位。如果某一职业不完全具备这些特点，就可以称为半专业性技术职业。

虽然各国学者对专业特征指标的认识有所差异，但基本精神还是相当一致的。在综合国外有关研究的基础上，我国学者对专业的标准也提出了概括性的论述，认为一种职业能否被称为专业不仅仅以学历或业务要求为标准，而是由与职业性质相关的综合性要求决定的。因而提出公认的专业至少有三个方面的规定：（1）作为专业的职业实践，必须有专业理论知识做依据，有专门的技能做保证。因此，从事专业工作的人任职前必须接受过规定的专业教育，同时，每一个专业还必须具有与其他专业有区别的专业要求，方能具有独立专业的资格。（2）作为专业的职业，承担着重要的社会责任，应把社会利益、服务对象的利益放在首位，也就是说，对从业人员应有较高的职业道德要求。（3）作为专业的职业，在本行业内具有专业自主权。

由于研究的背景及视角不同，不同学者对专业所下的定义也难以一致。但这并不影响对专业问题的研究，因为专业本身是变化的，专业的概念也是不断完善的。西方国家对专业特征的描述及标准的确立往往以比较成熟的专门性职业（如医生、律师等）的特征为参照，因而所提的特征或指标体系往往是一种理想化的专业模式。这些专业模式也的确为职业的专门化提供了理想目标，使"半专业"或"准专业"的职业有了专业化的方向，而专业化就是这些"半专业"或"准专业"迈向专业的一个持续不断的并有阶段特征的过程。

2. 教师职业的专业属性

按照以典型的较成熟的医生、律师等专业性职业特征而确立的专业标准来对照，教师职业是否符合专业的标准，即教师职业是不是一种专业呢？从国际组织方面看，1966年国际劳工组织和联合国教科文组织发表的《关于教师地位的建议》中已对教师职业的性质做了明确说明："应把教育工作视为专门性职业，这种职业是一种要求教师具备经过严格而持续不断地学习和研究才能获得并维持专业知识及专门技能的公共业务；它要求对所辖学生的教育和福利具有个人的及共同的责任感。"这实际上更多的是关于教师应该成为专门职业的一种强调，反映的是一种理念，并不能反映教师职业的实际专业地位。况且，即使是政治文件的定性，也不能代替学术的论证。学者往往以较成熟的专业标准来衡量教师职业的专业地位及专业属性。日本学者认为，如果以专业标准来衡量教师职业，它还存在许多缺陷，主要表现在：第一，教育实践中包含的知识、技能缺乏作为一门专业的那种独特性，不能维持有别于其他专业的严密性；第二，教育工作的内容和程序都事先做了详细而具体的规定，教师的自由时间和工作独立性都比其他专业少；第三，教师的修业年限远比其他专业短；第四，教师许可资格容易获得；第五，教师多出身于社会中下层；第六，教师经济待遇低下。教师仅在非营利性服务这一点上符合专业标准，在专业技术和长期训练及特殊才能和素质上仍逊色于其他专业。因而，教师只能达到"准专业"的水平。美国学者较一致的看法是："依照目前的表现诊断，教育只能算是半专业。不过，就其贡献及社会功能而言，在本质上，教育应该是一项专业。平心而论，教师一职并未充分发挥其潜能。"我国学者多从教师的特性及教师培养的角度对教师职业的专业性进行分析。基本的观点有：(1)教师是一种不同于其他任何职业，具有其固有特性的专门职业。教师的劳动产品是活产品，某个教师的某种直接作用的效用是较难确定的，也不易看到短期的成败效应。与医生、律师等专业相比，是有一定替代性的专门职业。(2)教师职业的专业化还只处在初级阶段。(3)我国的师范教育还只是一种"职业"定向，还没有建立起真正地使教师走向专业化道路的所谓"教师专业"，以及适应这个专业特点的课程结构体系。

相比而言，我国的现代教育起步较晚，师范教育出现仅近百年，现代教师的专业化起步也较迟，加之基础教育的规模庞大，满足教师的数量之需是教师教育长期面临的主要任务，教师专业化程度的提高一度进展缓慢。改革开放以后，尤其是 20 世纪 90 年代以来，提高教师的专业化程度已被提上日程。1993 年通过的《教师法》确立了"教师是履行教育教学职责的专业人员"和"承担教书育人，培养社会主义事业建设者和接班人，提高民族素质的使命"。《教师法》把教师确定为教育教学的专业人员，并将其与民族素质的提高及国家建设者和接班人的培养联系在一起，可以说，它第一次从法律上确认了教师社会地位的专业性和神圣性，为提高我国教师的专业地位提供了法律保障。

从国内外情况看，对于教师专业的现状并非实质上的"有"或"无"的问题，而是专业化程度上的高低问题。从教师职业的社会功能看，它确实具有其他职业无法替代的作用，但就其专业现状来讲，与其他较成熟的专业如医生、律师等相比，还不得不承认教师职业的专业化程度不足，使其处于"半专业"或"准专业"的状态。也正因如此，提高教师的专业化程度才有了必要，而如何通过提高教师的专业化程度以提高教师的社会地位并最终提高教育的质量，也成为各国共同关心的问题。

(二)教师专业化与师范教育专业化取向

1. 教师的专业化

综上所述，专业代表着一类特殊的职业，这类特殊的职业之所以被称为专业，在于该职业及从业人员必须达到公认的一系列"专业"标准，专业化就是这类职业及从业人员迈向这一公认的"专业"标准进而成为专业的不断努力过程，这一过程也就是"半专业"或"准专业"不断提高其专业化程度的过程，即其专业发展的过程。教师职业从性质上看已被认为是一种特殊的专业，但其专业化程度不高也是公认的，因而还必须提高教师的专业化程度，而这一提高的过程，也就是教师专业化发展或教师专业发展的过程。由于专业达到标准的多样性、高要求性以及教学工作的特殊性，教师专业的发展表现出多因素制约、多主体配合、多内涵、多阶段、多途径等特点。目前，各国在促进教师专业化程度提高时，多以社会学家所总结的专业化模式为航标，主要通过教育专业知识技能的完善、教师社会地位的改善、专业组织的建立和自主权力的获得、专业标准的提高等来促进教师专业化的发展。如果说以往主要以提高教师的社会地位来促进教师专业的发展，进而促进教育教学工作质量的提高的话，那么，20世纪80年代以来则主要强调通过教师专业的发展来提高教育教学质量。促进教师专业地位发展的途径是多方面的，但以往则过于着重以提高教师的社会地位为途径，强调专业组织的建立、权力的获得，而忽视从教学工作专业化程度的提高这一更为根本的途径出发。现在人们逐步认识到，地位的提高尽管重要，但更重要的是教职人员本身的专业化及教学工作专业化的程度。因为教学工作的改进，自然会成为专业地位加强的依据。因此，通过教师专业化的发展，即通过专业化程度的提高来提高教学工作的质量，进而达到教师社会地位的提高，已是世界各国普遍的做法。美国即这样一个典型的国家。20世纪80年代以来，美国政府在日本、德国经济腾飞的压力下，在审视了本国的教育状况后，发出了"国家处在危机之中"的疾呼，认为必须进行教育改革，而教育改革的成败关键在教师。1986年发表的卡内基委员会报告《以21世纪的教师装备起来的国家》和霍姆斯小组报告《明天的教师》两份文件同时提出：公共教育质量只有当学校教学发展成为一门成熟的专业时才能得以改善。为此，教师专业化在20世纪80年代后期被提到美国国家教育改革的议程之中，希望通过加强教师的专业教育、强化教师职务梯度、鼓励教师参与行政、提高专业报酬、实行全国性资格证书制度等措施，促使教师成为一门真正的专业。而以教师的专业发展作为师范教育的改革方向，努力提高教学工作的专业化水平，是这两份文件的核心思想。

当前，从世界范围来看，人们普遍认识到：要提高教学工作的质量，并非仅通过提高教师的社会地位、提高经济待遇、改善工作条件就可以解决，还必须从教师这门职业出发，尊重教师的职业特点，从整体上对教师职业加以审视。历史的经验及理性的认识使人们相信，通过促进教师的专业化发展来提高教师的质量、改善教师社会地位、树立教师的社会形象，进而实现提高未来教育质量的目的，可能是更有效的途径。

2. 教师专业发展及师范教育专业化取向

前面的论述已经说明，教学工作是一种专业工作，从事教学工作的教师职业被看成专业性职业（专业），教学工作专业化水平的提高有赖于教师的专业发展；而促进教师专业化发展已是 20 世纪 80 年代以来发达国家所追求的，师范教育的专业化也成为师范教育的新理念。那么，教师专业发展及师范教育专业化理念的内涵又是什么呢？

既然把教师职业看成专业性职业（专业），而其专业化程度尚不高，那么其专业的发展就应具备专业性职业发展的一般特征。因此，教师专业发展这一概念的内涵就是把教学工作视为一种专业工作，把教师视为一个持续发展的专业人员，需要通过不断的学习与探究历程来拓展其专业内涵，提高专业水平，从而达到专业成熟的境界。教师专业发展要强调两点：（1）强调教师作为教育教学的专业人员要经过一个由不成熟到相对成熟这样一个专业人员所必须经过的发展历程。因为新教师虽然经历了职前的教育训练，并获得了合格的教师资格证书，但并不意味着他就是一个成熟的教学专业人员，也就是说，教师的专业发展空间是无限的，成熟只是相对的。（2）教师的专业发展强调教师作为一个发展中的专业人员，其发展的内涵是多层面、多领域的，既包括知识的积累、技能的娴熟、能力的提高，也涵盖态度的转变、情意的发展。

基于这样的概念，教师专业发展的阶段和专业内涵的研究已成为教师专业发展研究领域的两大主题。在教师专业的发展阶段方面，虽然研究的方向不同，但把教师职前教育与在职教育的专业发展联系起来，把两者看成一个完整的、持续的专业发展过程，是多数研究者的共识。教师专业内涵的研究，多从教师专业知识的发展、专业技能的娴熟、专业情意的健全三方面进行。如果对于教师专业发展阶段研究关心的是教师专业如何发展，那么对于教师专业内涵研究关心的则是教师专业的哪些方面在发展。因为教师专业的发展不仅是时间的历程，伴随这一历程的还有作为教师专业内涵的知识、技能、情意的变化与发展。

由于教师的专业发展是多阶段、多内涵的持续发展过程，因此师范教育就应该提供相应的全程支持，师范教育专业化的概念也就随之而出了。师范教育专业化（取向）这一概念，是指师范教育的方案要根据教学工作的性质和教师专业发展的要求进行规划和实施。既然师范教育要以专业化为取向，那么师范教育就得具备能促进教师专业发展的学科基础。但由于师范教育的学科基础——教育科学的地位尚不如师范教育制度那样稳固，发展与完善教育科学体系就成为师范教育专业化所面临的问题。尽管如此，这并不能成为阻碍师范教育专业化的理由，反而应成为发展教育科学、促进师范教育专业化的动力。因此，以促进教师专业发展为目的的师范教育的专业化取向就成为师范教育的新理念。而重视师范教育的教育科学体系的发展与完善、构建职前与职后教育相结合的一体化师范教育制度，是师范教育专业化取向所强调的。

（三）体育教育专业课程改革的专业化取向及策略

1. 体育教育专业课程改革专业化取向的必然性

前面对师范教育专业化取向的分析、概括，是从包括各师范专业教育在内的"师范教育"这一总括性概念意义上进行的，因而，师范教育专业化取向这一理念具有普适性，并且要通过各种具体的师范专业去体现和落实。也就是说，师范教育专业化取向的理念涵盖了各个具体师范专业教育的取向，各师范专业教育的改革取向也应顺应这一专业化理念。体育教育专业作为师范专业教育的一种，自然也不例外。那么体育教育专业的专业化取向所指的是什么呢？既然教师专业的发展把教学工作及教师当作专业性工作和专业人员，师范教育专业化取向是指师范教育的方案要按教学工作的性质和教师专业发展的要求进行规划和实施，而体育教学、体育教师又属于"教学"和"教师"的范畴，那么作为师范专业教育的一种，体育教育专业的专业化取向，即指该专业的教育方案要按体育教学的性质和体育教师专业化发展的要求去规划和实施。由于专业是按特定方向组织起来的课程体系，因此按一定方向组织起来的课程体系就是专业的实体。因而，从教育内容的视角看，体育教育专业的专业化取向从根本上说还要通过相应的专业课程体系来体现和落实。因此，以通过促进体育教师专业发展来促进体育教育、教学质量提高为目的的体育教育专业的改革，必然要求其课程改革以专业化为取向。根据师范教育专业化的核心思想，可以认为体育教育专业课程改革的专业化取向是：以促进体育教师专业发展为中心进行专业课程体系的统一与整合，尤其注重体现其专业性的课程构建、为体育教师的专业发展提供课程支持和支撑，这不仅是对师范教育专业化趋势的顺应，也是对以往体育教师社会地位及专业地位的反思。

如果说以往教师总体的社会地位及专业地位不高是不争的事实，那么比较而言，体育教师的社会地位及专业地位则更为低下。"同工不同酬"是以往部分学校时常发生的现象，也是体育教师经常面临的问题。长期以来，不仅优秀学生报考体育师范专业的人数不多，即使一些已进入体育教育专业的学生也认为，"如果万一分到中学，又没有办法调走，那将是一生中的不幸了"，存在"而在职的体育教师专业思想不稳，打算改行的也大有人在"的情况。与此相应的，没有经过体育教育专业教育的人也常挤进体育教师队伍。退伍军人、退役运动员直接从事体育教学是以往的常见现象，以致体育教师的形象有了"武人""军人""教练员"的色彩，而缺少"体育教育者""育人者"的形象。从学历来看，中学体育教师学历达标率也是较低的。从以培养体育教师为本的体育教育专业来看，任课教师的学历层次同样相对较低。这说明体育教师的社会地位及专业地位有待提高。其提高的途径虽然很多，但提高体育教师的专业化程度则是最为重要的途径，而这最终要通过体育教育专业课程的专业化来落实。以往体育教育专业课程改革中的一个问题就是过于强调"学科"与"术科"的比例，这种比例之争源自"师范性"与"学术性"。其实，不仅"术科"中有示范性问题，"学科"中同样也有个"师范生"问题。对于"学科"与"术科"比例的过分强调，隐含的前提仍是基于一次性本科教育即可培养优秀体育教师的理念，这种理念并不把体育教学工作看成专业性工作，也不把体育教师看成需要不断学习和探索才能趋于成熟的专业人员。实际上，"学科"与"术科"只是体育教师专业发展多个内涵中的一个方面。因此，以视体育教师是专业人员为前提，以促进体育教师专业化发展为直接目标，即以专业化为取向进行体育教育专业的课程改革就显得非常必要了。

2. 体育教育学学科体系构建

既然视教师职业为专业性职业是师范教育专业化取向的前提，而专业性职业的最重要特征是它构建于一定的学科基础之上，并要使这些学科体现于相应专业教育的课程里，以表现专业教育的特点和存在的理由，那么要进行以专业化为取向的体育教育专业（课程）改革，就要求我们必须重新审视其依据的学科基础，并为专业化取向的课程改革提供课程资源。专业教育的课程源于专业所构建的学科基础，那么体育教育专业（课程）又构建于什么学科基础之上，其支撑学科（课程）又是什么呢？

师范教育史的研究表明，师范教育的产生和发展与教育科学的发展和完善相伴，师范教育制度的确立及巩固也是教育学科不断完善的结果。虽然教育科学的地位还没有师范教育制度那样稳固，但教育科学的发展的确为师范专业教育提供了学科支持。体育专业教育发展史的研究也表明，满足社会对体育教师的需求是体育专业教育发生、发展的最初和早期的动因，因而体育专业教育制度也基本依附于师范教育制度，其学科基础也多依赖于教育学、心理学。由于对学校体育功能早期的追求更多地趋向于健身，因而与生物学和医学相关的学科也是体育专业教育课程的主要学科基础。例如，美国早期的体育专业教育课程中就多有由生物学和医学学科组成的课程，生理学、解剖学、卫生学是其传统课程，且多由医学专家执教，这一传统对今天的体育专业仍有重要的影响。可以说，教育学、心理学、生物学、医学等学科是早期体育专业教育的学科基础。

我国体育专业教育的历史发展也表明，体育专业教育的最初社会动因也是为社会提供体育（体操）师资，因而其专业制度也与师范教育制度相伴。由于我国近代师范教育制度由模仿日本而来，尤其是早期体育专业教育多由日本人或留日归国学者执教，因而体育专业教育带有明显的"日化"痕迹，其专业教育的课程也多以兵操及普通体操为主，教育学、心理学及医学、生理学类课程虽有涉及，但不受重视。20世纪20年代至30年代，随着师范教育模式的"美式化"以及自然主义体育思想的传入，教育学、心理学、医学类学科课程开始大量出现在体育教师培养的课程计划中。之后，这些学科课程继续受到重视，体育理论、体育学科教学法、卫生教材及教法等针对体育教育、教学特点的课程也开始广泛出现并受到重视。新中国成立初期，由于体育专业教育的"苏化"以及学校体育以技术传授为中心倾向的影响，体育专业教育的课程结构重心发生了变化，运动项目成为课程的中心，但教育学、心理学、人体生理学及解剖学仍是主要课程，体育教育学科类课程则集中于"体育理论"。

原国家教委颁布的体育类本科专业目录中将原来的"体育"专业更名为"体育教育"专业，并提出该专业的主要学科基础有教育科学、人体科学、体育教育学，所列的主要学科课程也相应以这三方面为主，最能体现体育教育学类学科的课程被命名为"学校体育学"。

从以上体育专业发生和发展的概述中可以看出，早期体育专业教育更多地以教育学、心理学、生物学和医学（现统称人体科学）为学科基础，随后体育教学法、体育理论、学校体育学等体现体育教育、教学特点的学科课程开始出现并受到重视。可以说，以培养体育师资为本的体育（教育）专业是构建于教育科学、人体科学和体育教育学之上的，这不仅反映在专业的课程中，也反映在国家的有关文件中。但从我国体育（教育）专业的课程发展的现状中也可以发现，在以上三类学科中，我国对体育教育学类课程的开发与开设重视度不够，能体现此类学科知识的课程往往是"体育理论"或"学校体育学"，这也反映出我们对这类学科的研究有所忽视。笔者认为，我们所忽视的这些体育教育学类学科（课程）却正是最能体现体育教育专业特征的支撑学科（课程），在当今体育专业教育已广泛分化、非师范类专业相继出现的背景下更是如此。专业性的职业不仅应有相应的基础学科（组）支持，而且更应有能突出并能体现该专业独特性的支撑学科来支撑；同样，专业教育不仅要有相应的基础课程，也应有能体现该专业教育之所以存在的支撑课程，否则这一专业教育就无存在的理由。这个支撑课程也就是所谓的专业课。对于专业课，我们一般认为"是与基础课相对，旨在使学生掌握必要的专业知识和专门技能，重在专业理论、基本规律的教学"，认为"指高校各专业为教授学生该专业的专门知识、专门理论、专门技能所设置的课程"。显然，强调专业性是专业课的特征，而体育教育专业的专业性在于"体育教育"。因而，体育教育学类课程，理应是体育教育专业的支撑课程，即专业课。如果说，在体育专业教育还只是以培养体育教师为本、体育专业教育还没有分化的情况下，我们不强调专业的支撑学科或课程还可以理解的话，那么在体育专业教育已经分化，且各专业已有明确培养指向的现今，专业教育就必须有支撑专业存在的学科和课程，否则体育教育专业就不能体现所培养专门人才的特性。就体育教育专业来说，这个支撑学科（课程）就是体育教育学（课程），换言之，体育教育学类课程就是体育教育专业的"专业"课程（组）。

体育教育专业课程改革专业化取向的根本要求就在于，必须明确并构建专业化的课程体系，这个体系不仅要有宽厚的专业基础课，还应有体现并反映体育教育、教学特性的专业课。因此，明确专业的支撑学科及课程，并按体育教师专业发展的要求对其合理构建，是以专业化为取向的体育教育专业课程改革的基本要求之一。由于我们长期以来对此有所忽视，在以往教育（体育）行政部门所颁布的体育（教育）专业教学计划课程中，尚未发现有"专业课"一词，类似的提法往往是"专业基础课""专业技术课"，或"专业主要（主干）课"，其所列课程并非都是真正意义上的"专业课"。这种较宽泛的提法，源于对体育教育教学及体育教师职业专业性的认识不足，以及相应的专业课程的非专业化取向。从其所列课程名称看，虽明显有别于其他非体育类师范专业，但尚难明显区分于其他相近的体育类专业。因为这类提法所包括的人体（运动）生理、人体（运动）解剖、田径、球类等课程，是各相关体育专业的共同基础理论和技术手段课，并非体育教育专业所独有，因而它们难以成为该专业的支撑课程，即专业课。而以专业化为取向的体育教育专业课程改革，是把体育教育、教学及体育教师当作专业工作和专业性职业来看待为前提的，这就要求专业教育不仅要为体育教师专业化发展提供必要的专业基础课，更要求提供能体现并支撑其专业发展特殊性的专业课，其中体育教育学类课程则是其专业课的集中体现。

　　由于学科是课程的资源以及长期对体育教育学学科研究的重视度不够，构建体育教育学类课程首先要从该学科的建设入手。因而，构建并完善体育教育学学科，是专业化取向的体育教育专业课程改革的前提工作。

　　概括地说，体育教育学是研究体育教育现象、本质及发展规律的学科领域。虽然对其研究范围还难做定论，但体育教育的目的、体育教育的内容、体育课程编制、体育教育与人的身心发展的关系、体育教育的手段、体育教育的评价等，应是其研究的主要问题。虽然体育教育学学科与学校体育学、体育教学论、体育教材教法密切相关，但并非它们的简单相加。影响体育教育学发展的重要因素之一，就是以往常将它们等同或视为它们几者的相加。学校体育学主要是研究与揭示学校体育工作的基本规律、阐明学校体育工作的基本原理和方法的一门总括性学科，它虽然涵盖了体育教育学的内容，但是由于其"总括性"而难以对体育教育有关问题进行深入探索，而体育教育学是学校体育学的局部，同时也是该部分的扩展和延伸。体育教学论则注重体育教学过程基本规律和特点的探索以及教学法则的理论研究；而体育教材教法则注重各具体运动项目的教法分析。显然，这后两者被包含于体育教育学之内。从以往的学校体育学、体育教学论、体育教材教法学科内容来看，它们已难以适应培养新型体育教师的需要。在现代社会重新认识体育教育的本质、体育教育与健康教育的关系、体育课程的改革等问题，都需要从理论上给予提升，而对这些问题的回答与解决已绝非传统的学校体育学、体育教学论、体育教材教法所能单独胜任的。因而，需要一个统一、整合的学科来对此做出解释、预测和指导，体育教育学即这样的学科。

　　体育教育学的构建至少应包括以下三个层面或领域：第一，从哲学意义和原理意义上探讨体育教育与人的身心发展、与社会发展的关系，探讨体育教育的目的、任务、内容及原则、方法的关联性；第二，探讨体育教育内容的选择与组织实施和评价问题，即体育课程的编制问题；第三，探讨体育教育方法与体育学习方法的统一问题以及各自的特殊性问题。这样构建的体育教育学将会是一个学科体系，它可能会有体育教育史、体育教育目的论、体育课程论、体育教学研究、体育（运动）学习论、体育方法论、体育教育评价论等多个分支领域，但对本科体育教育专业来说，不必以课程形式与之一一对应。

　　最后，还有两点必须指出。第一，以专业化为取向的体育教育专业的课程改革，虽注重专业支撑课及专业课的改革，但并不忽视专业基础课的改革。专业基础课的改革应以提供体育教师专业发展所必需的专业基础理论、专业基本技能为中心，并注重有助于体育教师专业情意发展的有关课程的改造或开设；第二，体育教育学科的构建，并非只针对本科段的体育教育专业课程改革而言。因为，体育教师的专业化发展是持续不断的长期发展过程，本科教育阶段只是其专业发展的预备或初期阶段，本科教育只是预备性教育。因此，体育教育学科体系的构建与完善，是对为体育教师专业全程发展提供支撑的课程而言的。

第六节　高校体育课堂教学方法的多元化与创新策略

高校体育教学是发展大学生身心健康素质、提升大学生综合素养的抓手之一，在体育教学改革的过程中，体育教学方法的创新与应用有着非常重要的意义。为了更好地适应体育教学改革的需求，笔者就体育教学方法的实施与创新进行了探究。通过本研究以期为提升体育教学的有效性，促进大学生身心健康素质的发展提供有益的参考。从当前我国高校体育教学方法的应用现状来看，体育教学方法存在单一化、孤立化等问题。在高校体育课程改革不断深入推进的过程中，体育课堂成为落实体育教学健康第一、以人为本教育理念的有效手段。体育课堂的人文关怀与多元化开展，更加有利于大学生终身体育意识与健康锻炼习惯的养成。体育教学方法的实施与创新，目标是为了更好地促进大学生的身心健康发展，让高校体育教学回归教育的本源。因此，加大对体育教学方法的实施与创新研究，有着重要的理论与实践价值。

一、高校体育教学方法选用的依据

（一）根据体育教学任务选取教学方法

在高校体育教学过程中，不同的体育课程其教学目标是不同的。为了更好地提升高校体育教学目标的达成度，需要在不同的教学任务基础上，选取合适的体育教学方法，以此来更好地促进高校大学生体育学习效果的提升。例如，在高校的武术教学过程中，教师要注重镜面示范、背面示范、正面示范等多种示范方法在教学过程中的应用，以此来提升高校体育教学的有效性。

（二）根据教材内容特征选取教学方法

在高校体育课程改革过程中，为了提升体育教学的有效性，倡导使用多元化的体育教学方法。教学方法的使用不能盲目地适从，而是要在全面分析高校体育教学目标的基础上，结合高校体育教材的内容特征，来选取适宜的体育教学方法，以此来更好地促进高校体育教学质量的提升。例如，在高校田径长跑这一发展耐力素质教学内容开展的过程中，教师可以借助教学比赛法来提升中长跑教学的趣味性。

（三）按照大学生的个体差异选取教学方法

高校大学生在体育学习过程中，受到身体素质、运动能力、个性特征、接受能力等差异的影响，其体育技能学习的效果也存在着较大的差异。因此，在高校体育教学过程中，教师要在充分了解学生差异的基础上，结合体育教学的健康发展目标，借助有针对性的体育教学方法，来促进大学生体育技能与锻炼习惯的养成。例如，在篮球教学过程中，针对基础好的与零基础的大学生，教师可以采用分组教学的方法，以更好地实现篮球教学的目标。

（四）根据教师自身的能力选取教学方法

在高校体育教学过程中，体育教师在课堂上处在一个主导的地位，因此高校体育课堂教学方法的选取，要符合教师自身的教育能力，包括讲解能力、示范能力等。只有符合教师自身能力的教学方法，实施起来才能够得心应手。同时，教师在教学过程中要加强对学生体育锻炼习惯、终身体育意识的培养，通过有效的组织方式来吸引大学生参与体育锻炼，同时要提升体育教学方法的趣味性，激发大学生体育学习的兴趣。教师在教学过程中要掌握调动大学生体育学习积极性的策略，以此来更好地保证高校体育教学的效果。例如，在投掷教学过程中，受到大学生的体育学习心理等因素的影响，往往女大学生出现不愿意进行投掷练习等问题，此时教师就要借助分组教学法，通过帮带等方式，来提升这部分学生参与练习的积极性。

二、高校体育课堂教学方法选用的原则

（一）体育教学方法的经济性原则

体育教学方法使用的多元化目的是提升教学效果，因此在教学过程中，选用的教学方法要本着经济性的原则。只有更为经济的教学方法，才能够转化为现实体育教学的有效方法，为达到体育课堂教学的目标提供经济、实用的体育教学方法。

（二）体育教学方法的动态性原则

体育教学是一个动态实施的过程，为此教师在选用体育教学方法的过程中，会受到环境、评价、兴趣等因素的影响。而在体育教学深入开展的过程中，大学生运动技能的熟练、体育知识的丰富，需要更为合适的体育教学内容与方法来满足健康与兴趣发展的需求。因此，在体育教学过程中，教师所

选用的体育教学方法，要遵循动态性的原则，包括体育教学方法使用环节的动态性、体育教学方法提升的动态性，等等。只有遵循动态性原则，才可以更好地实现体育教学与大学生身心健康发展的可持续性。

（三）体育教学方法的相融性原则

体育教学方法的相融性原则指的是在高校体育教学过程中，教师所选择的体育教学方法是多元化的，既有发展大学生体育健康知识的教学方法，也有提升大学生运动技能掌握水平的教学方法。因此，为了更好地提升高校体育教学有效性，教师在体育课堂教学方法创新的过程中，要提升体育方法相互之间的融合性，以此来更好地促进大学生身心健康的全面发展与多元发展。

（四）体育教学方法的多维性原则

体育教学的过程中，每一种教学方法的使用都不能急于求成，这是因为体育教学的过程性与生成性效果的达成，是体育教学内容、体育教学目标、体育教学对象、体育教学评价等多种因素综合作用的结果。因此，为了更好地提升体育教学的效果，教师在运用某种体育教学方法的时候，要加大对这一教学方法多维性的分析，以此来更好地实现体育教学方法的创新应用与教学效果的提升。

（五）体育教学方法的灵活性原则

高校体育教学方法的应用，需要在不断研究体育教学规律、大学生身心健康发展规律的基础上，创新高校体育教学的方法。而这种创新需要以传统的体育教学方法为基础，通过不断更新与完善，来满足现代体育教学与大学生身心健康发展的需求。在这个过程中，体育教学方法的灵活性必须满足教学方法调整的灵活性、评价的灵活性等。

三、高校体育教学方法的实施与创新

（一）讲解示范教学法

主要有徒手模仿练习法、持器械模仿练习法等。第一种徒手模仿练习法适用于初学者的原地体育动作模仿练习。例如，在篮球教学过程中，在进行徒手模仿投篮动作的时候，要以正确的投篮动作进行模仿练习。需要注意的是在完成投篮动作以后，不能立即把投篮的手收回，要在检查了动作的准确性之后才可以进行下一个动作。通过多次徒手模仿练习，来不断地提升投篮的熟练性。第二种方法是持器械模仿练习的方法，这一方法是在较为熟练地掌握动作技能之后，大学生持器械做模仿的练习。例如，通过原地持球的投篮模仿练习，体验持球、身体蹬地发力、抬肘、压腕、拨指等，从而为更好地开展下一步的持球投篮练习打下良好的动作基础。

（二）教学比赛练习法

体育技能教学的效果最终要在比赛等应用中进行检验，因此，在体育教学过程中，教师可以借助教学比赛这一练习法，来进一步激发大学生的体育学习与参与的积极性。教学比赛能够给大学生的体育学习带来更多的刺激性，享受比赛的过程性与团队合作性，可以让大学生在比赛过程中发现自己在体育技能学习方面的不足之处，为接下来的巩固练习激发出更多的动力。教师在应用教学比赛的过程中，首先要按照大学生的练习水平进行科学的分组，以更好地激发全体大学生的练习积极性，其次要加强对大学生团队意识的培养，让大学生在比赛过程中获得更多的配合技巧与团队合作方法，最后在比赛过程中，教师要通过有效的教学方法来锻炼大学生的竞赛心理素质，为运动技能的稳定性奠定基础。

（三）表象教学法

充分利用表象训练，能够帮助大学生更为准确地掌握体育动作技能。首先，在进行体育动作学习之前，要借助视频等多媒体教学手段，对整个运动技术动作进行演示。教师要结合视频对关键动作进行讲解，帮助大学生更为直观地感受体育动作的要领，在心理上来感知肌肉用力的动作要领，从而更快地掌握重点的技术环节。其次，让大学生做好不同技能的动作准备，对整个体育动作的过程与练习方法进行想象，并且在教师的引导下，来体会重点技术的练习。再次，教师就大学生的体育动作练习开展有针对性的指导，并拍摄大学生的体育动作过程，指导大学生学会对动作的对比观察，从而找出不准确的动作，采取有针对性的改进措施，教师在指导大学生练习的过程中，要以精准的示范来帮助大学生更好地理解动作，进而为表象练习效果的提升打下坚实的基础。最后，在动作练习结束之后，教师要进一步传授表象练习法的开展方式。例如，可以在晚上睡觉之前，对动作进行意念上的回忆，具体的动作过程是让大学生自然仰卧，闭上眼睛，将身体放松，并做深呼吸，最为关键的一点是让大脑保持高度的集中，通过自我意念控制来演练体育的动作要领。要经常进行这样的表象训练方式，最终让大学生在脑海里完全掌握体育动作的要领。

四、高校体育教学方法的创新策略

体育教师在教学过程中，要落实育人为本的原则，按照大学生的基本状况，提升对体育教材的研究力度。通过创新体育教学方法，来促进体育教学目标的达成。有效的体育教学方法是提升体育教学的核心问题，也是达成体育课堂教学目标的一个关键因素。因此，在体育教学过程中，教师要以丰富、灵活的体育教学方法来调动大学生学习体育的积极性，激发大学生的体育学习与锻炼的兴趣，培养大学生的运动技能，促进大学生体育锻炼与终身体育意识的发展。教学方法是多种多样的，而每一种教学方法都是有针对性的。

综上所述，在高校体育教学过程中，要以人才发展的目标为依据，在客观分析高校体育教学方法现状的基础上，做好高校体育教学方法的定位，体育教师在教学过程中，要加大对现代化体育教学方法的应用，在落实学生主体地位的基础上，实现体育教学方法由技术向健康知识、技能传授的方向转变。同时，教师要以学生为主体，实现体育课堂、体育评价、体育测试的人本主义，促进大学生体育知识、体育技能、体育习惯与终身体育意识的快速发展。体育学习作为知识与技能结合的学习方式，在体育教学过程中，需要按照由简单到难、循序渐进、差异性的原则。教学方法的有效性体现为课堂教学的有效性、动作展示的有效性、学习评价的有效性等。

第七节　逆向教学法在高校体育教学中的应用探讨

逆向教学法是针对传统教学方法而言的，传统教学方法以教材和教学大纲为标准，以市场为导向，培养符合社会和市场需要的人才，而逆向教学法则是反其道而行之，从学生的兴趣和实际需要出发，培养学生对体育项目的兴趣。逆向教学法在高校体育教学中的应用，一方面可以有效提高学生对于体育项目的兴趣，另一方面也能准确把握学生的心理，有利于开展有针对性的体育训练与教学，更好地促进学生的全面发展。

一、逆向教学法在高校体育教学中应用的本质

（一）从学生的需要出发，实现素质教育目标

在我国教育改革的影响下，各种新型的教学模式不断涌现，逆向教学法就是基于这样的背景产生的。逆向教学法重视学生的需要，从学生的实际需要出发，而不是传统的以社会的需要为导向。所以，逆向教学法的应用在学生群体中颇受欢迎。逆向教学法让高校体育教学更具针对性，更加符合学生的实际发展需要，也能够全面提升学生的综合素质和实践能力，更好地实现素质教育的根本目标，以顺应时代的发展潮流，促进我国教育改革的不断落

实与实践。

（二）从学生的需要出发，培养学生个性化的品质

在当今个性化的时代，私人定制的服务和产品才是市场欢迎和乐于接受的。因此，人才的个性化培养也是非常重要的。从学生的需要出发，培养个性化的人才、为社会提供个性化的人才成为高校教育的基本人才培养目标之一，也是我国教育改革的客观要求。同质化人才一直都是我国教育体系中不可逾越的一道难题，只有提高人才的个性化，让人才培养趋利避害，更加符合人才的标准，才能为国家培养出优秀合格的人才。逆向教学法更加注重针对性教学，从人才的实际状况和需要出发，培养学生的个性化品质。

二、逆向教学法在高校体育教学中的应用策略

（一）制定有针对性的教学内容，教学方法重在研究

逆向教学法在高校体育教学中的应用目的在于促进高校人才培养，有利于培养个性化的人才的进程，因此，要在教学内容和教学方法上进行改进和更新，全面推进培养高校体育人才的进程。首先，要制定有针对性的教学内容，根据学生的实际状况，制定符合学生实际发展需要的体育项目，让学生获得适合自己发展的途径。其次，教学方法要不断改进更新，创新教学模式与方法，采用新型的教学方法，以研究性学习为主，尊重学生的主体地位，培养学生自主学习的习惯。最后，教师在教学过程中主要起引导作用，改变传统的教学习惯，调动学生的主动性和积极性，以培养学生良好的学习习惯，促进高校体育教学水平的提升。

（二）关注学生的兴趣，满足学生的个性化需要

逆向教学法属于兴趣教学的一种具体实践方法，更加关注学生的兴趣。从兴趣出发，以全新的教学方式和教学方法开展体育教学。首先，逆向教学法的应用在于教师要充分了解学生的实际状况和兴趣所在，根据学生的兴趣开展针对性教学，实现逆向教学的根本含义。其次，逆向教学的优势在于充分考量学生各方面的情况，并针对其中存在的问题给予合理的解决，关注学生喜欢的运动，在体育课堂中开展有针对性的训练，以教师为主导，提高学生参与体育运动的兴趣，从而更好地促进高校体育课堂的发展。

（三）纵向评价学生，给予学生学习的信心

逆向教学法的应用还在于要全面评价学生的情况，纵向开展评价，改变以往唯成绩论的情况，尤其是在高校体育教学中，要根据学生的课堂表现进

行评价，而不是单纯地利用成绩评价学生。在体育训练中，对于训练的态度以及课堂表现，都能成为评价学生的标准。通过逆向教学，开展更加科学、公平的评价，能够有效培养学生对体育课堂的兴趣，满足学生学习的成就感与自信心，更好地促进学生的全面发展，实现高校体育课堂教学质量的提升。

综上所述，高校体育课程对于强健学生体魄，培养学生健康的心理和生活方式非常重要。逆向教学法应用于高校体育课堂中，能够有效提升体育课堂的效果。同时，也能通过高校体育课堂开展更有针对性的体育项目，让学生对体育课堂产生兴趣，从而更加热爱体育锻炼和体育项目，有利于深入挖掘学生的体育潜能，为国家和社会培养更加优秀的体育人才。逆向教学法作为一项新型的教学手段和教学方法，其在高校体育课堂中的应用还存在着一定的问题。因此，不断趋利避害，优化教学方法，是高校体育课堂应用逆向教学法需要解决的关键问题，也是全面提升学生体育水平的关键步骤。

第八节　分层教学法在高校体育教学中的必要性和实施策略

在高校教育教学过程中，体育成为一项十分重要的内容。教师在教学过程中，要从学生的身心发展规律出发，为学生营造良好的课堂氛围，并让学生对高校体育知识学习产生浓厚的兴趣。在此情况下，教师要迎合课程教育改革的要求，对教学模式进行更新。在众多教学模式下，分层教学成了体育教师关注的重点。教师要对学生进行合理分层，开展有针对性的教学，让学生在实际学习过程中真正感受到体育知识的魅力和价值。基于此，本节分析了高校体育课程分层教学的必要性和具体的实施策略。

一、高校体育课程分层教学的必要性

（一）加强了学生的学习主体性

在传统的教学模式下，学生的个体差异没有得到应有的重视，学生没有学习的兴趣，体育课堂的氛围比较枯燥。但是，教师运用分层教学模式，就会结合学生的身体素质，关注学生的能力水平。不同层次的学生都会拥有明确的学习目标，教师的教学手段也会展现出多样化的特点。对于学习成绩优秀的学生来说，会拥有新颖的学习内容，能够展现出比较明显的奋斗目标。对于后进生来说，能够通过积极努力，达成自己的目标。分层教学模式的实

行，能够让学生在学习过程中获得喜悦，产生并加强对体育学习的信心。这对于学生学习习惯的养成和主体地位的展现产生了十分重要的影响。

（二）深化教师课堂组织的主导性，有益于个人业务能力的提升

教学是对学生进行思考的一个重要过程，分层教学实行的时候主要是从具体的教学内容出发，能够遵循因材施教的教学理念。总体来说，分层教学的开展和教师的课堂把控能力存在密切的关系。

在分层教学模式下，教师在教学的时候，应该贯彻落实生本理念，力求引导学生朝着个性化的方向发展。在此，教师就要结合学生的实际情况，运用丰富的教学手段，满足学生的需求。在这种情况下，教师的教学方法才会展现出一定的针对性。根据不同层次的学生，教师可灵活地运用教学方法，让自身的教学水平得到提升。同时，教师还应该积极学习，能够虚心听取意见，对教学手段进行优化。分层教学法对教师提出了比较大的挑战，教师的科研能力也会得到较多的激发。最终，分层教学法对于提升教师的科研水平和活跃校园氛围提供了有力的帮助。

（三）优化教学目标，展现出良好的教学效果

在高校体育课程教学过程中，教师运用分层教学法，主要是遵循了因材施教的教学原则。针对不同的学生，要制定出不同的教学目标。在给予学生有针对性的指导和帮助的情况下，能够促进学生的全面发展和进步。在这个过程中，体育教学目标得到了优化，也让学生的学习动机得到了激发，学生参与学习的热情得到了有效提升。应用分层教学法，使学生探究能力的提升拥有了广阔的空间，各个层次的学生都得到了全面的发展，这实现了素质教育的整体发展目标。

二、高校体育课程分层教学的实施策略

（一）创建良好的师生关系，为分层教学提供基础

经过详细的分析和研究得知，良好的师生关系会促进学生形成良好的行为。在良好和浓厚的学习氛围中，学生的积极表现行为会得到提升，学生的心理也会更加积极和乐观。因此，教师想要进行分层教学，就应该和学生形成相互信任和相互尊重的模式。学生在学习中找到自己的定位，就会对体育知识学习产生浓厚的兴趣。同时，教师开展分层教学，应该从良好的教学环境创建角度出发，让学生能够在真诚友好的环境下，彰显出自身的主体地位，并发挥出主观能动性。教师和学生之间相互尊重，对学生的学习热情进行充分的调动，最终使学生的创新意识以及主动参与体育活动的动力得到激发，

在不知不觉中加强各个层次学生的学习效果。

（二）对教学目标进行科学、合理的分层，制定合理的教学方法

通常情况下，分层教学展现的是一个比较完整的过程，其中涉及了比较多的教学环节，这些环节形成了一个完善的教学整体活动。我们都知道，如果其中一个环节发生了变化，就会引发整体的变化。因此，在开展高校体育教育教学过程中，应该把教学的重点放在教学目标上，关注教学内容和教学方法。分层教学过程中，教师要关注分层的合理性，学生在接受分层之后，教师要关注全体学生，也应该让体育教学大纲成为教学的重要引领。在以学生实际情况为基础的情况下，让学生制定合理的学习目标。同时，分层教学目标还应该透彻地深入每一个教学环节中。最后，教师制定出符合各个层次学生发展的教学方法，运用不同的教学评价方式开展教学。

（三）教师创新知识，为分层教学做好保障

在高校体育教育教学过程中，教师要迎合素质教育的要求，在教学中展现出多层面、多角度和多互动的模式。高校体育教学也不能缺乏创新人才。教师是课堂教学的重要组织者，应该展现出较强的创新精神和能力。分层教学中，教师的教学难度明显增加。教师应该从教学目标出发，对课程进行精心准备，在面对不同层次的学生时，要以有针对性的学习目标为支撑，在教学过程中运用积极有效的手段，让学生的学习上升到一个层次。因此，教师应为分层教学的开展储备充足的体育知识，让自己的知识面得以扩宽，通过新颖和生动的知识激发学生的学习欲望。

（四）完善场地建设，让分层教学顺利进行

优质的体育场地和器材是保障高校体育课程有序进行的前提和基础。教师在开展高校体育课程教学的时候，要着手准备体育场地和器材，保证体育场地和器材符合学生的身心发展规律，形成快乐的学习氛围。所以教师在教学过程中应该注意增强学生体质和更新教学内容。同时，学校在体育经费上也应该加大投入，对学校体育设备进行重点改善。在高校体育分层教学中，体育器材和场地要物尽其用，教师对学生的无意注意进行加强，迎合学生的心理特征，最终激发学生进行体育锻炼的积极性和主动性。合理的场地建设，能够保证分层教学的顺利进行。

综上所述，在高校体育课程运行的过程中，教师想要提升教学效率，就应该合理运用分层教学法。通过分层教学法，教师会从学生的身心发展规律出发，结合学生的具体学习状况，提供有针对性的教学模式。通常情况下，教师在教学过程中，要明确教学中的重点和难点，能够对学生进行分层，对

教学内容进行分层，要让学生真正感受到高校体育课程运行的价值和意义。最终，让分层教学法真正地带动高校体育课程的发展和进步。

第四章
大学生体育教学课程的改革研究

第一节　对高校体育课程设置的探讨

高校教育需要培养高素养的人才，要促进学生的全面发展，必须重视体育教育。高校体育教育要面向全体学生，积极发展学生的终身体育意识，促进学生健康完善和发展，为社会培养出更多德、智、体、美、劳全面发展的优秀人才。高校要重视体育教育，积极探究体育教育中存在的问题，发挥大学体育的功能，提升学生锻炼身体的技能，培养学生的体育运动意识。然而，在高校体育课程设置中还存在一些问题，影响到高校体育教育的发展，影响到人才的有效培养，我们要积极对高校体育课程设置进行改革创新，为学生提供优质的体育课程，以促进学生全面素养的提升。

一、高校体育课程设置存在的问题

（一）体育课程教学内容片面性强

在高校体育课程设置中，指导思想之一就是促进学生体质的发展，实现技能教育。在这种指导思想的影响下，体育课程设置的内容存在很大的片面性，突出的是知识的传播和技能的传授。体育教育的理念是较为落后的，在实践体育教学的过程中，过于强调传统体育知识技能的传播，课堂以教师讲解体育知识、演示相关体育技能为主，忽视了学生学习的自主性和独立性，限制了学生自由活动的权利，导致学生参与体育的兴趣不高，学生的人格、尊严、个性、价值认识及社会适应能力的培养在体育教育中都没有显现出来，影响到了学生的健康成长，使人才的培养出现了片面性。因此，需要积极地进行体育教育改革，以促进学生身体健康发展为中心，坚持以"健康第一"的指导思想进行体育课程设置，通过体育教育促进学生体育意识的养成。

（二）体育课程所选用的教材较为陈旧

高校体育课程教育的发展，要依靠有效的教材，但如今体育课程中所选用的教材较为陈旧，大多是以竞技项目为中心进行设计的，教程模式统一，严格按照教学大纲的设计授课，教材中没有体现出对学生终身体育意识的培养，更没有考虑到学生的个性差异。教材陈旧也是影响学生体育学习积极性的重要原因。

（三）高校体育课程设置的连续性不强

课程设置具有一定的逻辑性和连续性，是保证教学效果的前提，但在现在的高校体育课程设置中存在着连续性不强的情况。在高校体育课程中有必修课和选修课两种形式，对部分专业学生而言，学校并没有为他们提供开设体育选修课的条件，即使勉强开设这种课程，学生所学的内容也是不连贯的，这既不利于学生体育锻炼意识的培养，也不利于学生的身体健康发展。通过多年研究，我们发现很多大三、大四学生的身体素质较大一、大二的学生有明显的下降趋势，主要原因是，大三、大四的体育教育以选修为主，加上学生学习压力大，毕业找工作压力大，很多学生放弃了锻炼身体，导致他们的体质水平呈现下降的趋势。因此，体育课程设置要具有一定的连续性，即使大三、大四，也需要开设体育必修课程，对学生进行体育锻炼提出适当的要求，以使学生能够获得稳定的发展。

（四）高校体育课程设置单一化，脱离了学生的实际

在高校体育课程设置中存在单一化的倾向，课程设置脱离了学生的实际，没有兼顾到学生的差异化。课程教学采用统一的授课模式和同样的授课内容，不关注学生的个性差异，造成体育教学形式单一，内容枯燥，教学的生动性不强，无法调动学生学习体育的热情。这种课程设置是失败的，教学效果不理想，体育教学难以培养学生的体育兴趣和良好的体育习惯，更难以培养学生终身参与体育的意识。

（五）课程教学评估方式单一

在体育课程教学中，存在课程评估方式单一的问题。传统的教学对体育课程的教学评估不重视，也是客观存在的问题。在评估体育课程时，只重视分数，不重视学生学习体育的过程，不重视学生学习体育的积极性的评价，不重视对学生心理素质及综合素养的评估。评估方式单一，内容单一，也是制约体育教学发展、影响学生学习效果、影响学生综合能力发展的重要因素。很多教育家都主张通过评估促进教学的发展，在体育课程教学中，要积极地进行评估方式改革，采用一系列科学的评估方式，对学生进行全面的体育学习评估，积极改进传统的教学评估方式，从学生的角度出发，对学生的体育学习进行连续性的、综合化的评估，以促进学生体育学习效果的不断提升。

二、高校体育课程设置的改革策略分析

（一）以培养学生的终身体育意识为指导思想

当前，高校体育教学质量不高，课程设置不合理，不能满足学生的体育锻炼要求，也不符合新课改的要求，因此，高校体育课程设置必须进行改革，为学生终身体育意识的培养做好引导，为学生的终身体育锻炼打下基础。

高校体育教学要积极追求一种目标，引导学生进行自我体育锻炼，实现学生自主学习、自主训练。而要想培养终身体育锻炼的意识，要培养学生自我进行体育锻炼的能力，激发学生自我参与体育锻炼的兴趣。对于大学生而言，他们的思想认识水平已经相当高了，自我发展意识也在不断增强。大学生已经能够认识到健康的重要性，能够认识到体育锻炼对自己未来工作学习生活的重要性。在这个时期，学校就需要不断强化学生的体育锻炼意识。在课程设置中，应该以终身体育为指导思想，进行体育内容的安排设计，有意识地安排一些使学生终身受用的体育锻炼项目。例如，丰富体育课程内容，引导学生学习一些实用性强的太极拳，或者学习一些自己感兴趣的健美操等，引导学生掌握这些体育活动技能。对于这些体育项目，学生在校期间可以练习，在未来的生活中也很实用，同时它们对于激发学生的体育锻炼积极性，促进学生终身体育意识的培养具有积极的作用。

（二）丰富高校体育课程内容

当前高校体育课程设置中存在内容片面落后的情况，严重制约了学生学习兴趣的发展。因此，高校体育课程设置改革就要不断丰富课程内容，以激发学生体育参与的积极性，为学生提供丰富的体育素材。

丰富课程内容是体育课程设置改革的重要内容。丰富课程内容应该从学生的知识结构、认知能力出发，结合学生身心发展的特点，选择与学生心理素养和身体素养相匹配的教学内容。例如，现在高校体育课程中主要是以技能知识的传播为主，忽视了一些健身知识、保健知识的传播，但学生对这些方面的知识是有需求的，因此，可以把这些知识补充到体育课程中。当代大学生的智力和思考能力已经达到了一定的水平，他们的认识思维能力相对较强，渴求一些新的知识、一些对自己有用的技能。他们喜欢看体育电视节目，喜欢听一些体育新闻，喜欢新生事物，因此，体育课程内容必须丰富、新颖。大学生追求健康，他们渴望掌握科学的体育锻炼方式，渴望掌握如何在运动中避免受伤的技巧，因此，在进行体育课程设置中，就需要围绕学生的需要丰富相关内容，做到因材施教，根据学生的不同兴趣和爱好，充实课程内容。

要能够将一些备受学生喜爱的现代体育运动项目，比如网球运动、健美操、体育舞蹈、足球等引入体育课程中，体现出高校体育教学的不同层次和水平，使学生能够根据自己的需要选择学习项目，这对于激发学生的体育锻炼兴趣、提高体育锻炼热情具有积极的作用。

（三）选择实用性强而先进的教材

当前高校体育教学存在教材选择陈旧的问题，对此，体育课程设置改革就需要积极解决这个问题，选择科学的、实用性强的、先进的教材，为学生提供有效的学习资源。在自己体育教材的选择上，要积极地选用新近出版的教材，并立足于学生的需求，选择一些与学生兴趣爱好相近的教材。学校也可以根据学生的具体情况，根据学生的兴趣爱好，编订出适合学生体育发展的校本教材，通过教材改革，激发学生对体育学习锻炼的兴趣。此外，还应选择能够体现大学生这个特殊群体特色的教材，根据学生的需要多选择一些涵盖体育欣赏、体育保健等方面知识内容的教材，通过教材创新，来增加学生的体育锻炼热情。

（四）保证体育课程设置的连续性

要想有效发展学生的体育技能，促进学生体育兴趣的培养，就必须保障体育课程设置的连续性。在如今的高校体育课程设置中，存在连续性不强的现象。大一、大二开始的课程，在大三、大四可能就不开设了，不利于学生体育锻炼习惯的养成。对于部分内容及体育技能，学生在大一、大二正学着、正练习着，一套完整的内容还没有完结，可到了大三、大四就不学了，也影响学生体育兴趣的培养。因此，在课程设置改革中，要积极纠正这个问题，保障课程设置的连续性。学校要认识到体育学习、体育锻炼是学生一辈子的事情。学校有义务引导学生养成良好的体育习惯，有义务培养学生科学地进行体育锻炼的技能，通过体育课程改革，保障课程设置的连续性，为学生进行有效的体育学习打下基础。

（五）选择趣味性和休闲性较强的教学内容

对于大学生而言，他们对新鲜事物很感兴趣，高校体育课程在内容设置方面就要立足于学生的生理和心理需要，选择一些趣味性和休闲性较强的教学内容，改革课程内容。例如，在课程中可以增加一些体育类的游戏内容，也可以增加一些富有挑战性的运动项目，如中国传统的武术项目，还可以增强体育课程内容的趣味性。通过调查发现，很多女学生对体育课程学习不感兴趣。为了解决这个问题，需要选用集趣味性与竞争性于一体的体育运动项目，以有效增加女生参与体育学习的积极性。进行体育课程改革，还可以设置一些休闲性较强的体育课程，通过休闲性的体育项目内容陶冶学生的情操，使学生积极地参与到体育锻炼中，以实现学生身体素养的有效提升。

（六）立足于学生的实际

高校体育课程体系设置要立足于学生的实际，从学生的现实需要出发，充分分析学生的个性特征，依据学生的身体发展水平进行改革设置。这样的课程设置才能更加科学、更为合理。在课程项目选择方面，要把较为流行的课程设置到体育课程体系，把一些时尚流行的体育项目纳入课程体系，比如把目前流行的定向运动、瑜伽项目及素质拓展项目纳入课程体系。课程设置要以健身为目标，突出娱乐性，比如把乒乓球运动项目、网球运动项目、体育舞蹈等学生喜欢的运动项目纳入课程体系。这些项目不需要很大的运动量，就可以达到锻炼身体的目标，这种大众化的运动项目更能使学生积极地参与进来。所以，在课程设置中，应该把这些内容引入课程体系中。只有立足于学生的实际需要进行课程体系建设，才能促进体育教学的有效发展。

（七）构建多元化的体育课程结构体系

高校体育课程结构设置要能够依据高校体育的教学目标，尽量做到设置科学实用，实现多元化的课程结构体系设置。一般而言，高校体育课程结构包括体育必修课、体育选修课、体育保健课程、体育理论课程及课外体育运动课程等。通过丰富多样的课程结构设置，可以满足学生对体育运动的需要，这样的课程结构设置能够使学生掌握基本的体育知识与体育技能，培养学生的基本体育锻炼方式，同时又能充分考虑学生的个性需要，为学生提供个性化的体育运动项目，满足学生的需要。只有构建多元化的体育课程结构体系，极大地丰富体育教学内容，才能不断提高学生参与体育锻炼的兴趣，促进学生体育运动习惯的养成，极大地提高学生的思想品质、心理素质和适应社会的能力，促进学生综合素养的发展。

第二节　高校体育课程改革的实践与走向

当前阶段的大学体育课程项目设置呈现多样性的特征，课程项目的设置也让学生体验到了更多的趣味性。传统观念下的体育教学已经不再符合学生的学习需求，也不能满足学生的素质需要。因此，新时期必须做好高校体育课程教学的改革工作，以下对此进行阐述分析。

一、高校体育课程改革的时代要求

当前我国已经步入全球化发展的行列中，对人才的需求日益提升，对教育质量也提出了更高的要求。为了能够适应未来的发展需求，必须做好高等教育工作，对其进行改革与实践。体育学科需要按照自身的特点进行教学，传统的体育课程形式已经不符合高校体育教育的需要，需要教师改革创新教育教学理念，改革教育教学方法，让高校体育课程符合社会的需要，满足学生的需要，做好学生人格培养工作和强身健体训练，并且最终让学生成为综合发展的人才。新时期为了做好人才储备工作，必须着眼于学生的身体技能、身体素质、体育文化、体育精神以及终身体育思想和自我锻炼习惯等，让学生的锻炼习惯可以在学习中逐步展现出来。在高校体育课程改革的进程中，每所学校都应该争取起到榜样示范带头作用，促进改革目标的实现。

二、高校体育课程教学改革的实践与走向

（一）高校体育课程教学改革的实践分析

首先，应合理科学地设置高校体育课程。高校体育课程的设置要考虑多个方面的问题，大学和中、小学的情况不同，因此还需要按照大学生的运动能力、运动兴趣和运动水平合理地设置体育学科，实施分层次体育教学。例如，基础课程和选修课程双管齐下，基础课程可以让学生具备基本的体育训练技能，选修课程可以不断地强化大学生的体育意识，还可以做兴趣爱好的输出，给学生的兴趣爱好释放机会，如有些学生喜欢篮球、足球、游泳、健美操等。因此，按照学生的兴趣爱好开展选修课程可以更好地实现学生个性化的成长。体育选修课程的选择可以帮助学生提升体育训练的自信心，增强自主学习的能力，也让大学生重新审视体育学科，使体育学科发挥作用，改变以往的体育训练枯燥乏味的问题，使其更能够追赶时代的教育潮流。

其次，教师应丰富体育授课的内容。体育授课内容在很大程度上决定了体育教学的效果和质量，教师在教学时需要将体育学科和学生的现代化生活更好地结合在一起，学生重视身体健康才可以更好地增强体育锻炼的有效性。内容上教师要从技能训练、健康训练、精神训练入手，让学生避免在大学期间出现肥胖的现象，学会如何健康地饮食，健康地生活，养成良好的生活习惯。体育课程教学中可以试试自主选择学习项目，如篮球项目、长拳项目等。不同的项目带给学生的感受不同，教师可以按照单元项目给学生做好体育编排工作，合理使用身边的资源，充分发挥出体育学科资源的优势。

最后，应关注大学生的个性化发展。体育学科教学是以学生为主的一种教学方法，因此更为重视学生的个性发展，让学生成为新时期体育教学的主人。体育授课将知识和技能以及情感集合在一起，激发了学生对体育学科的学习欲望，让学生真正地喜欢上体育。高校体育教学改革过程中，大学生的体育精神培养是不可或缺的，教师可以带领学生观看各种比赛，还可以组织学生进行户外体育运动，改变学生单纯的体育认知。将体育教学加入体育活动的实践中，才能让学生真正地感悟体育精神，也才能让教师更好地取得体育教学的成功。

（二）高校体育学科教学改革的方向

首先，体育教育思想方向的转变。大学生的健康情况一直受到社会的关注，青少年的身体健康情况是社会建设的主要组成部分。所以在大学这个平台上，体育教学一定要进行改革，让学生的身体健康处于重要的地位，不断地强化学生的体质培训。传统的体育学科教学观已经不符合体育学科的需要，在改革方向上必须树立新的思想，让学生逐步养成良好的运动习惯。对此，教师可以精心设计课程，使电子体育竞技和传统体育竞技相结合，真正实现脑力活动和体力活动的共同运用，为学生主体服务。

其次，体育教学模式的创新。体育教学模式的创新是体育教学过程中的关键一步，因此教师必须创新教学理念、创新教学方式，激发学生的主体性和积极性，还需要不断地强化学生的思想，让学生身体力行。教师拓展体育教学，可以将信息技术和体育学科融合在一起，做好团体教学设计，这样才可以弥补传统体育教学中的某些不足，改变学生对传统体育的认知。

综上所述，本节对大学体育课程教学改革实践与走向进行分析和研究。大学体育课程教学的改革可以改变传统教学弊端，将阳光体育和健康体育融入学科中，创新学科设置，让内容更加丰富，教师的教学方法也得到了创新，自然可以提升教学质量。

第三节　新课程教学理念下高校体育教学课程的优化

随着中国教育改革的逐步展开、施行，培养高校学生的综合素质成为越来越需要大家关注的问题。高校学生不仅要发展自身的专业知识，还要提高自身的体育素质，促进其综合素质的发展。高校教师要始终跟随时代的步伐，改变原来的教学理念和教学方式，为国家培养出全面人才，更好地服务于社会。

一、新课程教学理念下高校体育课程优化的意义

随着新课程改革的不断深入，它所体现的学习理念、学习方式、人生观、价值观等都发生了变化，这就需要教师改变以往的传统教学方式，开拓新的符合当代社会发展趋势的教学方式。高校教师应以课程标准为教学目标，加强学科的综合性，合理设置综合课程，增加综合实践活动。通过合理的课程设置，增强学生的体质，树立健康的体育运动意识，帮助学生养成强身健体的好习惯，促进全面综合素质发展。

二、新课程教学理念下影响高校体育教学发展的主要因素

（一）高校体育教学资源配置不均衡

在目前国内的大多数高校中，资源配置不合理成为限制体育教学发展的共同问题。体育教师的缺乏、体育设施的简陋、教学内容的不合理等问题直接影响了高校体育教育的发展。在课堂教学活动中，因为资源配置的贫乏，教师不能开展更为丰富的教学内容，学生也不能进行更多的体育运动，加上体育课的运动强度让更多的高校学生逐渐失去兴趣，进而使他们排斥、害怕体育。这些情况极其不利于高校体育教学的健康发展。

（二）高校体育教学理念模式老旧

在新课标的要求下，教师应当注重教学活动中学生的课堂主体地位，尊重学生的个性发展和身心全面健康发展。而就当下高校体育教学课堂而言，教师仍然将传统"填鸭式"教学作为教学活动的重点，忽略了学生的课堂主体地位，极其不利于学生挖掘自身的潜能。

（三）部分高校体育教师专业素质不高

整体来说，一些国内高校对体育建设不重视，只是一味地执行以往的教育任务，缺乏对体育教师人才队伍的培养，无法引导学生学习更为广泛的体育知识，也不能调动学生对体育锻炼的积极性。另外，教师过分追求学生的体育技能，不考虑学生个体的差异性，没有清晰理解体育教育的意义，导致体育教学评价体系偏离了当代的教育目标。

（四）高校体育教学实践意识缺乏

目前，尽管高校都设置了一系列的体育课程，或是必修或是选修，但是

都缺少丰富多彩的校园运动活动。例如，运动会不按时举办，奖品设置不合理等，这些都会导致学生参与热情的大大降低。这些都体现出高校没有真正意识到体育教学对学生全面发展、综合素质的提高有着重要而持久的意义。

三、新课程教学理念下高校体育课程优化的相应对策

（一）重视体育教学资源的投入与合理利用

体育教学活动的顺利开展需要优质的教学资源作为依靠，高校需要大力投入体育教学资源并进行合理分配、利用。首先，学校有必要加大资金投入，完善体育设施建设，为学生提供更丰富的体育设备，更完善的体育运动场所，如增设篮球场、排球场、羽毛球场等，提高学生锻炼的积极性。其次，学校要加强对体育设备的定期检查与相应的维修，以防止在体育锻炼中因设备老化而对学生造成危害。此外，学校还要加强对信息技术的运用，将多媒体和体育教学联系起来，丰富体育课的内容。

（二）改变高校体育教学理念与教学模式

教学理念与教学模式的创新应该成为目前高校教师所重视的一点，如何让学生爱上体育课，如何让学生提高对体育知识的认识，如何培养学生的身体素质等，都是高校教师需要关注的问题。在新课程教学理念下，教师要改变以往的教学理念，突破传统教学的枷锁，尊重学生的个性发展，重视健康体育教育。教师可以根据教学内容合理设置教学模式，让全体学生都参与到教学活动中，以学生为课堂主体展开一系列适合学生健康体育发展的活动。

（三）加大高校体育的实践教学活动

学校应该认识到学生的身体锻炼不应该只表现在体育课程上，还应该养成每日运动、终身运动的好习惯。许多刚步入高校的大学生自制能力差、不爱运动。针对目前高校学生的这一现状，一些高校开始使用软件来监督学生的每日跑步，并纳入体育课的成绩评价，这一举措让众多学生爱上了跑步，并提高了自身的体育素质。

综上所述，新课程教学理念的逐渐深入，让高校意识到体育教学的重要性。目前，高校体育教学存在资源配置不均衡、教学理念模式老旧、教师专业素质不高、教学实践意识缺乏等问题，学校需要重视教学资源的投入与利用，改变体育教学理念模式，提高体育教师的综合素质，加大体育的实践教学活动，在新课程教学理念的指导下进行高校体育课程优化。

第四节　构建高校体育理论课程教学体系的研究

21世纪初，我国针对高校体育教学专门颁布了《全国普通高等学校体育课程教学指导纲要》（以下简称《纲要》），这个文件的颁布具有划时代的意义。它不仅针对体育教学内容、体育教学目的、体育课程设定做出了科学的规定，也在体育教学方法探索、教学教材选择、教学资源开发方面给予了高校很大的自主权。不过，通过对不同省份的数十所高校的体育理论课教学情况进行调查，发现不少学校在教学思维、教学安排、教学计划以及学生学习习惯培养方面做得还远远不够，还不能很好地满足《纲要》所提出的各项要求。基于这一原因，本节选取了"教学体系构建"这样一个独特的视角，针对普通高校体育理论教学的原则、理念、内容、策略、形式、意义等做出了综合的分析和系统的把握。

一、高校体育理论课教学体系构建的依据

（一）从《纲要》规定的教学目标产生的依据

21世纪初颁布的《纲要》有一个显著的特色，那就是它将课程目标一分为二，按照阶段来予以划分。低年级的学生（大学三年级以下）主要按照基本目标来展开教学，高年级的学生则主要按照发展目标进行体育学习，需要注意的是包括研究生在内的所有学生都要遵循发展目标。这两大体系优势互补、互相推进，都是新世纪目标体系中的重要组成部分。同时，《纲要》还对这两个体系中的每一个具体目标进行了剖析，这不仅是对课程目标设定的进一步探索，还具有很强的实践意义。这一目标充分彰显了体育理论教学的基本内容、发展方向等方面的优势，所以在进行体育理论教学有关方面的研究时，必须严格按照《纲要》的具体要求展开。

（二）从《纲要》规定的教学内容、课时数产生的依据

《纲要》明确针对理论课与实践课所占的比例进行了划分，按照要求，体育课程中理论课的比例不得低于总课时的10%。假如一个普通高校的学生在大学两年的总课时是14课时，那么按照比例计算不得少于16课时。从过去的实践经验来看，高校体育理论教学的重点都集中在技巧传递和技能掌握方面。虽然《纲要》对体育课程比例有所规划，但是理论课方面并没有对"怎样教"展开进一步探究。总体来看，理论课被忽视的问题大量存在。近年来，研究者在体育理论课方面的探索稍显不足。基于此，要对此予以高效应对就必须广泛地借鉴其他国家在相关问题上的研究成果，结合我国的实际予以变

革。这既符合了《纲要》规划的总目标，也充分体现了"终身教育"的理念，对大学生的身心发展具有极其重要的意义。

二、高校体育理论课教学体系的构建

要想促进学生对体育基础内容的掌握，推动体育品德的养成，最重要的一个步骤就是推动体育理论教学体系的不断完善。将基本知识传达给学生，促进他们培养良好的体育素养，坚持科学的生活方式，养成规律的生活习惯，这些都能使学生终身受益。只有将这些理念真正地灌输给学生，学生才能重视自身的健康，看到体育带给自身的切实利益，逐步养成健康的体育观念，推进自我素养的提升，以自觉的态度进行体育健身。由此可见，体育理论课具有无可替代的重要意义，其重要性丝毫不亚于实践课程。

体育理论课程模式的探索应该在科学的指导下实现，这一指导思想应当充分考虑到学生的生理和心理特征，要能产生促进学生真正认识理论课程重要性的意义，进而寻求适合自己的运动方式。大学生在生理与心理方面都处于一个过渡的阶段，所以体育理论课要凸显阶段性特色，按照科学的步骤展开。其一是从比赛胜负的视角切入，对学生的体育兴趣予以挖掘；其二是促进体育行为通过锻炼处方的刺激而产生；其三是在身体体能评价的基础上，探索科学化的体育教学模式。

三、高校体育理论教学体系教育阶段的理论分析

（一）从体育竞赛欣赏切入产生的理论基础

大一学年的第一学期是体育教学的第一阶段，学时为 4，主要的教学内容是引导学生欣赏竞赛。其中心目标就是按照美学的基本要求，通过观看竞赛中竞技者的表现，体会运动与人体的魅力。当然，也可以通过视频播放、观看体育节目、聆听极具感染力的音乐，加之教师的全方位讲解，让学生体会到体育运动真正的美。这样一来，学生会不由自主地进行美的选择，学生的个性自然就能被激发出来。所谓美的教学，就是要在符合学生身心发展特点的基础上，培养他们选择自己所需的能力，体育理论教学的目标亦是如此。这一时期充分体现了大学生的个性化心理特色。

（二）从竞赛胜负判定奠定理论的学习兴趣

大一学年的第二学期是体育教学的第二阶段，学时为 4，教学的主要内容是判断比赛的胜负。其中心目标就是在了解竞赛基本内容的基础上掌握不同项目所体现出的特色，然后予以评分。感受裁判员在紧张激烈的竞赛程序中是怎样捕捉每一个转瞬即逝的时刻，然后予以迅速应对的。这一阶段的教学

目的是让学生获得科学判断胜负的方式。除了理论传递之外，比赛胜负的判定也是教师需要教授的一个重要内容。此外，还要让学生对裁判工作有所了解，激发他们的学习欲望，提升判断素养。

（三）制定体育锻炼运动处方养成锻炼习惯

大二一整个学年是体育教学的第三阶段，学时为8。其中心目标就是完成运动处方的教学。其核心就是在终身教育观念的引导下，对与健身有关的内容进行深入的了解，对运动形式有更准确的把握。借助于色彩、音乐、图像等对人的感官产生的刺激作用，激起学生感受美的欲望，将美看作一种情感体验，进而正确认识健身运动处方的目标对象是广大普通人，这也是保证其健康的一种重要策略。此外，还要让学生意识到，健身运动处方涵盖面甚广，囊括健身类型、健身强度、健身时长、平均频率、最高完成数量、时间间隔和特殊事项等。其总体设定应遵循的是以人为本的理念，将促进人的健康发展放在体育教学的关键位置。就理论的视角而言，它提升了学生的体育参与度，也让他们更积极地接触体育理论，从而使他们的实践能力得到提升。

第五节　基于核心素养视角下的高校体育课程改革研究

从实际教学来看，越来越多的高校体育教师意识到了传统的高校体育课程已经不能很好地适应社会对大学生的要求，尤其是将大学生培养成高素质人才的要求。传统的体育教学目标更多地关注培养学生的身体素质，但是忽略了对学生核心素养的锻炼和培养。因此，众多高校体育教师提出了大学体育课程改革，并且在实际教学中进行了探索。在此背景下，本节选取了核心素养这一切入点对高校体育课程改革展开了探究。首先简单概括了核心素养的基本理论知识，其次强调了核心素养对于高校体育课程改革的重要性，最后提出了几点基于核心素养视角下的高校体育课程改革建议，希望有助于广大教师在实践中更好地开展高校体育课程改革活动。

一、核心素养的相关理论概述

（一）核心素养的定义

核心素养这一理论的起源可以追溯到20世纪80年代，并且由欧洲发达国家率先提出后传入我国。通常我们目前所说的核心素养指的是学生在技能、知识、情感、态度、价值观等多个方面综合能力的体现，与传统的一些理论相比，它更多地关注学生获得知识的能力、终身学习和发展的能力、适应社会发展所必须具备的能力等。简单地说，核心素养可以看作学生的全面发展，强调培养出适应社会需要的学生。

（二）核心素养在体育学科中的特征

与其他的学科不同，核心素养这一理论在体育学科中有着明显的特征，对这些特征有所了解有助于教师更好地开展大学体育课程改革。因此，本节将核心素养在体育学科中的特征概述如下：

其一，运动能力与运动认知方面。核心素养在体育学科中的特征首先体现在运动能力与运动认知方面。运动能力是指学生在进行体育活动的过程中，能够在神经系统的调节下，动用到身体不同的肌肉群，体现肌肉群的协调性从而完成某些特定的动作。运动认知能力则是对理论、技能、评价等的行为能力，体现了学生的思维能力和感知能力等。

其二，运动行为与运动认识方面。行为方面是指学生的健康行为，包括生理及心理两个方面。在开展体育运动前能够对其产生认识，在完成体育运动后能够选择适宜的放松方式，都是一种健康运动行为的体现。

其三，体育情感与品德方面。形成体育情感的主要目的在于调动学生的积极性，将学生参与运动的兴趣激发出来，情感方面能够展现出学生对于体育学科的态度和兴趣程度。而体育品德方面则包括尊重对手、坚韧不拔、学会合作等方面。

二、核心素养对于高校体育课程改革的重要性

第一，使个人需求与社会需求相互融合。步入大学阶段，学生大多已经成年，有了自己的思维能力和个人需求，一方面是觉醒的自我意识、个人需求，另一方面是社会发展对大学生提出的需求。如何在两者之间寻求平衡点更好地实现自身发展，就成了令许多大学生困惑的问题。而在核心素养理论背景下，在培养促使学生形成稳定的核心素养过程中，既能够充分考虑到学生的个人需求，也能够最终实现社会对学生的需求，达到一种相互融合、互利共赢的状态。从宏观层面看，核心素养视角下学生的个人需求与社会需求的本质是一样的，只是它们体现的形式略有区别。

第二，为大学体育课程改革提供了理论指导。在充分了解核心素养这一理论体系的基础上，高校体育课程改革能够充分借鉴其思想对课改进行全方位的指导，更好地完成课改实践工作。可以毫不夸张地说，核心素养是大学

体育学科素养的目标指向，而学科素养则是核心素养理论的具体化展现。

第三，顺应了时代的发展和进步。注重培养学生的核心素养，一方面能够让学生形成自主运动的行为习惯，对其身体素质的提升有着明显的益处，另一方面还能在学生运动的过程中锻炼他们的心理素质，完成心理调节工作，使他们不仅仅是在校期间，以至毕业之后走入社会、面对错综复杂的社会环境时都能够从中获得自我调节的能力，养成终身锻炼的习惯，因此，顺应了时代的发展及进步。

综上所述，核心素养理论对于高校体育课程的改革具有重要意义。

三、核心素养视角下开展高校体育课程改革的几点建议

针对当前高校体育课程改革的实际情况，提出以下几点建议：

（1）提升教师素养，更新教学观念。目前高校中的一些体育教师逐渐放松了对自我的要求，未能及时更新教学观念，对外界新型教学理论的了解也不够，综合素质仍有待提升。需要明确的是，在大学体育课程教学改革的进程中，教师是实施和推进改革的第一人，要求教师主动更新教学观念，提高自我素养，才能够教授给学生正确的理论和实践方法。因此，高校体育教师应当努力提升自我素养，积极更新教学观念，充分学习相关的理论知识，将其更好地应用于实际教学当中。

首先，高校的领导应当对体育课程改革工作加以重视，采取多种方式积极推进改革，对于在改革过程中确实需要用到的人力、物力予以大力支持。例如，可以通过全校范围内文件下发、动员大会等形式对高校体育课程改革加以推进，还可以为大学体育课程改革配备专项资金，为参与体育课程改革工作的教师制定和安排合理科学的工作量，这些都是行之有效的大学体育课程改革方法。

其次，高校体育教师自身在平时的教学过程中、课后业余时间也要充实自我，通过互联网、图书馆等多种渠道了解核心素养等新型的教学理论，做到与时俱进、终身学习。

（2）改革教学方法，关注学生各方面能力的培养。无论是核心素养视角下的高校体育课程改革，还是其他教学理论下的高校体育课程改革，课改的受众都是大学生们。因此，应当关注他们的兴趣点，有意识地改变教学方式方法，以吸引学生们的学习兴趣，达到培养各方面能力的目标。尤其是在高校体育课程教材比较枯燥的前提下，教师更应该树立年轻的心态，多深入学生当中去了解他们更加倾向于以何种方式开展体育教学活动，对哪些方式下的体育授课更感兴趣、更容易接受。

在开展这些课程改革活动的过程中，教师应当充分注重对学生运动认知能力、健康行为能力等方面的训练及培养，其中学生运动认知能力的培养包括对运动的认识、运动能力、运动习惯三个方面。

通过教师的教学培养，学生应当更加喜欢参与体育活动，培养出某一种或者某一些体育爱好项目。另外，在思想方面教师还应该让学生树立正确的体育观念、对体育有健康积极的态度，掌握一些科学的运动方法和技巧，初步形成良好的运动习惯，从而体现对学生核心素养的培养。另外，学生的健康行为知识也是高校体育课程改革核心素养视角下的一个重要方面。教师应当在教学过程中有意识地对学生进行训练，让他们对体育健康知识、体育健康行为等有所了解。比如在运动前、运动后需要注意的事情等。

（3）理论联系实际，重视体育教学的德育功能。核心素养是一种教学理论，在使用过程中应当充分将理论与实际相互结合起来，并且体现体育教学的德育功能。将理论与实际相结合，除了精选教材、关注学生的兴趣点之外，还应当结合一些趣味性的体育活动，既能锻炼学生的身体，又能培养学生团结合作的品德。一方面，教师应当鼓励学生积极参与各项体育实践活动；另一方面，教师应当尽可能多地给予学生选择的空间，让更多的学生参与到体育实践活动中来，并享受到体育带来的乐趣。

总而言之，无论是高校教师还是学生，都是高校体育课程改革的实践者与参与者。行之有效的高校体育课程改革策略，不仅能够培养出大学生的核心素养，而且能够为社会输送更多高素质的人才。因此，作为一名高校体育教师，在实践教学的过程中应当更加仔细观察、积极总结、不断反思，争取为高校体育课程改革做出更大的贡献。

第六节　体育学科的目标教学与课程的创新设计

一、目标教学的概念与特点

（一）目标教学的概念

目标教学是以教学单元为控制教学过程的基本单位，以教学目标为中心来组织教学活动，以异步教学为教学活动的基本组织形式，以可控变量作为优化教学活动的着力点，以教学评价保证教学活动有效运行的教育教学新体系。

（二）目标教学的特点

目标教学强调"目标意识、情感意识、参与意识、反馈矫正意识、学法意识"，以为其教学特点。

（三）目标教学的导向

通过目标教学实现三个根本转变：课堂教学由以教师为中心向以学生为中心转变；由知识中心向能力中心转变；由为掌握而学向为发展而学转变。

二、对目标教学基本课堂教学结构的认识

（一）要素结构

目标教学的课堂教学要素包括三部分：教师、学生、认知信息。

（二）行为结构

目标教学的课堂教学，围绕每一个明确具体的教学目标，重点调控影响教学效果的三个变量（认知前提、情感特性和教学质量），充分运用检测—反馈手段，采用群体教学与个别教学相结合的形式，构建了课堂教学的行为结构。

（三）程序结构

目标教学大致包括四个环节的程序结构：前提测评—认定（展示）目标—导学达标（实施目标）—达标测评。

三、目标教学的功能

（一）导向功能

教学目标是教师选择教学具体内容，运用教学方法、教学策略、教学媒体及调控教学环境的基本依据。

（二）激励功能

目标教学是激发学生探索欲望，引起学习兴趣，进而转化为积极参与教学活动的动力，实现由不知到知、由不能到能的矛盾转化。

（三）调控功能

课时教学目标制约着教师"教"的行为，也制约着学生"学"的行为，对课堂教学的设计和实施起着调控作用。

（四）评价功能

教学目标把教学大纲具体化、教学内容明晰化、能力要求层次化。科学的教学目标，有利于学生素质的全面和谐发展，有利于充分发挥学科的素质教育功能，有利于体育教学质量的全面提高。

四、实施目标教学的几点体会

（1）目标教学中，对每个单元教材连续授课，这种形式从运动心理学的角度来看，既对大脑感知学过的动作技能有相当大的帮助，又有利于运动表象的形成。

（2）教学目标是课堂教育教学的起点和归宿。因此，课时教学目标必须制定得准确、合理，一般应遵循以下几个基本原则：

①科学性原则：教学目标要依据教学大纲和教材，遵从学生的认知规律和心理规律，把知识的获取和能力的培养有机结合起来。

②具体性原则：教学目标要具体、清晰，使学生目标明确，以利于有的放矢。

③层次性原则：课时教学目标应当是分层次的、递进的，使不同层次的学生"蹦一蹦"摸得到、"跳一跳"够得着，以保护学生的学习积极性，发展学生的个性。

④可测性原则：教学目标的编制要便于测试和评价，可操作性要强。

（3）使用教学目标需注意以下问题：

①教学大纲的总体教学目标、单元教学目标和课时教学目标是同一整体系统中的不同范畴和层次的要求，是一个统一的整体，教学中应把三者有机地结合起来，完成教学目标与任务。

②体育教学中的知识、实践操作和思想品德教育目标是一个辩证统一的整体，是在同一教学过程中逐步达到的目标，是教学中有机的整体，应全面、同步、和谐发展。

（4）教学过程中应重视反馈与调控手段的运用。我们的做法是：课前展示目标，使学生明确目标，激励学生达标；通过前提测评了解学生的基础，便于分层次教学；在达标导学过程中及时反馈和纠正，帮助学生达标测评后，及时提出具体的改进措施和要求。以上各环节都是紧扣教学目标完成的，通过教学中的多次反馈、矫正，来实现教学效果与教学目标的统一。

（5）以教学目标为主线，充分采用"启发式"和"讨论式"的教学方法，提高学生的参与意识，努力实现由以教师为中心向以学生为中心的转变。

①在课堂教学过程中，教师应针对教学目标设疑激趣，变"被动学习"为"主动学习"，变"要我练"为"我要练"；注重学法指导，指导学生学会观察、分析动作技术，掌握一些卫生保健常识、动作技术形成的规律、练习方法，培养学生的创新能力，为学生的终身体育奠定基础。

②变革教学手段。创新、运用教学媒体。简便实用的教学手段，丰富直

观的教学媒体，有利于学生自我反馈和自我评价。

③适时分层教学。因为学生间存在个体的差异，所以在教学中应因材施教、因能施教，按学生的体能分组，针对不同学生采用不同的教学手段和教学措施。对学生有共同的基本要求，也有因人而异的目标，课堂上"学生吃得多的应多给，到吃饱为止"，"吃得少的少给"，保证学生"吃得饱"和"吃得了"。

④采用以表扬为主的方法，及时认定学生的成绩，热爱学生、信任学生，让学生积极参与教学效果的评价。

⑤注重师与生、生与生之间的情感交流，努力营造一个宽松、愉悦的学习氛围。

（6）体育目标教学应注重与其他学科知识的联系。

（7）目标教学要及时对学生进行思想品德教育和行为规范的培养。

五、设计新颖的体育课方案

"创新"不同于发明，其并未改变事物的本质，只是对构成事物的基本因素进行一次新的组合，从而显现出新的特点和功能。

同一教材、同一年级，不同学校、不同任课教师可上出许多特点不同的体育课，就是因为构成课的基本因素可以被多种方式组合的结果。

（一）教学目的

体育学科的教育、教学功能是多元的，但具体而言，其教学目的必须恰当定位，不可能面面俱到。"位"由教师而"定"，依据则是大纲、教材和学生教学目的的定位，犹如建房搭起架构，对课的具体化、形成特点起着提纲作用，对构成课的其他因素的调动、组合产生影响。例如《耐久跑》教材，由于教学目的的定位不同，课程就有不同的特点。

（二）作业条件

作业条件包括运动场地、设施、器材等，气象因素也不应忽视。不利的作业条件对其他因素会产生制约作用，如一些教学方法、手段难以运用，一些组织形式不能实现等。体育教师还应重视"小环境"的设计和创造。例如：充分利用小场地，以实现容量大的教学；常自制代用器材，以弥补不足；常针对某特定条件赋予情境内涵，使作业条件产生超值效应，以取得更好的教学效果。

（三）教学方法和手段

通过什么媒介可以使由文字或图形反映的体育教材转化为学生主动的体

育行为？这就是教学方法和手段，这是诸多教学因素中既具体又活跃的部分。教学方法、手段已有许多积累，可借鉴，但运用时绝不可照搬，目的性、针对性是教法、教学手段选择的重要准则。例如《背越式跳高》教材，有的教师选择由低高度向上走的教法，而有的教师则选择由跳高垫逐渐下落的方式进行，如此大的反差却同样都可能成功。

（四）组织形式

课的组织形式可以是不拘一格的，但都应有利于教学过程。如能充分利用作业条件，将有利于教学方法和手段的运用，有利于调动学生的情绪，有利于群体和个体都得到表现，有利于课的整体效果。组织形式应针对不同的教材和学生的特点有所变化、有所创意，使学生在相应的氛围中感受到课的文化含义。

当上述因素分别以不同的形式组合在一起形成一种新的关系时，一节新的课例设计就算完成了。但这一课例在实施时能否取得最佳的效果，还要依靠教师能力的进一步表现，如行为、情感投入、应变能力、幽默、风趣等。

体育课创新设计的动机源于教师对教材和学生有更深入的认识，以及强烈的批判和创新意识；体育课创新设计能有所突破，取决于教学目的定位的合理以及对相关因素变革和重组的成功；体育课创新的实施效果还有待于教师能力的更充分表现。

六、隐性体育课程及其教育设计

（一）隐性体育课程的概念

"隐性体育课程"是相对于"显性体育课程"而言的，即指学校范围内除显性体育课之外，按体育教育目的及其具体化的体育教育目标进行设计的校园体育文化要素的统称。其概念为：

（1）隐性体育课程属于学校体育文化，是学校中除显性体育课程之外的所有体育文化要素。

（2）隐性体育课程较偏向于非学术性，但它并不完全排除学术性的内容，如课外体育活动、体育科普读物、体育宣传等，其内容明显具有学术性。

（3）隐性体育课程必须是有目的地规范设计的。它作为体育课程的一部分，应有明确的目的指向性，其作用范围和施加影响必须按照一定的体育教育目的和培养目标进行规划设计，使之处于意图性和预期性的状态。只有这样，才能称为隐性体育课程。

（二）隐性体育课程的作用

合理有效地进行隐性体育课程的教育，对于贯彻素质教育、提高体育教育效果具有重要的作用。

（1）通过实体性和非实体性的学校体育文化、学校体育精神给学生传授体育思想、体育价值观念，激发学生的体育学习动机，提高学生的体育学习积极性。

（2）多渠道地给学生传授体育知识、技能，全面提高学生的体育素质和健康水平，弥补显性体育课程的不足。

（3）促进学生形成良好的体育锻炼习惯，建立健康的生活方式，为学生形成终身体育锻炼的行为奠定基础。

（4）培养学生的心理品质，特别是培养学生的性格、气质、动机、爱好、情绪等非智力因素，促进学生人格的全面发展。

（三）隐性体育课程的教育设计

隐性体育课程要有效发挥其固有的功能，不能是随意的或自发的，而应在分析与掌握隐性体育课程的构成要素的基础上，按照一定的教育设计原则进行科学、合理的教育设计。

1. 隐性体育课程的构成要素

隐性体育课程即校园体育文化的构成要素，主要包括如下内容：

按照体育教育目的及其具体化的体育教学目标选择的不指向体育学科内容的实体性体育精神文化，包括学校图书馆的体育类图书、报纸、期刊，以及由社会传入学校，经教师指导、选择的体育图书、报纸、期刊等。

按照体育的教育目的及其具体化的体育教育目标创造的非实体性的体育精神文化。一是体育制度文化，主要包括学校的有关体育规章制度、体育管理体制、教师的体育道德规范、师生的体育活动行为要求等；二是非制度体育文化，包括学校领导对体育教育、体育活动的认识和重视程度，对体育教育的工作方式和工作作风，教职员工的体育意识、体育价值观念、体育锻炼行为方式，以及体育活动的风气与习惯等。

按照体育教育目的及其具体化的体育教育目标建设的学校体育物质环境构成的体育物质文化。校园体育物质文化包括学校体育场馆建筑、布局，学校体育的设备条件，体育雕塑、体育宣传标语、条幅，师生的体育运动服装等。在隐性体育课程的构成体系中，校园体育的物质文化和实体性体育精神文化都是有形的，而非实体性的体育精神文化是无形的。隐性体育课程的结构就是有形和无形的多种体育文化要素的有机结合。隐性体育课程的几大要素之间相互渗透、相互影响、相互促进，形成结构复杂的体系。

2. 隐性体育课程的教育设计原则

一体化原则：设计时，必须考虑学校、社会和家庭三种环境对学生的多种影响，把多项因素统一起来进行一体化设计。

协调优化原则：构成隐性体育课程的因素是复杂多样的，在设计时应将各种因素合理组织安排，使之协调一致，处于优化的状态。

增强特性原则：为了更好地形成特定的学校体育氛围来对学生施加影响，以达到预期的目的，应有意通过增强或突出隐性体育课程中的某些特性，因人、因事、因地、因时地做出安排与调整。

适应性原则：应充分考虑不同年龄阶段学生的身心发展特点和需要，融娱乐性、思想性和知识性为一体，促进学生的身心全面发展。

控制转化原则：设计时，应对各种外来的体育信息进行有效的控制和正确的引导，消除不利因素，强化积极有利的因素。

因校制宜原则：设计时，应根据学校的客观条件，因校制宜，充分发掘和利用学校自身的优势，设计适合本校实际情况的体育隐性课程。

七、教师如何当好体育课的"导演"

体育课上的气氛是学生在体育课中情绪情感等心理特征的综合体现，它与课上的教学内容、教学方法以及教学条件都有着十分密切的内在联系。当教学内容符合学生的特点（包括学生的年龄、性别、生理、心理特点），教学方法就能够激发学生的练习兴趣。如果教学条件完备，学生学习的情绪就高，收效也就大，这时体育课上就容易形成生动活泼的气氛，而生动活泼的气氛是提高体育教学质量的重要因素。由于形成体育课堂气氛的因素是多方面的，且课堂气氛受教学内容的制约，它是在教学过程中形成的，是比较客观的，所以要想人为地控制课堂气氛，使体育课呈现生动活泼的局面，就必须找出形成课堂气氛的各种因素。要做到这些，体育教师可从以下几方面入手：

（一）调整变换课堂气氛的节奏和韵律

根据我国体育课堂的结构（四个部分），在课堂开始时可安排游戏式的小型比赛，来活跃课堂气氛。这类提高兴奋性的活动，时间不宜过长，运动量也不宜过大，只是为了提高学生上课的兴趣性和适应性。当进入体育课的准备部分后，应把重点放在徒手操上。徒手操不单是为基本部分的内容做好准备活动，它是一种全身性的活动，锻炼价值比较高。教师应结合学生的年龄、性别、生理和心理的不同特点以及教材的内容，认真编写徒手操或其他准备活动的内容。编排要富有趣味，以提高学生的兴趣，活跃课堂气氛。当然，还要具有一定的生理负荷量，来适应基本部分的需要。基本部分是体育课的主要部分，因此课堂气氛也应随运动量的增大而逐渐热烈。

当体育课的运动量达到最大时，其课堂气氛也应最为活跃。当体育课进入结束部分时，应辅之以放松性的练习，多做些协调放松的游戏性活动。这样不仅能缓解课上造成的疲劳，同时还能为下节课的活跃气氛打下基础。根据体育课的结构和教学内容，一堂课的活跃气氛最好出现 4~5 次，基本部分的气氛为全课的高潮。

（二）体育教师应掌握心理学知识

体育锻炼的动力是由学生的动机引起的。它的心理成分一般包括学生对体育锻炼的认识（即形成学生间接动机的主要因素）和对体育活动的兴趣（即形成学生直接动机的主要因素）。学生学习的直接动机的形成主要依赖于兴趣。例如，当学生看到在教师的带领下一些学生正在高高兴兴地进行游戏或比赛时，会使他们情不自禁地产生与之一起学习或一起活动的要求，即直接的学习动机。这种动机是暂时的，一旦满足了学生的暂时需要之后，就会立即消失。教师要利用这种暂时的学习动机，在学生进行感兴趣的活动的同时，对他们进行体育锻炼的目的性教育。当学生了解了体育锻炼的好处，就会更加主动地进行体育学习与锻炼，那种暂时的、直接的学习动机也会转变成间接的学习动机。根据学生不同的兴趣、爱好，教师可以采用各种方法激励学生克服困难，增强学习的信心，使其掌握一些难度较大的技术动作。根据心理特征的形成和发展的规律，教师可针对学生的不同特点进行品德教育，帮助学生形成良好的个性特征，克服不良的个性特征。总之，教师掌握心理学知识，摸清学生在体育课上的心理特征与变化规律，会使自己掌握教学的主动权，有效地控制课堂气氛，为提高教学质量创造十分有利的条件。

（三）灵活运用多样的教学方法和手段

体育教学中采用的教学方法，应根据学生的特点而定。一般来说，让学生用固定方式练习传接球，就不如用活动的方式练习传接球的兴趣浓厚，学习单一动作就不如学习联合动作积极，让学生在弯道上进行弯道跑技术的练习就不如以十字圆周接力的游戏方式练习弯道跑技术的积极性高。总之，当教材内容固定后，教师要努力研究教学方法的多样性。多样的教学方法不仅可以激发学生学习的兴趣，使体育课的气氛生动活泼，而且能有效地促进学生身体的全面发展。

（四）教师要充分发挥自己的主导作用来调动学生上课的积极性

（1）教师在课上的言行要具有鼓动性和启发性。

（2）教师的表扬与批评要适度。

（3）教师的表情及口令要富于感染力。

八、在体育课堂开设"超市"

在体育教学中，如果教学的要求相对统一，学生对教学内容的掌握情况相对一致，那么采用完全整齐划一的集体授课形式，效果比较明显。问题是体育教学的课堂教学要求并不总是整齐划一的。学生学习或复习某些教学内容的时候，其准备状态和已有基础也并不完全一致。这种情况下，课堂教学就应该在集体教学的背景下，教师向学生提供足够多的"超市货物"，以充分发挥学生的主体性，让学生自主地选择学习的内容、方法、步骤。学习动作的一般步骤是教师先示范、讲解动作要领，学生按照教师的要求、步骤去练习，然后，教师再去纠正学生的错误动作。这种传统的教学步骤，使得教师主宰了整个课堂，而学生自主学习的权利则相对被剥夺了，学生的个性，特别是创新思维的发展也在一定程度上被扼制了。那么在学习动作阶段，是否可以开设一个"超市"呢？答案是肯定的。例如，一位教师在引导学生学习接力传接棒技术时，只提了这样一个问题："大家思考并且实践一下，在迎面和同向接力中，怎样交接才能做到既快又稳呢？"它给了学生一个比较宽松的自主选择的范围，能诱发全体学生参与学习的积极性和创造性，从而使一个人人都能参与、个个都乐于参与的课堂教学新格局得以形成。其间，教师的主要任务只是对学生的理解和感悟做出相应的启发、指导和帮助。事实证明：开设这样的"超市"，能够引发学生积极主动地思考，充分发挥学生的想象力，发展学生的创造性思维。

在复习课的教学中，我们发现复习动作对学生来说，并不全是没有掌握动作方法。有的学生已经会做了，而且也做得比较好了。但是在实际的教学中，许多教师往往会忽略这一点，而采用"一刀切"的形式进行教学，让全班学生处在同一起跑线上，按照一定的程序进行复习。殊不知，如此教学不仅浪费时间，还使学生感到索然无味。但如果在教师的引导下，在课堂中开设"超市"，让学生自主选择学习的内容，各取所需，这样不仅把有限的课堂教学时间还给了学生，还激发了学生自主学习的热情。

体育课的素质练习，一般都是教师安排某一固定的练习项目。例如：练习上肢力量，学生一起做俯卧撑多少个；练习腰腹力量，学生一起做仰卧起坐多少个；等等。忽视了学生之间的个体差异和学生的兴趣爱好，学生没有选择的余地。因此，可以这样安排：教师选择多种训练上肢力量或腰腹力量的项目，让学生从这几个项目中任选一个项目进行练习，运动量以达到自己最大强度的百分之多少来确定。学生选择自己喜爱的练习项目进行练习，运动量由自己掌握。学生从"超市"中选择内容，其练习的兴趣将会大大提高。

准备活动是体育课必不可少的一部分，一般都是由教师带领学生去做，形式单调、内容枯燥。学生常常对其中的内容不感兴趣，教学效果往往不佳，同时也影响了学生整堂课的情绪。对此，可以设立一个"超市"，让学生根据本课的教材内容、教学目标，自由地、有针对性地选择内容、方式进行练习。例如：让学生自由选择准备活动的内容（徒手操、游戏等）；打破固定分组的形式，学生自由组合进行练习；自由编操，自己喊口令；等等。这样不仅可以调动学生学习的积极性，还能提高学生练习的兴趣和锻炼的实效。

在体育课的结束部分，学生的生理和心理都已疲劳，但每个学生的疲劳程度却不尽相同，如果教师还硬要学生按照统一的动作进行放松整理，那就不一定是放松了。教师在课的结束部分，可以安排一段音乐，让学生根据音乐（或不根据音乐）自由放松，可以采取单人、双人、多人、男女混合等多种组合，选择多种练习的内容。在这样的环境下，学生才能获得真正意义上的放松。在课堂上开设"超市"，不能简单地理解为在体育课中给学生安排一定的自由练习时间，或放手让学生自己去练，学生爱怎么练就怎么练，更不是要重新回到"放羊式"教学的老路上去，而是适应素质教育要求采取的一种新的教学模式，强调学生的主体作用，绝不是要降低教师的主导作用。教师在上课前一定要吃透教材、吃透学生，精心安排教学内容，设计教学程序。在上课时，要注意对学生进行启发、诱导和点拨，并鼓励学生能大胆地去选择、去发现、去感悟。只有这样，学生的主体作用才能真正发挥出来，才能真正体现"健康第一"的指导思想。

第五章
大学生体育教学评价的改革研究

第一节　体育教学评价的现状及发展对策

一、体育教学评价的现状

随着我国学校教育事业的快速发展，学校体育教育事业也发生了很大的变化。首先，在教育形式上实现了大胆创新；其次，在教学项目、教学理论和教学评价等方面也有了很大的突破。学校体育教育事业迎来了一个全新的发展机遇。总体来说，学校体育教学评价的发展现状主要表现在以下五个方面。

（一）评价主体的参与现状

目前，随着开放性教育的不断发展，体育教学评价已经不只是教师与学生之间的活动，越来越多的人员参与到了学校体育教学中来，专家、领导、家长等教育以外的人员也成了体育教学评价的主体参与者，这就使体育教学评价实现了多元化的信息反馈。但在这种多元化的评价过程中，还是会由于个体素质、价值取向等各方面的原因，导致学校体育教学评价出现偏差。

（二）评价的过程结构现状

在学校体育教学评价中，随着对体育教学过程的日益重视，从而逐渐建立起由"预备性评价""形成性评价"和"终结性评价"组成的"三段一体"的全程性体育教学评价体系。作为一种全新的评价体系，它可以使学校体育教学评价的诊断、改进、调节和强化功能得到充分的发挥。

（三）评价方法的现状

目前，学校体育教学评价早已摆脱了只关注体育教学结果的单一性评价方法，实现了过程评价法、结果评价法、自我评价法、心理评价法和他人评价法等各种评价方法的结合，以及定性评价和定量评价的融合。在实现体能、技能等数据评价的同时，也实现了实践能力、创新能力等描述性评价。直观和抽象的特点使体育教学评价成了一个复杂的价值判断活动，这也使体育教学评价方法变得多元化。因此，当今体育教学评价方法的运用，对操作者的要求也越来越高。

（四）评价的管理现状

学校体育教学质量的好坏将对体育教学产生直接的影响，而体育教学评价作为提高教学质量的重要手段，得到了学校的日益重视。通过体育教学评价可对教学质量进行有效的管理和监督。目前，很多学校的体育教学管理部门在建立教学质量管理体系时，都已经将教师的教学评价和学生的学习成绩评价纳入其中，实现了体育教学的科学化管理。

（五）评价的研究现状

随着学校体育教学的不断发展，对体育教学评价方法的研究也越来越深入，这主要体现在体育教学评价方案的开发上。目前，研究人员将设计出科学、合理、简洁、可操作性强的评价方案作为研究的重点，同时也对体育教学评价的方法和标准进行了较为深入的研究，其目的就是找到一种可以准确、客观评价教师、学生能力的科学评定工具。而学生的学习态度与心理行为之间关系的测评方法等一批新的研究课题也得到了广大学者的关注。

二、体育教学评价的发展对策

（一）不断发展和完善体育教学评价的体系

1. 保持评价主体的多维性

随着学校体育教学制度的改革，体育教学评价的主体也发生较大改变，从之前的教师与学生，逐渐发展为目前的多元化结构，即教师、学生、家长、校方和社会团体等。这也改变了传统体育教学评价主体的单一化现象，避免了体育教学评价的局限性和不全面性。例如，对于学生的体育学习评价，教师对学生在校内的体育活动有着较为权威的认识，但是家长却能够清楚地认识到学生在校外的体育表现，而家长的评价在传统体育教学评价中很难得到重视，这就造成了学生体育学习评价的局限性。因此，在进行体育教学评价时必须保持评价主体的多维性，这是保证评价结果全面性和准确性的必要条件。

2. 注重评价客体的多维性

在学校进行体育教学评价时，由于个体的差异性，使得被评价的对象之间存在一定的差异，这就很难通过统一的评价标准来进行衡量。过去，并没有对此情况给予足够重视，而长期发展下去，必然会对学生的体育学习兴趣造成不良后果。因此，学校在进行体育教学评价时，一定要注意评价客体的多维性。这就要求在进行体育教学评价前，应对评价对象的具体情况进行分析，并以此为依据进行分组评定，从而实现体育教学评价的公平性，也使每一个参加体育教学评价的个体获得成就感，提高其参加体育学习的积极性。

（二）建立多元化的体育教学评价模式

在以往的体育教学评价过程中，其模式过于单一，即往往是以上级对下级的主观评价为主。其主要的评价方式是结果式和量化式的评价，从而很难对评价对象做出真实、科学的评价。因此，为了实现现代体育教学评价的全面性、科学性和真实性，关键是要建立起人性化、多元化的评价模式。例如，采用"教师评价＋学生自身评价＋家长评价"的模式，并将肯定性的语言描述与过去的打分制相结合，对形成性评价方式给予更多的关注，实现与被评价者的交流和人性化、多元化的发展。

（三）建立健全体育教学评价的反馈机制和保障机制

获得评价信息的关键方法和唯一途径便是反馈，建立健全体育教学评价反馈机制是评价活动有效开展的关键条件。信息论的观点认为，信息是一个系统实现有效控制的基础，而反馈则是评价主体获取信息的途径，所以体育教学评价反馈机制是否健全，直接影响着体育教学评价系统是否能够得到有效控制。为此，建立多条反馈渠道是保证体育教学评价主体能够及时收集到有效评价信息的关键。例如：学生评价反馈渠道、家长评价反馈渠道；丰富评价反馈的内容，如在反馈的同时附上评价对象在整个学习过程中的表现以及需要改进的地方，同时提出希望等；改变以往在学期结束之后的反馈，实行学习中的反馈。此外，为了保证评价反馈机制的有效运行，还应建立体育教学评价反馈机制的监督机构，以便对学校体育教学评价反馈情况进行监督。通常来说，规章、条例、制度可对评价主客体在评价活动中的行为起到约束和控制作用，为学校的体育教学评价活动起到保驾护航的作用。学校体育教学评价中之所以出现了一些问题，缺少规章制度或者对规章制度的漠视是重要原因之一。例如，在进行体育教师自评和互评时受利益、人情等因素的困扰易导致评价的形式主义和评价结果的失真等。评价的规章制度起着约束全校师生及相关工作人员在评价中的行为的作用，所以学校相关部门应总结评价经验，深入调查听取广大师生的建议，建立切实可行的评价条例、规章制度。另外，在健全规章制度的同时，还要加大对规章制度的执行力度。

第二节　体育教学评价的规范与落实

体育教学评价是依据体育教学目标与标准，对体育教学的质量进行定量与定性的价值判定。在当前的体育教学改革中，体育教学评价的问题越来越受到人们的重视。新课程改革以来，也出现了各种体育教学评价的指标、方法与体系，甚至用计算机操作的各种评价软件，这说明体育教学评价在走向科学化、准确化、全面化的道路上迈出了一大步。但是我们制订的体育教学评价标准与方案不能仅仅停留在理论层面，需要有更强的操作性与更大的实用价值，否则理论研究成果只能是纸上谈兵，没有真正的实践意义。

一、更好地发挥体育教学评价的反馈功能和指导功能

反馈功能和指导功能是体育教学评价的两个有机联系的基本功能，在实施体育教学评价的过程中，应注意把教学评价与体育教学的其他组成要素有机地结合起来，不能为评价而评价。首先，教学评价与预设的目标要紧密联系起来，评价的结果将为目标的达成程度作一个判断与反馈。如果评价情况良好，那么预设的目标就是合理的；如果评价结果不理想，那么教学预设与教学准备就存在较大的问题。如果存在问题，就需要进一步调整思路，检查每一个教学环节与教学策略，找出问题，指导教学实践工作，这样的评价才具有真正的意义与价值。

二、分别制定体育教师教学的评价体系与学生体育学习评价体系

教学包含教师的"教"与学生的"学"两个方面，因此教学评价也应该从这两个方面分别进行。目前有关学生学习评价的研究较多，但有关教师教的评价主要集中于课堂教学评价。这样，有关教师教的评价与学生学的评价内容就难以实现全面、公开、科学的目标。因此，还有待深入研究教师与学生有关教学方面的评价，建立一套较为客观的、全面的评价体系。

三、切实关注新时期体育教师的课堂教学质量

体育课堂教学是学校体育的主体部分，是组成体育教学的最小单位。近年来，随着有效教学的提出，人们越来越关注体育课堂教学的质量。回顾改革开放以来体育课堂教学质量的研究成果，主要分为以下几个阶段：第一阶段（1985年以前），对该问题的研究较少，属于初始阶段，且多侧重于提高体育教学质量这一方面，针对体育教学质量评价的研究较少，监控领域则未涉

及，同时相关研究缺乏系统理论的支撑，其评价过程及结果较模糊。第二阶段（1985—1995 年），体育教学质量评价的探讨逐渐被重视，更多的学者对量化评价的可行性做了思考，一些学者开始研究将模糊数学方法应用于体育教学质量评价。第三阶段（1995—2005 年），对体育教学质量评价办法的研究出现多样化趋势，如应用 ISO9000 族标准、马尔可夫链评估法评价体育教学质量的研究，从学生参与的视角思考体育教学质量评价等。第四阶段（2005 年至今），这个时期发表了大量的体育教学质量研究方面的文章，映射出了该问题在体育教育中受到广泛关注。随着近年来教育及其他领域评价方法的快速发展，体育教学质量评价研究的深度和广度大幅提升。

尽管在该领域的研究中，我国学者提出了很多的成果和有价值的建议，但是在实际的操作和应用中还是有一定的局限性。鉴于评价主体的差异性，与食品质量、产品质量等相比，教学质量的评价难以设置恒定的量化标准，而体育教学又有其独特之处，这无形中给教学质量评价紧密相连的监控带来了难度。因此，如何对体育课堂教学质量进行有效的评价和监控成为难题，要求我们必须积极面对和解决。

四、建立符合中国国情的相对科学的体育教学评价指标

从系统论的角度分析，体育教学目标应该简单、科学，具有可操作性，而体育教学评价是一个检验教学目标达成情况的重要参考坐标，因此也应该与体育教学目标相对应，具有简洁、实用、客观、科学、可操作等特性。虽然近年来研究体育教学评价指标是一个热点，但大多的评价指标还是存在复杂化、基层一线教师难以操作、工作量大等缺点。因此，建立符合中国国情的相对科学的体育教学评价指标，是今后体育教学评价的一项重要工作与任务。一方面，应加强体育教学评价体系的理论研究；另一方面，应开展体育教学评价改革的实验研究。在借鉴国外教学评价的有益经验的同时，结合我国自己的实验研究，消化、吸收、创造出具有中国特色的体育教学评价指标体系。

评价指标还涉及一个科学性的问题，如何制定科学的指标是一个关键性的因素，较为科学的指标制定应具备以下几个主要的环节。

（一）初拟指标

初拟指标是根据体育教学评价的目的或主题，由研究人员根据对评价内容的理解和实践经验初步确定指标。初拟指标常用的方法主要有以下两种：（1）因素分析法。将评估指标按评估内容本身的逻辑结构逐级进行分解，把

分解出来的主要因素作为初拟评估指标的方法。从分解评估目标开始，由高层到低层进行。越是下一级的因素越是具体、明确，直至分解到因素可以观察和测量形成末级指标为止，从而形成一个从一级到二级再到三级，直至末级的指标体系。（2）头脑风暴法和反头脑风暴法。组织专家（一般至少 10 名）以座谈会或会议的形式，请专家凭借实践经验和学科专业理论针对督导主题即席发言，相互启发，不对他人的意见做批评或阻碍他人发言，最后把专家的意见进行整理，初步提出评估指标。

（二）筛选指标

初拟出的评价指标一般数量较多，不能反映指标的简约性原则，甚至有些指标可能重复、交叉，所以，对初拟指标要进行归类、合并及筛选，从而保证评价指标的科学性、有效性。筛选评价指标一般采用经验法和数理统计法。经验法是根据个人或集体的经验对初拟指标进行归类合并、决定取舍的方法，其又分为个人经验法和集体经验法。

个人经验法是评估指标的设计者根据自己的经验，对提出的初拟指标进行比较、排列、组合，通过思维加工，决定指标的取舍。这种方法的优点是以个人的经验为基础，比较简便易行，但个人的经验毕竟有一定的局限性，用个人经验法筛选评估指标难免具有片面性。集体经验法其实是一种问卷调查统计的方法，以个人经验为基础，集中若干有经验的专家分别征求意见，并运用问卷统计方法进行指标取舍的方法。其优点是广泛收集学校体育督导评估主题有关方面的专家意见，克服了个人经验法的局限性，又运用了统计方法，筛选出的指标相对具有科学性。

（三）确定权重

评价指标确定后，要根据其在体育教学评价内容中的重要程度给以权重。权重就是权衡指标的分量，确定指标的重要性和地位。权重数的表示有小数、百分数、整数。确定指标的权重数一般有以下几种方法：（1）集体经验判断。依靠专家和有经验的教育部门领导、学校体育专家、体育教师等集体的智慧、经验，揭示指标对于评估内容的价值的大小，从而确定权重数。这种方法信息量大、全面具体，但其缺点是易受权威人士或多数人意见的影响。（2）特尔斐法。用匿名的方式就预先设定的指标权重数向不少于 100 名专家发放问卷，通过至少三轮的征求、汇集并统一专家的意见和判断，使大多数专家在相互不受干扰的影响下对指标的权重数达成一致意见。（3）层次分析法。这是一种多目标多准则的决策方法，由美国数学家斯塔首先引入教育评价领域以解决权重数的确定问题。主要采用两两比较步骤，即将所要比较的各个指标配成对，让有关专家对指标的某一特征进行比较和判断。将比较的结果写成矩阵形式，找出它们的优先顺序，反映出各个指标相对重要的程度，以评价指标相对优化的程度。

（四）确定标准

在确定好体育教学评价指标、指标权重后，还要确定评价标准。设计评价标准的步骤与方法是：（1）设计标度。标度可用定性或定量两种形式表示。定性标度一般用描述性语言表示，如"精通""熟练""掌握""不掌握"等。（2）设计标号。标号是区分标度的符号。在标度确定之后，只需要用不同的符号，如优、良、中、可、差或优、良、及格、不及格等。

第三节　高校体育教学评价实施的现状

21世纪开始，为了深入贯彻20世纪90年代末《中共中央　国务院关于深化教育改革全面推进素质教育的决定》的文件精神，我国大中小学均拉开了新一轮体育课程改革的序幕。针对普通高校公共体育教学，相应制定的《纲要》突出强调要尊重教师和学生对教学内容的选择性，注重教学评价的多样性，使课程有利于激发学生的运动兴趣，养成坚持体育锻炼的习惯，形成勇敢顽强和坚韧不拔的意志品质，促进学生在身体、心理和社会适应能力等方面健康、和谐地发展，从而对提高国民的整体健康水平发挥重要的作用。

体育教学评价是体育教学过程中的重要环节，对于构建一个完整有效的教学过程来说具有重要的作用。体育教学目标和体育教学原则制定得是否合理，学生的学习行为是否得当，学习效果是否良好，都需要体育教学评价过程才能得到判定。本节通过查阅文献资料等研究方法，了解《纲要》实施以来高校体育教学评价中出现的问题和不足，并提出了今后的发展建议，为高校体育教学评价改革提供了可靠的参考依据。

一、高校体育教学评价实施现状

（一）师生对体育教学评价意义的认识

体育教学评价是依据体育教学目标和体育教学原则，对体育的"教"与"学"的过程及其结果所进行的价值判断和量评工作。《纲要》已明确指出教学评价改革的方向，在各级各类的学校体育改革过程中，教学评价逐渐成为人们关注的焦点，体育教师对教学评价重要性的认识程度会影响其对待教学评价工作的态度和行为。调查统计结果显示，选择"重要"和"很重要"的教师和学生的比例分别为 78.4% 和 64.3%，说明大多数的体育教师和学生能充分认识体育教学评价的重要意义。较高的认识程度会使他们能够以正确的态度参与教学评价工作，更好地发挥教学评价的作用。当前体育教学过程要求树立以学生的"健康第一"为主的指导思想，就应强调对学生的健康进行全面的评价。同时，注重学生在体育教学活动中的个性差异及努力程度，加强对学生学习和锻炼的主动性、创造性、独立性的评价，并积极倡导学生主动性的学习。通过不懈努力，掌握体育知识和基本技能，培养体育锻炼的习惯和终身体育意识。

（二）师生对体育教学评价目的的认识

评价的目的决定了评价的方法和内容，对体育教学评价目的的认识程度会对体育教师的评价行为产生影响。由调查统计结果可见：体育教师对体育教学评价目的的认识呈现出不同的层面，其认为重要性排在首位的是判断学生体育学习的状况。排在第二位的是促进学生体育技能的掌握，说明多数教师还是把教学评价的重点放在学生的体育习得上，特别是体育技能方面的习得，在过去的一段时间里它曾被视为体育教学评价的绝对参考依据，甚至是唯一的依据。而位居三、四位的是反馈学生的体育学习进步和发现学生的体育学习问题，说明《纲要》实施后，体育教师对教学评价的关注点开始向发展和激励的目的倾斜，这与《纲要》所提倡的教学理念是一致的。以人为本，注重学生全面健康发展，是新时期的教学理念。教师根据教学的要求和需要，为发现和反馈学生体育学习中的问题和为了使学生看到自己的进步及挖掘能力而进行评价，是为了帮助学生取得进步和建立自信，使评价指向学生的学习进步和努力方向，逐渐淡化评价的甄别、选拔功能，强化激励和发展的功能。排在稍后位置的选项并非没有意义，只能说明教师认为它的重要程度不及前几项，因为体育教学评价是学校体育教学过程中的重要环节，因此教学评价不仅要评价学生的体育学习，教师的教授过程也应同样受到关注。

见表5-1，对学生的调查数据和访谈记录显示，学生和教师的排序结果出现了一定的差异。教师认为较重要的是反馈学生的体育学习和发现学生的体育学习问题，接着才是学生的学习状况和技能的掌握。在《纲要》的指导下，学生的观念也有了一定的转变，他们逐渐认识到了自己是体育活动的主体，开始关注自己在体育学习中存在的问题和对体育进步程度的重视，同时也希望教师在对自己进行学习评价时，把关注的目光更多地投向自己通过努力完成动作的过程，把进步的幅度和努力的程度作为评价的重点，而不只是测试成绩。学生的这种期望同样是新课程对教师提出的要求，为使学生发现自己的进步和进一步发展的潜力而进行的评价，是为了帮助学生获得学习的成就感和自信。其目的是面对全体学生的积极性与自信心，指向学生的学习进步和努力方向。

表 5-1 教师和学生对体育教学评价目的认知调查

选项	体育教师（n=555）			学生（n=3146）		
	人数	百分比（%）	重要性排序	人数	百分比（%）	重要性排序
判断学生的体育学习情况	142	25.6	1	613	19.5	3
促进学生体育技能的掌握	128	23.1	2	538	17.4	4
反馈学生的体育学习进步	107	19.3	3	821	26.1	1
反馈学生的体育学习问题	82	14.8	4	720	22.9	2
检验教师的课堂教学水平	44	7.8	5	206	6.5	5
反馈教师的体育教学状况	27	4.9	6	147	4.7	6
督促学生学习的重要教学手段	17	4.5	7	101	3.2	7

（三）体育教学评价体系的构建

体育教学评价的目的就是提高教学质量，因此体育教学评价的内容就是教师的"教"和学生的"学"。在体育教学评价中，学生是核心对象，体育教学活动的目的和发展对象都是学生，教学的主要任务是学生的体育习得。教师在教学中要把学生的学习变化状态及时、准确地反馈给他们，为他们改善自己的学习状态提供有价值的信息。同时，教师在教学过程中运用的教学方法、手段需要在学生的体育实践中得以发挥，通过学生学习效果的反馈，为教师及时修改自己的教学方案提供有力的保证。

1. 学生体育学习评价现状分析

新一轮的体育课程改革中突出强调学生体育学习评价的重要性，评价时要打破传统的模式，淡化甄别、选拔功能，强化激励、发展功能，把学生的进步幅度纳入评价内容中，在评价学生的体能和运动技能的同时，应重视学生的学习态度、情意和能力等方面的发展功能。因此，应根据新《纲要》的要求，体育学习评价主要从学生的体育学习态度、情意表现、体能与运动技能、交往能力与合作精神等几个方面进行分析。

（1）学生的体育学习态度。体育学习态度作为对待学习的内部状态，它影响着人们对学习活动的选择，包括性质（方向）和程度两个维度。性质是指正确与错误、好与不好，每一种学习态度又有程度深浅、强弱的差别。本节对学生体育学习态度的评价主要有以下两个方面：体育教学中学生思考学习内容的自觉性、学生练习动作的主动性。由图 5-1 可见，在学生思考学习内容的自觉性的调查中，认为"较好"以上的男、女教师比例分别为 74.9% 和 73.5%；在学生练习动作的主动性的调查中，认为"较好"以上的男、女教师比例分别为 80.7% 和 75.1%，可见女教师在对学生学习自觉性和主动性的评价中略高于男教师。但再深入分析，在最高水平度评价中，女教师认为好的比例却远远低于男教师。由于高校体育教学改革后，绝大多数院校都采取了学分制，体育公共课也不例外，大部分都是根据学生的个人爱好进行合班教学，由于男女教师的性别差异，女教师对学生要求的标准相对于男教师标准高。从数据结果中可以看出，有超出 2/3 的教师对学生在体育学习过程中的学习态度评价都很高，表明学生明确体育教学的目标和体育促进健康的重要性，在体育学习过程中形成了积极向上的心理定向，这种状态也必然会促进教师去认真对待每一堂体育课。

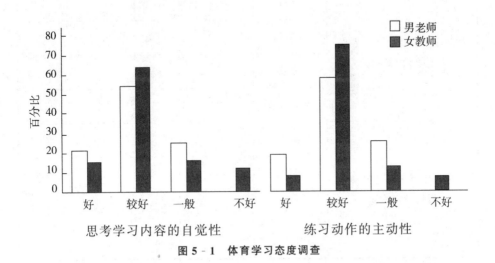

图 5-1 体育学习态度调查

（2）学生的情意表现。在情意表现方面，问卷中设计了四个问题，分别为：在体育教学过程中学生对学习内容的自信程度、在体育学习过程中学生的成功体验程度、学生在体育学习过程中表现出的意志品质、学生在体育学习过程中的情绪稳定程度。调查结果见表 5 - 2。

表 5 - 2 体育教学过程中学生的情意表现调查统计

调查问题	选项	男教师人数	百分比（％）	女教师人数	百分比（％）
体育教学中学生对学习内容的自信程度	自信	67	17.9	27	14.9
	较自信	214	57.2	120	66.3
	一般	93	24.9	22	12.2
	不太自信	0	0	12	6.6
体育学习过程中学生的成功体验程度	强	40	10.7	27	14.9
	较强	214	57.2	67	37.0
	一般	107	28.6	48	26.5
	不太强	13	3.5	39	21.6
体育学习过程中学生表现出的意志品质	坚强	80	21.4	13	7.2
	较坚强	160	42.8	133	73.4
	一般	107	28.6	22	12.2
	不太坚强	27	7.2	13	7.2
学生在体育学习过程中的情绪稳定程度	稳定	67	17.9	40	22.1
	较稳定	214	57.2	80	44.2
	一般	93	24.9	48	26.5
	不太稳定	0	0	13	7.2

情意表现包括学生在体育学习中表现出来的情绪状态和意志品质。情绪表现主要包括学生在学习过程中对体育学习与活动的自信程度，在实现体育

学习目标中的成功体验程度，在体育学习中的情绪稳定程度等。意志品质主要包括学生在体育学习中克服主观和客观困难时表现出来的勇敢性、果断性、独立性、坚韧性和自制性等。调查结果表明：学生在自信程度方面，认为较自信以上的男女教师分别为 75.1％和 81.2％；学生在成功体验程度方面，认为较强以上的男女教师分别为 67.9％和 51.9％；学生在意志品质方面，认为较坚强以上的男女教师分别为 64.2％和 80.6％；在情绪稳定程度方面，认为较稳定以上的男女教师分别为 75.1％和 66.3％。上述数据表明，男女教师对学生在情意表现方面的评价基本达成共识，但在相对比较中，女教师的评价中成功体验较低，说明女同学在体育学习中应加强技术技能的学习，让她们体会学习成功的感觉；而男教师的评价中，对学生的意志品质评价较低，说明在教学中还应进一步加强对学生意志品质的培养。

（3）学生的体能与运动技能。体能与运动技能曾经被作为重要的评价指标，甚至体育成绩就由它的分数决定。而新《纲要》的颁布，是对体育教学评价的一次突破性改革，它彻底改变了传统的评价方式，要求重视过程性评价，把学生的个体差异和进步幅度等因素纳入评价的过程中。问卷调查数据表明，高校对体能与运动技能的评价主要是通过学生体质测试成绩、专项运动的技评和达标表现出来。通过对学生和教师的问卷调查，大半数教师认为对专项技能的评价应该增加学生的自评和互评，这与学生的调查数据所反映的结果基本一致。58.2％以上的学生认为专项技能评价只靠教师最后的量化考核和对技术动作的主观打分是片面的，教师对学生专项技能的综合评价应该贯穿于整个教学过程中。因为每个学生的身体素质和技能都存在一定的差异，同样的技术动作对于身体素质好的学生来说可能不算什么，但对于体质相对差一点的学生来说可能要付出一定的努力才能达到，因此教师应该重视平时教学过程中对学生的评价，把学生的进步幅度作为重要的因素进行考核，并且应该参考学生的自我评价和相互评价结果，打破传统的绝对评价，即用统一的标准要求所有学生的做法。

运用相对评价有助于学生看到通过自己的努力所取得的进步，从而建立起体育学习的自信心和自尊心，这样对最后的成绩评定更为客观和公正，而且对于平时练习不努力、自以为是的学生也能起到鞭策的作用。

（4）学生的交往能力与合作精神。在交往能力与合作精神方面，问卷中设计了三个问题，分别为学生在学习过程中遵守活动规则的表现、学生与同伴一起完成学习任务的合作表现、在体育学习过程中学生爱护体育器材的表现。调查结果见图 5-2。

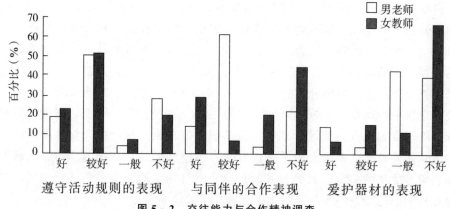

图 5-2 交往能力与合作精神调查

交往能力与合作精神具体表现为理解和尊重他人,与同伴一起分析和处理体育学习中遇到的困难和问题。努力承担在小组学习和练习中的责任,与同伴齐心协力取得集体成功,以及信守规则和尊重裁判等。人际交往是在社会活动中人与人之间进行的重要的信息交流和情感沟通的过程,是人类生命存在的一种重要方式。学生在体育活动中所获得的合作与交往能力会迁移到日常的学习和生活中,这些正是以往体育教学中比较薄弱的方面。分析其原因,一方面表明男学生活泼好动、顽皮,对体育器材表现出使用大于爱护,另一方面,由于男女教师的区别差异,女教师相对于男教师来讲,做事比较细心、全面,因此能够注重教学中的细节,并且注意在教学过程中对学生进行要求和教育,而男教师对细节有所忽视,在爱护器材方面对学生要求得不够,导致学生在此方面的表现不尽如人意。

2. 教师教学行为的评价现状分析

教师对自己教授过程的评价应该能较全面地反映教师教学的全过程,主要从教师的教学准备、教学过程、指导与评价、教学效果四个方面入手。

(1) 教学准备。教学准备是顺利完成教学过程的关键环节,它需要教师在课前对本次课教授的内容、学生的整体水平、教学方法和手段的运用等进行熟悉和了解,是一个教学心理准备过程。调查数据显示:有76.5%的学生认为,体育教师的教学准备做得很好,他们能对学生的整体水平进行分析,做到心中有数,并且绝大多数的教师都能根据新课标的教学理念进行教学,时刻注意向学生渗透终身体育思想,鼓励学生积极参与体育锻炼,并把它看成自己生活的一部分;在教师问卷中,有67.9%的人对自己的课前准备工作较满意,女教师好于男教师,而少数教师认为自己对学生的了解程度还不够,这种结果可能是由于有些选修项目选报的人数过多，而师资相对有限，因此教学班的人数相对增加，教学规模增大造成的。

（2）教学过程。体育教学过程是为了实现体育教学目标而计划、实施的，使学生掌握体育运动知识和运动技能并接受各种体育道德和行为教育的教学程序。它是在充分发挥教师主体作用的基础上，以学生积极主动地以身体练习为主要内容，学习体育卫生保健基础知识和运动技能的一种认识和实践的过程，为终身体育打基础，发展创造能力，完善人格与个性。教学实施是教学过程的主体部分，主要包括教师根据课程进度的需要而制定的课堂教学目标，对教材内容的讲解与示范所运用的教学方法，以及根据具体的教学内容所表现的教学组织形式等。在此阶段中，师生互动是关键环节，也是学生对技术动作的认知发生质的飞跃的过程，所以它直接影响整个教学效果。调查问卷数据显示：在学生问卷中，有超过半数的学生认为体育教师在课上运用的教学方法和组织形式很合理，并且能根据学生的个体差异进行个案的教学方法的调整；在教师的问卷中，也有72.8%的教师对自己课堂上所运用的教学方法与组织形式较为满意，并表示学生都很配合，能够积极主动地进行练习。这种结果符合高校公体课的教学现状，主要是以学生的兴趣、爱好进行选课，每个学生基本都能如愿以偿，因此兴趣是最好的学习动机，当然学生也就不用在教师的监督下进行练习，完全成为学生的自主学习过程，而教师可以把更多的时间放到如何深入地把知识传授给更多的学生中。

（3）指导与评价。体育教学中的指导与评价贯穿于体育教学的全过程，教师通过技术动作的讲解、示范等环节使学生在人脑中形成动作表象，接着进行实践练习。这时的练习常处于粗略地掌握动作阶段，可能有些学生表现为做动作觉得较吃力、紧张、不协调，缺乏控制力，并且心理上对动作的学习没有自信，情绪不太稳定，此时教师的及时指导与帮助对学生进行体育习得尤为重要。教师的指导与纠错可以防止和排除不必要的多余动作和错误动作，使学生在反复的练习中形成正确的动力定型，为动作技能的改进与提高打基础。所以教师的一句肯定与评价可能是对学生建立自信的最大鼓励。通过问卷调查发现，有69.5%的教师在课堂教学中都能及时对学生的学习进行指导和评价，也有超过半数以上的学生对教师的指导与评价持满意的态度。体育教学过程中的评价是不失时机地，课上的即时评价、阶段性学习的过程性评价以及期末的终结性评价等都发挥着各自的作用。传统的评价主要是终结性评价，往往忽视过程性评价，而现在看来，过程性评价更有助于学生有效地学习和进步。

（4）教学效果。教学效果直接反映教师的教学水平和课堂教学能力。一堂好的体育课不仅仅是对运动技能的传授，而且要通过体育学习和活动使学生能够得到全面的发展。所以体育课的真正意义不仅仅局限于教给学生某些运动知识和运动技能，更为重要的是，通过体育教学，影响学生的集体主义情感，培养学生奋发向上的精神，使其形成乐观开朗的生活态度等，这正符合新《纲要》提出的教学理念。体育课要注重培养学生的终身体育意识和终身体育能力，使学生在步入社会后能把体育看成自己生活的一部分。通过问卷调查可见：在学生的调查中，62.3％的学生对教师教学过程持满意态度，并且表示很喜欢上体育课；在教师的调查中，59.6％的教师认为学生在教学过程中对体育知识和技能的掌握能够达到良好的等级，但课后坚持体育锻炼的人数不多。可见，在体育教学中如何培养学生体育锻炼的习惯将成为今后重要的研究课题。

二、结论和建议

（一）结论

（1）绝大多数体育教师和学生对于体育教学评价的意义和目的的认识是正确的，对于评价主体多元化、评价内容多元化、评价方法多样化的发展趋势持认同态度，并希望积极付诸实践。

（2）在对学生的体育学习的评价中，主要从学生的体育学习态度、学生的情意表现、体能与运动技能以及学生的交往能力与合作精神等几个方面进行评价。新的体育教学评价更重视学生的非智力因素的发展。

（3）在对体育教师教学行为的评价中，主要从教师的教学准备、教学过程、指导与评价以及教学效果几个方面进行评价。超出半数的学生认为体育教师在这些方面做得较好，绝大多数的教师认为在体育教学中培养学生体育锻炼的习惯是今后教学的重点。

（4）目前大多数教师在从事评价活动时，除了对学生进行终结性评价外，对于过程性评价也给予了足够的重视并运用到了体育教学的实践中，而在学期开始前有少部分教师还未能对学生的体育学习水平进行摸底或诊断性评价。

（二）建议

（1）加强体育教师对体育教学评价方法与手段的研究。一方面，应要求体育教师不断学习，加强自身对评价理念的理解；另一方面，应充分利用各种培训和研讨的机会，由专家给一线体育教师提供具体的指导，帮助体育教师不断提高和成长。

（2）在全国已有统一评价标准的基础上，由各地教育主管部门制定符合当地教学实际情况的其他内容的评价标准，尤其是关注学生进步幅度的评价标准。这样既可以对学生提出统一的学习要求，也兼顾到了各地、各校及学生个体的差异。

（3）研发便于体育教师操作的体育教学评价软件。通过软件实现多种评价内容和评价方法，以供体育教师根据自己的实际情况选择使用，真正将多元体育教学评价落到实处。

（4）应建立一些监控机制，对体育教师制订的体育教学评价方案进行审核与再次评价，以避免体育教师使用评价权利的随意性，同时给体育教师提供相应的帮助和指导，促进体育教师自身的发展及教学质量的提高。

第四节　构建高校新的体育教学评价体系的必要性及可行性分析

一、构建高校新的体育教学评价体系的必要性分析

（一）传统的体育教学评价理念已经陈旧

体育教学评价作为教学评价的一个分支，它受传统体育教学理念的影响很深。传统的体育教学是"重视科学性与客观性的传统评价，为了能有效地预测和控制教育现象，往往把被评价对象置于一个共同的标准和常模之下，用评价者要求的某一种价值要求被评对象"。显然在这种评价理念的导向下，必然会出现用统一的标准要求所有学生的现象。2002年教育部印发的《纲要》中明确指出："体育课程是寓促进身心和谐发展、思想品德教育、文化科学教育、生活与体育技能教育与身体活动并有机结合的教育过程，是实施素质教育和培养全面发展的人才的重要途径。"同时还强调：把学校体育工作的重心切实放到面向全体学生，面向提高学生的身心健康水平上来。很显然，传统的教育理念和新的教育理念存在很大差别，而传统的体育教学评价是在传统教育理念的影响下形成的，随着新的教育理念不断深入，势必会促进体育教学评价体系的不断改进和完善，以适应新的教育理念的发展。

（二）传统的体育教学评价体系已不适应新的高校体育教学目标的发展

在传统的体育教学体制下，我国的学校体育教学目标为：增强学生体质，促进学生身心健康发展。培养学生的体育运动能力和良好的思想品质，使其成为德、智、体全面发展的社会主义事业建设者和接班人。而《纲要》明确

了新的大学体育教学目标主要包括五个领域：运动参与目标、身体健康目标、运动技能目标、心理健康目标、社会适应目标，而且这五个目标在基本目标和发展目标中的要求还各不相同。传统的体育教学评价主要以运动技能和运动技术为主，已经不能适应新的大学体育教学目标的实施。此外，众多研究者提到的传统体育教学评价，在应用中并没有形成一个固定的模式或体系。通过查阅大量的资料归纳得出，传统的体育教学评价主要通过标准化的运动技术和技能、体能测试、书面测试、教师观察等手段，综合这些测验结果决定学生课程的等级。传统体育教学评价模式的评价标准是以统一的《国家体育锻炼标准》来衡量所有的学生，是以学生身体素质和运动能力为主，重终结性评价、轻过程性评价，压抑学生个性和兴趣爱好的发展，严重阻碍了素质教育的实施。传统体育教学评价为了适应新的大学体育教学目标要求的发展有必要进行改革和创新。

二、构建高校新的体育教学评价体系的可行性分析

（一）促使新的教学评价体系在传统体育教学评价体系的基础上继承地发展

美国著名的教育家泰勒曾说："教育目标的分析、教育的评价和教育的计划，是不断地循环着，当你在评估教育评价的效果时，便会屡次对那些在教育前提的'目标'发生改良修正的联想，同时也会提出教授法或指导计划的修正方向。目标和指导计划修正以后，又要求指导法的修正，也要求评价计划的修正，它们是互为循环的，因此教育评价也可促进教育的正常化。"可见，科学的教育评价体系在教育决策、教育管理和教育改革等方面都具有强大的推动力，它的改进也是在前一轮的基础上，经过实施—改进—再实施，循环往复进行。体育教学评价体系改革也是这样，它不会不无继承地发展，也不会全盘否定地改革。我国的体育教学评价虽然起步很晚，但它也是众多前辈在借鉴国外经验和对教学的不断摸索、探究中慢慢形成的。因此，在构建新的体育教学评价体系的同时，不能否定传统的体育教学评价在学校体育教学中的促进作用，应该用辩证唯物主义的观点构建新的体育教学评价体系，取传统体育教学评价的精华，弃其糟粕，为高校体育教学评价提供依据，并通过体育教学评价来促进高校体育课程的改革和发展。

（二）使新的体育教学评价体系更好地服务于高校体育教学改革

进入 21 世纪以来，在我国高校体育教学改革中，教学评价越来越受到人们的重视，这也是近几年有关体育教学评价的文献增多的重要原因之一。作

为体育教学过程的一个基本环节，体育教学评价是学校体育中的一项日常工作，它具有对体育教学活动及其效果进行判断，通过信息反馈调控教学过程，保证体育教学活动朝向和达到体育教学目标的功能。建立适合当前体育教学的体育教学评价体系，力求突破传统的注重终结性评价而忽视过程性评价的状况，强化评价的激励性和发展功能，把学生的学习态度、体能知识与技能、情意表现与合作精神，通过学习过程的评价（包括教师评价和学生评价）表现出来，充分体现以学生为主体，以健康为中心的教育思想，为学生的终身体育服务，以此推进我国的高校教育改革。

三、构建符合现代教育理念的高校体育教学评价体系

（一）体育教学评价主体的多元化

评价主体的确定是否合理以及能否通过特效发挥其功能，是教学评价取得成功的根本保证。构建多元化的高校体育教学评价体系，应该让需要使用评价信息的各方面人员都参与到体育教学评价中来，以使评价结果能够很好地满足使用者的需求，使被评和自评相结合，从评价中找出问题，确定改进目标。

（二）体育教学评价内容的全面化

体育教学评价的内容应该反映时代的精神与要求。在建构教学评价内容时，应从当代素质教育对教学的需要出发。教学评价的内容主要包括教师评价、学生评价、教学过程评价、教学管理评价以及课程评价五个维度，并且每个维度又根据要求划分出不同的层面，在不同的体育教育阶段，内容与要求应各有不同。同时，体育教学评价内容还应具有延续性，以实现评价的整体性与系统性。

（三）体育教学评价方法的多样化

体育教学评价的方法主要是指在具体的体育教学评价中可以进行操作的手段和程序，应采用灵活多样的评价方式对学生的体育学习行为、学习过程和学习结果进行评价，利用观察、访谈、评价表、档案袋、读书笔记、表演展示等多种评价方式的功能，给予学生选择的机会，让他们在不同背景下充分展示自己已经拥有的知识和技能。通过采用多种评价方法和工具，经常对学生和教师进行评价，并将结果及时反馈给学生和教师，从而实现对教学的有效控制。

（四）定量定性结合化

对学生的知识、技能等可以测量的因素采用定量的方法分析，而对情感、

态度、合作精神、自学能力等内在性质的分析则采用描述加等级的方式。

总而言之，教育评价是一件极其复杂的事情，在理想的追求与现实的可能之间往往存在相当大的差异。高校体育教育改革应是全方位的大变革，作为体育教育一个重要部分，教学评价改革也势在必行，体育教学评价改革的严重滞后必将成为制约高校体育教学改革的主要瓶颈之一。因此，明确方向，制定措施，建立符合现代教育理念的体育教学评价体系，让其更好地为大学体育教学服务，具有重要的现实意义。

第五节 高校体育教学评价体系改革的策略

一、体育教学评价的本质特征

作为人类特有的一种认识活动，评价以把握世界的意义和价值为目的的认识活动，其主要表达世界对人的价值与意义所在。而价值本身是存在主客观之分的，评价是为了解释这种主客观的价值关系设计的，而不是去创造关系，因此评价仅仅是一种促进事物发展方向的措施。作为教育评价体系的组成部分，体育教学评价是一种一般评价在教育领域中的体现，是按照一定的评价标准，结合适当的方式与手段，对体育教学的构成要素、过程和效果进行的综合评价活动。体育教学评价的主体是各级教育行政管理部门、社会组织以及学校、教师甚至学生等，客体是教育教学的对象，一般是指教学的质量、教学的整体过程、教学的结果、学生能力的提高程度，以及其他诸多方面。这些都体现出了教育评价中的主体和客体的价值关系。在进行体育教学评价时，首先要了解评价主体的需要，其次要搞清楚体育教育的本质，最后要树立正确的体育教学的价值观。只有将三者统一协调起来，才能充分发挥体育教学评价的功能。

二、我国体育教学评价体系的现状

（一）评价内容不全面

我国现有的体育教学评价存在以下特点：注重体育教学的结果，忽视其过程；注重发展学生的认知因素，比如学生的体育专业知识、技能、身体素质等，但是对非认知因素，如情感、个性、人格、意志等的发展多有忽略；缺乏对学生终身的学习能力、体育能力、合作与沟通能力等发展性目标的评价。

因此，无论从评价内容还是从评价标准的制定来看，我国现行的体育教学评价都不能体现体育教学目标所要达到的整体性要求。

（二）评价方式不科学

体育教育本身是一件极为复杂的工作，存在独有的特殊性，其中不乏大量的人文因素的参与。在 21 世纪，面对日益激烈的全球化竞争，我国需要的是素质全面发展的复合型人才，不仅要增强学生的体质，使其拥有健康的体魄，还要培养健全的人格、良好的学习和沟通能力、正确的价值观及过硬的心理品质，这些才是更重要的评价标准，但是这些很难量化。所以我国高校体育教育不能只用量化的评价方式，而应该将定量评价和定性评价结合起来。

（三）忽视过程性评价

我国目前采用的体育教学评价是终结性评价，即教学活动完成后，对教学成果进行的总评价。这种评价是对已完成的教学进行价值判断，从而为做出各种决策提供依据。在体育教学评价上，多数教师一般将评价重心放在终期考核的成绩上，这种终结性评价并未真实地反映学生的学习效果，对帮助学生改进学习也存在一定的局限性，但教师们还没有正确认识到这一点。事实上，他们忽略了非常重要的过程性评价。

（四）忽视自评与互评

评价的方式有多种，在教学中既可以由教师评价学生，又可以由学生对教师的教学进行评价，学生还可以相互评价、自评等。但在我国体育教学评价中，体育教师往往注重对学生的评价，师生之间的互评不常见，师生之间缺乏必要的沟通，这导致无法及时发现和处理教师与学生之间的问题，学生的积极性也不会高，阻碍学生终身体育习惯与能力的养成。

三、高校体育教学评价体系改革的策略

（一）更新体育教学评价理念

一个科学评价机制的建立，必须以素质教育为根本，要抓住素质教育基础性、全面性、主体性、个体性等特点，正确认识学校体育在素质教育中所起的作用，明确学校体育的教育目标。评价机制要确保评价目标和教育目标的一致，并以此为依据设计体育教育评价的指标体系。科学化的评价指标与可操作性强的评价办法才能使评价体系发挥正确的导向作用。因此，体育教育评价的指导思想应全面更新，建立多角度多方法的综合质量评价，既要注重体育知识、技术、技能等学习成果的考评，又要加强对学生体育能力、情感、意志、思想、品质等方面的关注。特别要注重教学效果的评价，加强对教学过程的评价，重视学生在学习过程中的努力程度与进步幅度。

（二）体育教学评价内容多元化

《纲要》已经把教学目标划分为运动技能、运动参与、身体健康、心理健康与社会适应五大领域，说明学校体育的教学目标是多种多样的，这在教育界和学术界已经达成了共识。因此，体育教育教学评价的内容应该向多元化发展，不能只保持单一的技能或健康测评，同时应该重视对认知、情感等的评价。

（三）注重评价方法多样化

1. 自评与他评相结合

评价方法应该多样化，开展自评与他评、学生评价与教师评价相结合。在以往几十年的体育教学评价中，教师是绝对的评价主体，教师对学生的评价理所当然，几乎没有人对这个权威式评价提出过质疑。但是，真正能了解学生主体的是学生本人，而不是教师。心理学认为，外因是变化的条件，内因是变化的基础，要使被评价者自主地进行改正，就必须先认识到自己的不足和缺点。而目前我国高校正缺少学生自评、学生评价教师等评价方式，仅仅认可学校评教师、教师评学生的方式。这种他评方式让教师和学生产生急功近利的思想且倍感压力，对学生终身体育习惯的培养和教师教学效果的提高都是很不利的。而自评的方式，会让教师与学生增强参与的积极性，大大提高主动性，这样就能更好地投入教学和学习中。因此，要加强学生自评与师生互相评价，将这两种评价方式与体育教学有机结合起来，充分发挥评价方式的功能。

2. 终结性评价与过程性评价相结合

过程性评价侧重于学习过程的纵向评价，相对于终结性评价而言，具有一定的弥补功能。过程性评价的方式比较灵活，可以给教师与学生提供及时反馈，从而不断改进。同时，过程性评价更容易让教师注重学生非智力因素的发展，对体育教学终极目标的实现非常有利。因此，在评价方式中，应将终结性评价与过程性评价相结合，逐渐淡化终结性评价，加强过程性评价的运用，如此可以有效调节教学的各个阶段，让教学过程更趋向于科学与合理，提高体育教学的质量。

3. 定量评价与定性评价相结合

定量评价是一个评价体系最基本的评价标准，在体育教学评价中也占据着主导地位。但体育教学是一项复杂的教育工作，很多东西是不能用量进行衡量的，比如学生的思想、情感、习惯、学习态度等根本无法量化，所以科学的评价体系应该引入定性评价标准，否则这个评价体系就是不完整的。因此，要想全面地把握被评价者的学习情况，应该将定量评价与定性评价相结合。

4. 绝对性评价与个体差异性评价相结合

个体差异性评价有利于学生增强学习的自信心，看到自己的进步。体育过程重视的是学生的进步与发展，体育学习评价既要采用绝对性评价，又要强调个体差异性评价。具体可以采用"相对评分法"：在开学时，通过诊断性评价建立一套学生个人的学习档案，包括对学生的知识、技能、体能等方面的摸底，作为学生的开学起点成绩；通过将每学期结束时的终结性评价结果与学生学期开始时的起点成绩进行对照，就可以发现每个学生一学期学习进步的幅度，从而让每个学生都能看到自己的进步。

科学评价应重视对学生心理健康发展及体育学习态度与情感的评价，培养学生的终身体育习惯。体育教学的目标是为了使学生的身心都得到健康发展，在评价学生的体育学习时，不仅要考虑身体素质的提高和运动技能的获得，还要把学生的心理和谐发展作为考察的指标。体育学习的态度体现在参与者参与体育的积极性上，即学生是否积极地学习体育锻炼的知识，是否主动投入体育锻炼，是否主动与他人进行体育交往等。可以从平时提问时学生回答问题的程度、学生自行解决问题的能力、学生在运动中的积极性等方面，通过当场打分或口头表扬的方式，及时对学生的学习态度给予评价，以此提高学生的参与意识。只有这样，才能提高学生对体育的兴趣，才能使其养成终身体育的意识和习惯。

我国高校体育的教育目标是为学生的终身体育服务的，而这一目标的实现离不开健全的高校体育教育评价体系，其地位举足轻重。因此，我们应该重新审视传统的评价机制，以改革的视角出发，建立健全符合高校体育教育发展目标的综合性评价机制，以此更好地服务于大学生终身体育的需求，这对于促进我国终身体育事业的建设具有重大的现实及战略意义。

第六节　高校体育教学评价体系的构建

在我国各级教育模式中，体育一直是其中的重要组成部分，在人才培养的指标体系中，体育素质的高低是衡量学生综合素质的关键要素之一。而为了适应时代发展的需求，学校教育教学（包括体育教学）中正在不间断地进行各种各样的改革甚至变革，其目的是使学生的专业知识、身心水平、创新程度能够达到社会的预期，实现人才培养的目的。高校体育教学位于学校体育教学的最后阶段，它不仅关系到学生身心素质的整体提升和素质教育的全面推进，还关系到全民健身活动的实施和高等教育人才培养的质量。但是长期以来，由于历史和社会诸多因素的影响，高校体育教学工作远未得到社会的普遍认可。为此，除了需要在体育教学的资金投入、人才队伍建设等方面加大支持力度外，还应对教学工作的过程和结果进行必要的评价，发现其中存在的问题，寻找改进的方向。基于此，本节对高校体育教学评价体系的构建问题进行了系统的研究，阐述了构建高校体育教学评价体系的理论基础，分析了评价体系的组成要素，给出了高校体育教学评价体系的构建路径，旨在通过本文的研究，为高等教育中的体育教育和人才综合素质的培养提供一定的借鉴信息。高校体育教学评价体系的建立是一个极其复杂的系统工程，在社会对人才要求越来越"苛刻"的今天，建立这一评价体系已经成为大势所趋。唯有如此，才能更好地促进高校体育教学工作的开展，顺应社会人才观的时代取向。

一、构建高校体育教学评价体系的理论基础

（一）行为目标评价理论

在西方现代教育评价史上，行为目标评价理论是第一个产生了重大影响的理论。该理论采用"结果参与"的模式，将教育方案、计划和目标直接传递到学生层面，通过学生的成绩表示出来，并进一步将这种"行为目标"作为教育评价的主要依据。其具体实施过程是，由教师制定出具体的教学目标，将其与教学结果进行比对，并在这一过程中对教师的教学行为进行调整，使

两者最大限度地保持一致。从这个角度讲，行为目标评价理论的评价目的是十分明显的，即通过对确定实际教育活动结果的确定，达到预定教育的目标。

（二）人本管理理论

该理论从心理学的视角出发，将得到尊重和获得自我实现看作人类行为中最基本、最持久的动力。只有当个体的心理趋向得到了尊重和重视，才能激发其主体性，促使其积极主动地参与社会活动，并在这一过程中逐渐实现自身价值或者行为价值。无论是作为高校体育专业的教师还是学生，都希望通过对体育教学过程和效果的评价，发现自身行为是否符合组织的要求，由此来开发潜能，明确自身的需要与组织目标之间的关联，继而完成自我价值的实现。

（三）加德纳多元智力理论

体育教学评价体系需要根据时代的要求进行动态的调整，"多元智力理论"便是重构该体系的重要基础。加德纳多元智力理论认为，任何个体能够同时拥有多个（多种）相对独立的智力，且其组合和表现形式因个体差异而不同，不同个体的智力也就具有了不同的特点。为此，体育教师应从多个不同的视角出发，通过对学生多个方面的观察和分析，对学生的优缺点进行综合评价，并以此为依据，促进教学水平的提高。因此，在体育教育过程中，除要促使学生对体育活动进行主动参与和探究外，还应通过彼此之间的交流与合作，强化师生之间的角色互演，达到"教学相长"的目的。这一理论的提出，在当时的西方乃至今天的世界各地都产生了深远的影响。

（四）教育目标分类评价理论

在对教育教学进行评价之前，首先要确定教育的目标及其分类。这项工作由以布鲁姆为代表的一批专家较早地进行过，但是在被确定下来的三个领域中，未对动作技能给予必要的重视。到了 20 世纪 70 年代，这一关键性的工作继续由哈罗和辛普森补充完毕。至此，教育目标分类评价理论得以成形，成为一个相对完整的体系。在哈罗和辛普森的研究中，他们分别将"动作技能"分为六大类和七大类。虽然类别的数量不同，但整体内容并不存在明显的差异。

二、高校体育教学评价体系的关键组成要素

为了获得高校体育教学评价体系组成要素的关键信息，本节组织相关专家对该问题进行了专题讨论，通过头脑风暴的形式，最终确定了学生、教师、教学管理和教学环境四个关键组成部分，并对其二级指标以及相应的权重进

行了分配，构建了高校体育教学评价体系的层次结构（具体见表 5-3）。

表 5-3　高校体育教学评价体系的层次

一级指标		二级指标	
指标	占比	指标	占比
学生	0.3	学习能力	0.12
		运动兴趣	0.09
		运动水平	0.12
教师	0.3	教学技能水平	0.09
		教学组织水平	0.09
		学生满意水平	0.12
教学管理	0.2	对体育教学的重视程度	0.10
		对体育教学的投入水平	0.10
教学环境	0.2	物质环境	0.08
		社会心理环境	0.12

（一）学生

学生是高校体育教学评价体系的关键群体之一，对其进行的评价往往从学习能力的强弱、运动兴趣和运动水平的高低三个方面进行。学习能力主要表现在对体育课程的理解能力、对教师示范动作的模仿能力、对体育技能的应用能力等；运动兴趣主要表现在对运动的整体态度（喜欢、一般还是排斥）、对特定运动项目的接受程度、习惯单独进行体育运动还是习惯集体行为等；运动水平主要包括学生参加"体育达标"测试的成绩、对特殊运动项目运用的熟练程度、身体素质水平等。与此同时，在对学生的运动水平进行评价时，应将其看作身体基本活动能力和运动参与成绩的综合，并采用开放式的评价形式。

（二）教师

在高校体育教学评价体系中，教师的作用与学生同等重要，但是教师群体的评价内容却更加多元，除了需要对自身进行评价外，还应考虑到教学行为的对象——学生的感受。因此，评价内容包括教学技能水平、教学组织水平和学生满意水平三个方面，其中的前两个方面指向教师，第三个方面指向学生。其中，教学技能水平是教师进行教学活动的"基本功"，只有教师具备了一定水平的语言表达能力、语言感染能力和知识储备，才能从事教学活动。可见，这一指标是根本，也是最关键的一环。除此之外，教师的教学组织水平将直接影响到教学效果的好坏，组织能力包括教学计划的设计水平、教学进度的合理安排、教学情境的创设、教学节奏的把握以及教学过程中突发情况的处置等。学生对教学活动的满意程度直接关系到教学效果的优劣，涉及的评价指标包括学生"评教"的成绩、出勤情况、作业完成情况等，因为这些指标都在某种程度上反映了学生对教师教学活动的满意程度。只有学生和教师的体育教学活动是难以长久地规范开展的，因此，在高校的体育教学评价体系中，体育教学的管理工作十分重要，它直接关系到教学工作的整个过程。在这方面，可供采取的评价指标主要有教学管理单位"对体育教学的重视程度"和"对体育教学的投入水平"。从管理学的角度讲，任何组织计划的有效实施都与高层或主管部门的重视程度直接相关，有时，为了将某计划保证实施下去，需要主管领导的带头促进。体育教学工作也是如此，如果缺少了对体育教学的重视，教学活动就极难有效地进行，从这个角度讲，重视的主体除了主管部门之外，还应包括学生和教师群体。除此之外，对体育教学的投入水平也在很大程度上影响着体育教学的质量，对于这一指标而言，包含的内容有资金投入规模、每个学生的平均资金补助、体育器材和场地的数量及使用效率等。

（三）教学管理

教学管理是运用管理科学和教学论的原理与方法，充分发挥计划、组织、协调、控制等管理职能，对教学过程各要素加以统筹，使之有序运行、提高效能的过程。教育行政部门和学校共同承担教学管理工作。教学管理涉及教学计划管理、教学组织管理、教学质量管理等基本环节。

制订学校教学工作计划，明确教学工作目标，保证学校教学工作有计划、有步骤、有条不紊地运转；建立健全学校教学管理系统，明确职责范围，发挥管理机构及人员的作用；加强教师的教学质量和学生的学习质量管理；组织开展教学研究活动，促进教学工作改革；深入教学第一线，加强检查指导，及时总结经验，提高教学质量；加强教务行政管理工作。

（四）教学环境

创建良好的体育教学环境，将其与体育教学目标相匹配，最大限度地为体育教学服务，已经成为高校体育教学工作中的一个重要问题。对高校体育教学评价体系来说，教学环境处于体系的最"外围"，也是最为宏观的部分。按照现有的研究成果，体育教学环境分为物质环境和社会心理环境两个主要部分：前者指的是自然环境、时空环境和设施环境，即教学活动的位置、场地器材的质量和数量等；后者包括的内容更加广泛，不但涉及教学氛围的优劣，还涉及教师和学生情感的抒发和交流。一般而言，社会心理环境可以细分为人际环境、信息环境、组织环境和情感环境等。

三、高校体育教学评价体系的构建路径

（一）更新和创新评价工作的观念和方法

对高校体育教学进行评价的主要目的之一就是要实现学生健康水平和体质的提高，使其能够更好地适应社会发展的需求。为此，要更新和创新评价工作的观念和方法，将体育教学评价看成一个复杂、全面的价值判断过程。因此，需要广泛地借助各类指标，从学生、教师、教学管理者的行为表现中做出必要、准确的观测和判断，将量性评价和质性评价进行有机结合，突出体育教学评价的重难点，有针对性地发现和解决体育教学工作中出现的各种问题。

（二）发挥评价对象在评价工作中的作用

在高校体育教学评价工作中，学生和教师群体是极其关键的评价对象。因此，应在评价体系中重视"人"的作用，做到"以人为本"，以促进人的个性发展为目标。除了要关注教师的职业处境和职业需要外，还应最大限度地激发其主体意识，使其成为评价工作的直接参与者。对于学生群体而言，应注重对评价结果的进一步应用，按照学生个人运动水平等指标的高低进行激励，使其从被动接受评价，到主动接受评价结果，调动其积极性和主观能动性。只有这样，才能使评价对象得到应有的尊重，激发其进行积极工作的潜力。

体育教学评价工作是高校体育课程实施体系中的重要组成部分，客观、公正、科学的评价工作能够理顺现有的教学模式，厘清教学中存在的问题及问题之间的关系，还能够调动教师和学生的积极性，改善教学效果，促进教学改革的深入。

参考文献

[1] 李卿. 浅谈互联网时代新型体育教学模式的改革 [J]. 才智，2017 (10).

[2] 魏昆仑. 我国普通高校课外体育锻炼研究文献综述 [J]. 天津职业技术师范大学学报，2017 (3).

[3] 胡丹涛. 逆向教学法在羽毛球正手发高远球教学中的实验研究 [J]. 运动，2017 (15).

[4] 林剑雄. 做好初中历史教学中的逆向练习 [J]. 考试周刊，2018 (50).

[5] 王湛卿. 浅议普通高校公共体育课动态分层教学模式研究 [J]. 当代体育科技，2018，8 (4).

[6] 李新文，陈清，向剑锋，等. 大数据时代体育公共服务供给的改革向度与路径 [J]. 武汉体育学院学报，2018，52 (8).

[7] 李晖. 供给侧改革背景下体育文化产业发展的路径创新 [J]. 西南民族大学学报（人文社科版），2018，39 (9).

[8] 刘莹. 计算机虚拟现实技术在高校体育教学中的应用研究无线互联科技 [J]. 2017 (1).

[9] 罗江波. 影响高校体育教学发展的因素及对策研究 [J]. 当代体育科技，2016 (3).

[10] 唐立. 我国高校体育教学改革的影响因素及其发展对策研究 [J]. 长江丛刊，2017：200.

[11] 徐明伟. 解决大学生网瘾的体育教学策略研究 [J]. 体育文化导刊，2017 (6).

[12] 谢惠媛，李艳婷. 混合教学模式下思想政治理论课教师的分流与发展 [J]. 国家教育行政学院学报，2016 (3).

[13] 马俊荣，王永明. 高校思想政治理论课中社会责任感教育的调查报告 [J]. 佳木斯大学社会科学学报，2016 (2).

[14] 周尤正，焦晓云. 化解大学生社会主义核心价值观认同障碍研究

［J］.学校党建与思想教育，2016（5）.

　　［15］邹增丽.论当代大学生精神成人的心理困境［J］.学校党建与思想教育，2016（7）.

　　［16］文佳.浅谈体验式教学模式在高校日语教学中的应用［J］.广东蚕业，2018，52（12）.

　　［17］张丽丽.体验式教学模式在高校体育课堂中的应用探析［J］.时代农机，2018，45（10）.

　　［18］高野.体育运动训练原则及对体育教学的启示［J］.赤峰学院学报：自然科学版，2017（14）.

　　［19］刘立新.体育大学生社会适应性特征对高校体育教学的启示［J］.北京体育大学学报，2017（1）.

　　［20］李宏.教育信息化背景下的高校体育教学改革［J］.甘肃高师学报，2017，22（9）.

　　［21］肖琴.教育信息化背景下高校体育教师信息素养培养的研究［D］.当代体育科技，2017，7（10）.

　　［22］李娜娜.试论高校体育教学中的学生创新能力培养［J］.偏人：教师，2016（6）.

　　［23］朱成.浅谈在高校体育教改中创新素质培养的价值［J］.当代体育科技，2016，6（7）.

　　［24］高耀.学科评估机制失衡的效率损失与补偿策略——兼论一流学科建设的路径取向［J］.中国高教研究，2018（1）.

　　［25］龚志文，刘太刚.论主体性的维度及成长进路［J］.江西师范大学学报（哲学社会科学版），2018，51（2）.

　　［26］顾亚奇.主体性与体系化：强竞争态势下艺术学理论的双重挑战［J］.现代传播，2019（4）.

　　［27］黄超，杨英杰.大学跨学科建设的主要风险与治理对策——基于界面波动的视角［J］.中国高教研究，2017（5）.

　　［28］黄汉升等.我国体育学类本科专业人才培养研究［J］.体育科学，2016，36（8）.

　　［29］刘晓黎，陈世银."双一流"背景下美国加州大学群体性崛起的启示：系统观视角［J］.江汉大学学报（社会科学版）2016，33（5）.

　　［30］庞飞，李程骅.文化自信的多维认知与建构逻辑［J］.学习与探索，2018（4）.

　　［31］全守杰，王运来.世界一流大学战略规划的文本及行动转化研究——以

香港 3 所大学为例［J］. 中国高教研究，2017（11）.

　　［32］王彦雷，车如山. 高等教育学学科文化的内涵与特征探析［J］. 山东高等教育，2018（2）.

　　［33］吴叶林，崔延强. 基于学科文化创新的一流学科建设路径探论［J］. 清华大学教育研究，2017，38（5）.

　　［34］吴云香.“双一流”背景下世界一流大学的国际化战略分析及其启示——基于 10 所一流大学战略规划文本的分析［J］. 高等教育评论，2017，5（6）.

　　［35］熊治东. 马克思人民主体思想及其当代价值——兼论习近平新时代“以人民为中心”思想的马克思主义之源［J］. 河南大学学报（社会科学版），2019，59（1）.

　　［36］徐丹，陆作生. 基于知识分类与体育实践结合视角的体育学科体系划分新论［J］. 西安体育学院学报，2019，36（1）.

　　［37］徐丹，陆作生. 基于共词分析的体育学科体系划分重构［J］. 武汉体育学院学报，2019，53（5）.

　　［38］宣勇. 建设一流学科要实现三个转变［J］. 中国高教研究，2016（5）.

　　［39］宣勇. 大学能力建设：新时代中国高等教育面临的重大课题［J］. 高等教育研究，2018，36（5）.

　　［40］易剑东. 体育概论的梳理与厘清［J］. 成都体育学院，2019，45（5）.

　　［41］张德祥. 高校一流学科建设的关系审视［J］. 教育研究，2016（8）.

　　［42］张晓慧. 对艺术学学科建设的思考［J］. 教育教学论坛，2017（52）.

　　［43］张正瑞. 大学生思想政治教育主体性生成规律研究［D］. 郑州：郑州大学博士学位论文，2016.

　　［44］蔡后奇. 哲学视域下的“文化自觉”思想研究［D］. 大连：大连理工大学博士学位论文，2017.

　　［45］范叶飞. 学科与生活：学校体育课程的二维向度审视［D］. 长沙：湖南师范大学博士学位论文，2016.